POL MARTINS

LECKERE *Küche*

BRIMAR

Bemerkungen zu den in diesem Buch erscheinenden Maßen:

1/4 TS	=	60 ml
1/2 TS	=	125 ml
1 TS	=	250 ml
2 TS	=	500 ml

Redaktion Angela Rahaniotis

Co-Redaktion S. Beaudoin

Koordination Josée Halna du Fretay

Grafische Gestaltung Zapp

Fotos Melissa du Fretay,
Studio Pol Matin (Ontario) Ltd.

Deutsche Bearbeitung Buch Individuell, München

Satz Rose & Paps

Die Küchenmaschinen wurden uns freundlicherweise von KitchenAid® zur Verfügung gestellt.

338 St. Antoine St. East
Montreal, Canada
H2Y 1A3
Telefon: (514) 954-1441
Fax: (514) 954-5086

ISBN 2-89433-091-X

Gedruckt und gebunden in Kanada
von Metropole Litho Inc.

INHALT

AVOCADO-APFEL-SALAT

(FÜR 4 PERSONEN)

2	**reife Avocado, halbiert, entkernt, geschält und in Streifen**
2	**Äpfel, entkernt und mit Schale geschnitten**
1 TL	**Dijon-Senf**
2 EL	**Zitronensaft**
4 EL	**Olivenöl**
1 EL	**frische Petersilie, gehackt**
1/4 TS	**Mandelblättchen, geröstet**
	Salz und Pfeffer

■ Avocado und Äpfel in eine Schüssel geben; beiseite stellen.

■ Senf, Zitronensaft und Olivenöl in einer Schüssel würzen; mit einem Schneebesen rühren, bis alles andickt.

■ Das Dressing über die Äpfel und Avocado gießen, mit Petersilie bestreuen. Die Mandeln dazugeben, abschmecken und behutsam mischen. Servieren.

PRO PORTION: 386 KALORIEN 32 g FETT 21 g KOHLENHYDRATE 4,8 g BALLASTSTOFFE 4 g EIWEISS

KALTER HEILBUTT MIT GEMISCHTEM GEMÜSE

(FÜR 2 PERSONEN)

1	**Heilbuttsteak, gekocht und zerkleinert**
1/2	**Fleischtomate, geviertelt**
1 TS	**Blumenkohlröschen, gekocht**
2 EL	**frische Petersilie, gehackt**
6	**gefüllte grüne Oliven, in Scheiben**
8	**Babykarotten, blanchiert**
2 EL	**Weinessig**
1	**Knoblauchzehe, gehackt**
3 EL	**Olivenöl**
	Salz und Pfeffer
	gekochtes Ei in Scheiben

■ Fisch, Tomaten, Blumenkohl, die Hälfte der Petersilie, Oliven und Karotten in eine Schüssel geben. Gut würzen.

■ Essig, Knoblauch, Petersilie, Salz und Pfeffer in einer anderen Schüssel verrühren. Öl unter ständigem Rühren nach und nach zugeben.

■ Die Vinaigrette über die Salatzutaten gießen und behutsam mischen. Je nach Belieben mit Eischeiben und Salatblättern servieren.

PRO PORTION: 450 KALORIEN · 26 g KOHLENHYDRATE · 22 g EIWEISS · 29 g FETT · 8,0 g BALLASTSTOFFE

KAROTTENSALAT MIT GERÖSTETEN MANDELN

(FÜR 4 PERSONEN)

3 EL	Mayonnaise
2 EL	Sahne
1 EL	frische Petersilie, gehackt
4	Karotten, geschält, Julienne geschnitten und blanchiert
1	Kopfsalat, gewaschen und abgetropft
1/4 TS	Mandelsplitter, geröstet
	einige Tropfen Tabasco
	einige Tropfen Zitronensaft
	Salz und Pfeffer

■ Mayonnaise, Sahne, Tabasco, Zitronensaft und Petersilie verrühren. Abschmecken.

■ Die Karotten dazugeben und behutsam mischen.

■ Die Salatblätter auf einen Teller legen. Die Karotten darauf anrichten und mit den Mandeln bestreuen. Servieren.

PRO PORTION: 183 KALORIEN, 16 g FETT, 8 g KOHLENHYDRATE, 3,4 g BALLASTSTOFFE, 3 g EIWEISS

KARTOFFEL-THUNFISCH-SALAT

(FÜR 4 PERSONEN)

180 g	**Thunfisch aus der Dose, abgetropft**
3	**große, gekochte Kartoffeln, heiß**
4 EL	**rote Zwiebel, gehackt, gebraten**
2	**Frühlingszwiebeln, gehackt**
1	**Paprikaschote, gewürfelt**
1	**Stange Staudensellerie, in Scheiben**
2 EL	**Weinessig**
2 EL	**Zitronensaft**
$1^1/_2$ EL	**Dijon-Senf**
50 ml	**Sahne**

■ Den Thunfisch und das Gemüse in eine Schüssel geben und mischen.

■ Essig und Zitronensaft in eine andere Schüssel geben. Senf, Salz und Pfeffer mit einem Schneebesen einrühren.

■ Die Sahne dazugeben. Das Dressing über den Salat gießen und gründlich vermischen. Vor dem Servieren 15 Minuten ziehen lassen.

PRO PORTION: 238 KALORIEN · 30 g KOHLENHYDRATE · 16 g EIWEISS · 6 g FETT · 3,2 g BALLASTSTOFFE

RADICCHIOSALAT

(FÜR 4 PERSONEN)

1	**kleiner Radicchiosalat, gewaschen und abgetropft**
1	**Kopfsalat, gewaschen und abgetropft**
1	**Chicorée, gewaschen und abgetropft**
1/2 TS	**gefüllte grüne Oliven, in Scheiben, je nach Belieben**
2	**Eier, hartgekocht, in Scheiben**
1 EL	**Dijon-Senf**
1	**Knoblauchzehe, gepreßt**
3 EL	**Weinessig**
125 ml	**Olivenöl**
2 EL	**Sahne, geschlagen**
1 1/2 TS	**Croûtons**
	Salz und Pfeffer

■ Salate und Chicorée in eine Salatschüssel geben, falls nötig, die Blätter zerkleinern. Oliven und Eier dazugeben; beiseite stellen.

■ Senf, Knoblauch und Essig in eine Schüssel geben; würzen und vermengen.

■ Das Öl unter ständigem Rühren einfließen lassen. Die geschlagene Sahne unterheben und gut verrühren.

■ Das Dressing über den Salat gießen und mischen. Die Croûtons dazugeben und nochmals mischen. Servieren.

PRO PORTION: 387 KALORIEN, 11 g KOHLENHYDRATE, 6 g EIWEISS, 36 g FETT, 1,7 g BALLASTSTOFFE

BUTTERMILCH-PARMESAN-DRESSING

(FÜR 8 BIS 10 PERSONEN)

375 ml	**Buttermilch**
1 EL	**grüner Pfeffer, zerstoßen**
3 EL	**Parmesankäse, gerieben**
50 ml	**Mayonnaise**
2 EL	**saure Sahne**
1 EL	**frische Petersilie, gehackt**
	einige Tropfen Tabasco
	einige Tropfen Zitronensaft
	Prise Paprika
	Salz

■ Alle Zutaten in einer Schüssel mischen. Gut abschmecken und zu frischen grünen Salaten servieren.

PRO PORTION: 65 KALORIEN 3 g KOHLENHYDRATE 2 g EIWEISS 5 g FETT 0 g BALLASTSTOFFE

MAYONNAISE

(FÜR 4 BIS 6 PERSONEN)

2	**Eidotter**
1 TL	**Dijon-Senf**
300 ml	**Olivenöl**
	Saft von 1 Zitrone
	Salz und Pfeffer

■ Die Eidotter in eine Schüssel geben. Senf hinzufügen und gut verrühren. Mit Salz und Pfeffer abschmecken.

■ Das Öl zuerst tropfenweise unter ständigem Rühren zugeben. Wenn die Mayonnaise andickt, das Öl in gleichmäßigem Strahl dazugießen. Ständig rühren.

■ Den Zitronensaft erst zugeben, wenn die Mayonnaise sehr dick ist.

Hinweis: Die Mayonnaise ist im Kühlschrank bis zu 2 Tagen haltbar, wenn Sie 1 EL heißes Wasser dazugeben und gut verrühren.

PRO PORTION: 519 KALORIEN, 1 g KOHLENHYDRATE, 1 g EIWEISS, 57 g FETT, 0 g BALLASTSTOFFE

1

Die Eidotter in eine Schüssel geben.

2

Den Senf hinzufügen.

3

Gut verrühren, mit Salz und Pfeffer abschmecken.

Das Öl unter ständigem Rühren einfließen lassen.

Den Zitronensaft erst zugeben, wenn die Mayonnaise sehr dick ist.

Die Mayonnaise ist im Kühlschrank bis zu 2 Tagen haltbar, wenn Sie 1 EL heißes Wasser zugeben und gut verrühren.

CREMIGE SENF-VINAIGRETTE

(FÜR 4 PERSONEN)

1	**Schalotte, fein gehackt**
2 EL	**Dijon-Senf**
2 EL	**Zitronensaft**
125 ml	**Sahne**
	Prise Paprika
	Salz und Pfeffer

■ Die Schalotte, Senf und Zitronensaft in eine Schüssel geben. Mit Salz und Pfeffer würzen; gut verrühren.

■ Die Sahne in stetigem Strahl einfließen lassen, dabei ständig rühren. Paprika einstreuen und gut abschmecken. Verrühren.

■ Über einen Salat gießen und servieren.

PRO PORTION: 120 KALORIEN 4 g KOHLENHYDRATE 1 g EIWEISS
11 g FETT 0 g BALLASTSTOFFE

KARTOFFELSALAT MIT KRÄUTERN

(FÜR 4 PERSONEN)

4	**große Pellkartoffeln, gekocht, geschält und in Scheiben geschnitten**
1	**Zwiebel, fein gehackt**
2	**Eier, hartgekocht, gehackt**
2 EL	**frische Petersilie, gehackt**
1 EL	**frischer Estragon, gehackt**
3 EL	**Mayonnaise**
	Saft von 1/4 Zitrone
	Salz und Pfeffer

■ Kartoffeln, Zwiebeln und Eier in eine große Schüssel geben. Petersilie und Estragon hinzufügen; gut mischen.

■ Mayonnaise und Zitronensaft einrühren. Salzen und pfeffern, nochmals gut vermengen und servieren.

PRO PORTION: 275 KALORIEN 38 g KOHLENHYDRATE 6 g EIWEISS 11 g FETT 0 g BALLASTSTOFFE

SHRIMPS-TOMATEN REMOULADE

(FÜR 6 BIS 8 PERSONEN)

8	kleine Tomaten, ausgehöhlt
375 g	Shrimps, gekocht, geschält und gehackt
1/2	Stange Staudensellerie, fein gewürfelt
2	Frühlingszwiebeln, fein gehackt
2 EL	Peperoni, gehackt
1 TL	Meerrettich
1 EL	Dijon-Senf
2 EL	frische Petersilie, gehackt
3 EL	Weinessig
50 ml	Olivenöl
	Saft von 1/2 Zitrone
	Salz, Pfeffer, Paprika

■ Das Innere der Tomaten salzen und pfeffern; beiseite stellen.

■ Shrimps, Sellerie, Frühlingszwiebeln und Peperoni in eine Schüssel geben. Mit Salz und Pfeffer abschmecken und beiseite stellen.

■ Meerrettich, Senf und Petersilie in einer anderen Schüssel verrühren. Mit Salz, Pfeffer und Paprika würzen. Den Essig einrühren. Das Öl in dünnem Strahl unter ständigem Rühren einfließen lassen.

■ Das Dressing über die Shrimpsmischung geben und gut mischen. Den Zitronensaft einrühren und die Tomaten mit der Mischung füllen. Servieren.

PRO PORTION: 156 KALORIEN, 8 g FETT, 7 g KOHLENHYDRATE, 1,0 g BALLASTSTOFFE, 14 g EIWEISS

SPANISCHER SALAT

(FÜR 4 PERSONEN)

1	**Bund frische Brunnenkresse, gewaschen und abgetropft**
1	**Kopfsalat, gewaschen und abgetropft**
2	**Chicorée, gewaschen und abgetropft**
1	**Apfel, entkernt, in Spalten**
1 TS	**Honigmelonenbällchen**
2 EL	**Estragonessig**
2 EL	**Mayonnaise**
2 EL	**saure Sahne**
	Saft von 1/2 Zitrone
	Prise Zucker
	Salz und Pfeffer

■ Die Brunnenkresse in eine große Schüssel geben. Die Salatblätter zerkleinern und mit dem Chicorée in die Schüssel legen. Die Apfelstücke und Melonenbällchen dazugeben; gut würzen.

■ Essig, Mayonnaise, saure Sahne, Zitronensaft und Zucker in einer Schüssel verrühren. Gut abschmecken und über den Salat geben.

■ Gleichmäßig vermengen und servieren.

PRO PORTION: 110 KALORIEN, 13 g KOHLENHYDRATE, 3 g EIWEISS, 5 g FETT, 2,5 g BALLASTSTOFFE

WARMER WEISSER BOHNENSALAT

(FÜR 4 PERSONEN)

1 EL	**Butter**
2	**Schalotten, gehackt**
1	**Knoblauchzehe, geschält und gehackt**
2 TS	**weiße Bohnen, gekocht**
1 EL	**frische Petersilie, gehackt**
2 EL	**Weißweinessig**
1 TL	**Dijon-Senf**
75 ml	**Olivenöl**

■ Die Butter in einer Pfanne bei mittlerer Hitze leicht erhitzen. Schalotten und Knoblauch darin 2 Minuten braten.

■ Bohnen und Petersilie hinzufügen. Würzen und 4 Minuten leicht dünsten, gelegentlich umrühren.

■ Die Mischung in eine Schüssel geben.

■ Den Essig und den Senf in einer anderen Schüssel gut verrühren. Das Öl dazugeben und mit dem Schneebesen schlagen.

■ Die Vinaigrette über die Bohnen gießen, mischen und servieren.

PRO PORTION: 317 KALORIEN 26 g KOHLENHYDRATE 8 g EIWEISS 21 g FETT 7,7 g BALLASTSTOFFE

KÄSESALAT

(FÜR 4 PERSONEN)

250 g	**Gruyère, in Streifen geschnitten**
1	**Stange Staudensellerie, Julienne geschnitten**
1/2 TS	**Pecannüsse, halbiert**
1/2 TS	**Walnußhälften**
1 EL	**frische Petersilie, gehackt**
1 EL	**Zitronenschale, gehackt**
2	**Frühlingszwiebeln, fein gehackt**
1	**Rezept Cremige Senf-Vinaigrette (siehe Seite 14)**
	Salz und Pfeffer

■ Alle Salatzutaten in einer Schüssel verrühren.

■ Die Vinaigrette darübergeben und mischen. Gut abschmecken.

■ Auf Salatblättern servieren.

PRO PORTION: 605 KALORIEN 10 g KOHLENHYDRATE 24 g EIWEISS 53 g FETT 2,4 g BALLASTSTOFFE

SALAT CAESAR

(FÜR 6 PERSONEN)

1 EL	**Dijon-Senf**
4	**Anchovisfilets, püriert**
3	**Knoblauchzehen, blanchiert, püriert**
2	**Eidotter**
3 EL	**Weinessig**
75 ml	**Olivenöl**
4 EL	**Parmesan, gerieben**
2	**große Romana-Salat, gewaschen und abgetropft**
$1^1/_4$ TS	**Knoblauchcroûtons**
5	**Scheiben Frühstücksspeck, kross gebraten, gehackt**
	Saft von 1 Zitrone
	einige Tropfen Worcestershire-Sauce
	Salz und Pfeffer

■ Eine Salatschüssel mit einer Knoblauchzehe ausreiben. Senf, Anchovis-, Knoblauchpüree und Zitronensaft in die Schüssel geben und zu einer Paste verrühren.

■ Worcestershire-Sauce und Eidotter dazugeben und gut mit dem Schneebesen vermischen.

■ Den Essig gut einrühren. Das Öl in dünnem stetigen Strahl einfließen lassen, ständig rühren. Die Hälfte des Parmesans zugeben und vermischen.

■ Den Salat zerkleinern und zu dem Dressing geben. Abschmecken und gut vermischen. Je nach Belieben noch etwas Zitronensaft einrühren.

■ Die Croûtons und den Speck dazugeben und nochmals mischen. Den restlichen Parmesan darüberstreuen und servieren.

PRO PORTION: 218 KALORIEN · 9 g KOHLENHYDRATE · 8 g EIWEISS · 17 g FETT · 2,5 g BALLASTSTOFFE

1

Die Salatschüssel mit einer Knoblauchzehe ausreiben.

2

Senf, Anchovis-, Knoblauchpüree und Zitronensaft in die Schüssel geben.

3

Zu einer Paste verrühren.

4

Worcestershire-Sauce und Eidotter dazugeben; mit dem Schneebesen gut vermengen.

5

Den Essig hinzufügen und gut verrühren.

6

Das Öl in dünnem Strahl einfließen lassen, dabei ständig rühren.

SALAT PORT ST. AUGUSTINE

(FÜR 4 BIS 6 PERSONEN)

250 g	**grüne Bohnen, geputzt und gekocht**
2	**Tomaten, entkernt und geviertelt**
2	**Eier, hartgekocht, geviertelt**
1/2 TS	**grüne Erbsen, gekocht**
125 ml	**Mayonnaise**
1	**großer Romana-Salat, gewaschen und abgetropft**
	einige Tropfen Worcestershire-Sauce
	einige Tropfen Zitronensaft
	Salz und Pfeffer

■ Bohnen, Eier, Tomaten und Erbsen in eine Schüssel geben. Mit Salz und Pfeffer würzen.

■ Mayonnaise, Worcestershire-Sauce und Zitronensaft dazugeben. Verrühren und gut abschmecken.

■ Auf Salatblättern servieren.

PRO PORTION: 260 KALORIEN 12 g KOHLENHYDRATE 6 g EIWEISS
21 g FETT 4,7 g BALLASTSTOFFE

SALAT IMPERIAL

(FÜR 4 PERSONEN)

500 g	**grüne Bohnen, geputzt und gekocht**
2	**Karotten, geschält, Julienne geschnitten und blanchiert**
1	**Apfel, geschält, Julienne geschnitten**
50 ml	**Eidotter-Vinaigrette (siehe Seite 28)**
	Zitronensaft
	Salz und Pfeffer

■ Das Gemüse und den Apfel in einer Schüssel mischen. Salzen und pfeffern; mit Zitronensaft beträufeln.

■ Die Vinaigrette dazugeben und gut mischen. Servieren.

PRO PORTION: 188 KALORIEN 18 g KOHLENHYDRATE 3 g EIWEISS 12 g FETT 5,4 g BALLASTSTOFFE

SALAT BEATRIX

(FÜR 4 PERSONEN)

1	**ganzes Hühnerbrüstchen, gebraten**
2	**Pellkartoffeln**
1 Bund	**frischer Spargel, gekocht**
75 ml	**Mayonnaise**
	einige Tropfen Worcestershire-Sauce
	Salz und Pfeffer

■ Die Haut des Hühnerbrüstchens entfernen. Die Knochen herausschneiden, das Fleisch Julienne schneiden.

■ Die Kartoffeln schälen und in Scheiben schneiden. Den Spargel in 2,5 cm lange Stücke schneiden.

■ Hühnchen, Kartoffeln und Spargel in eine Schüssel geben. Mit Salz und Pfeffer abschmecken.

■ Die Mayonnaise dazugeben und gut mischen. Auf Salatblättern servieren.

PRO PORTION: 276 KALORIEN 18 g KOHLENHYDRATE 17 g EIWEISS 15 g FETT 2,7 g BALLASTSTOFFE

KRAUTSALAT

(FÜR 6 BIS 8 PERSONEN)

1	**kleines Weißkraut**
1	**große Karotte, geschält und geraspelt**
90 ml	**weißer Essig**
250 ml	**kaltes Wasser**
75 ml	**Mayonnaise**
$^{1}/_{2}$ TL	**Senfpulver**
50 ml	**Milch**
	Saft von $^{1}/_{2}$ Zitrone
	einige Tropfen Tabasco
	Prise Zucker
	Salz und weißer Pfeffer

■ Den Strunk des Kohlkopfes herausschneiden. Das Kraut vierteln und in feine Streifen schneiden. In eine Schüssel geben, Karotte, Zitronensaft, 3 EL Essig und das Wasser dazugeben und gut mischen. 1 Stunde marinieren.

■ Die Mayonnaise in eine Schüssel geben, Senfpulver und den restlichen Essig dazugeben; salzen, pfeffern und mischen.

■ Milch, Tabasco und Zucker einrühren. Abschmecken und gut verrühren.

■ Die Flüssigkeit aus dem Kraut herausdrücken. Dann in eine saubere Schüssel geben und mit dem Dressing übergießen. Vermengen, abschmecken und servieren.

PRO PORTION: 87 KALORIEN, 8 g FETT, 3 g KOHLENHYDRATE, 1,0 g BALLASTSTOFFE, 1 g EIWEISS

REISSALAT MIT SHRIMPS

(FÜR 4 PERSONEN)

2 TS	**gekochter Reis**
1 TS	**frische Ananas, in Stücken**
1 TS	**Krebsfleisch, gekocht**
250 g	**Shrimps, gekocht, geschält und halbiert**
2	**Tomaten, geschält, entkernt und gewürfelt (je nach Belieben)**
1/2 TS	**Maiskörner, gekocht, gut abgetropft**
125 ml	**Salatdressing nach Wahl**
	Salz und Pfeffer
	Prise Paprika

■ Alle Zutaten, außer dem Dressing, in einer Schüssel mischen. Gut würzen, das Dressing dazugeben und 10 Minuten marinieren.

■ Auf Salatblättern oder in den ausgehöhlten Ananashälften servieren.

PRO PORTION: 435 KALORIEN 37 g KOHLENHYDRATE 29 g EIWEISS
19 g FETT 3,1 g BALLASTSTOFFE

CHAMPIGNONSALAT

(FÜR 4 PERSONEN)

1 Bund	**frischer Spargel, gekocht**
3	**Karotten, geschält, Julienne geschnitten und blanchiert**
250 g	**frische Champignons, geputzt, blättrig geschnitten**
50 ml	**cremige Mayonnaise (siehe Seite 44)**
	Zitronensaft
	Salz und Pfeffer

■ Den Spargel in 2,5 cm lange Stücke schneiden. Mit den Champignons und den Karotten in eine Schüssel geben. Salzen und pfeffern.

■ Die Mayonnaise dazugeben und mischen.

■ Zitronensaft hinzufügen und nochmals abschmecken.

PRO PORTION: 168 KALORIEN 12 g KOHLENHYDRATE 4 g EIWEISS 12 g FETT 4,4 g BALLASTSTOFFE

EIDOTTER-VINAIGRETTE

(FÜR 4 BIS 6 PERSONEN)

1	**Eidotter**
1 EL	**Dijon-Senf**
1 EL	**frische Petersilie, gehackt**
2 EL	**Schalotte, gehackt**
50 ml	**Rotweinessig**
175 ml	**Olivenöl**
	einige Tropfen Zitronensaft
	Salz und Pfeffer

■ Die Eidotter und den Senf in einer Schüssel vermengen.

■ Petersilie, Schalotte und Essig dazugeben. Salzen, pfeffern und alles gut verrühren.

■ Das Öl unter ständigem Rühren in dünnem Strahl einfließen lassen. Etwas Zitronensaft zugeben, mischen und abschmecken. Die Vinaigrette sollte dick sein.

Hinweis: Die Vinaigrette hält sich 3 Tage im Kühlschrank.

PRO PORTION: 330 KALORIEN, 36 g FETT, 2 g KOHLENHYDRATE, 0 g BALLASTSTOFFE, 1 g EIWEISS

1

Eidotter in eine Schüssel geben.

2

Den Senf hinzufügen.

3

Mit dem Schneebesen verrühren.

Die Petersilie und die Schalotte dazugeben.

Den Essig hinzufügen. Salzen und pfeffern; mit dem Schneebesen gut verrühren.

Das Öl in dünnem Strahl einfließen lassen, dabei ständig rühren.

GEMISCHTER BLUMENKOHLSALAT

(FÜR 4 PERSONEN)

1	**Blumenkohl, gekocht, in Röschen geteilt**
8	**Cocktailtomaten, halbiert**
1	**roter Apfel, mit Schale dünn geschnitten**
2	**Karotten, geputzt, Julienne geschnitten und blanchiert**
12	**grüne Bohnen, gekocht, halbiert**
4	**Artischockenherzen, in Scheiben**
2	**Zwiebeln, gekocht, geschnitten**
1 EL	**frische Petersilie, gehackt**
125 ml	**French Dressing**
	Salz und Pfeffer
	Zitronensaft zum Abschmecken
	Salatblätter
	geviertelte, hartgekochte Eier

■ Das Gemüse und den Apfel in eine Schüssel geben. Das Dressing dazugeben und alles gut verrühren.

■ Würzen und mit Zitronensaft abschmecken; nochmals vermengen.

■ Auf Salatblättern mit Eiern garniert servieren.

PRO PORTION: 278 KALORIEN, 16 g FETT, 27 g KOHLENHYDRATE, 5,3 g BALLASTSTOFFE, 7 g EIWEISS

GEMÜSESALAT

(FÜR 6 PERSONEN)

2	Kartoffeln, gekocht, gewürfelt
2	Karotten, blanchiert, gewürfelt
250 g	grüne Bohnen, gekocht, in kleinen Stücken
1/4	Steckrübe, gekocht, gewürfelt
1/2	grüne Paprikaschote, gewürfelt
1/2	rote Paprikaschote gewürfelt
1 EL	frischer Schnittlauch, gehackt
75 ml	Mayonnaise
3 EL	Chilisauce
1 EL	Selleriesamen
	Salz und Pfeffer
	Zitronensaft zum Abschmecken

■ Alles Gemüse in einer Schüssel mischen. Würzen, den Schnittlauch dazugeben, mischen und beiseite stellen.

■ Die Mayonnaise mit Chilisauce, Selleriesamen, Zitronensaft, Salz und Pfeffer verrühren.

■ Die Mayonnaise über die Gemüsemischung gießen, gut vermengen, abschmecken und servieren.

PRO PORTION: 164 KALORIEN 18 g KOHLENHYDRATE 2 g EIWEISS 9 g FETT 2,3 g BALLASTSTOFFE

GEMISCHTER BOHNENSALAT

(FÜR 4 BIS 6 PERSONEN)

1/2 TS	Kichererbsen, gekocht
1/2 TS	Kidneybohnen, gekocht
1/3 TS	schwarze Bohnen, gekocht
1/4 TL	Chilischote, fein gehackt
2	Frühlingszwiebeln, gehackt
12	Cocktailtomaten, halbiert
1	Schalotte, fein gehackt
1	Paprikaschote, fein gewürfelt
1	Knoblauchzehe, gepreßt
1 EL	Tomatenmark (je nach Belieben)
3 EL	Weinessig
1 EL	Dijon-Senf
100 ml	Olivenöl
	Saft von 1/2 Zitrone
	Salz und Pfeffer

■ Kichererbsen und Bohnen in eine Schüssel geben. Chili, Frühlingszwiebeln, Tomaten, Schalotte und Paprika dazugeben. Salzen und pfeffern, vermengen und beiseite stellen.

■ Den Knoblauch in eine andere Schüssel geben, Salz, Pfeffer, Tomatenmark, Essig und Senf dazugeben und alles gut verrühren.

■ Das Öl mit dem Schneebesen einrühren und gut abschmecken.

■ Die Vinaigrette über die Salatzutaten gießen und gut mischen. Mit Zitronensaft abschmecken, nochmals vermengen und vor dem Servieren 30 Minuten ziehen lassen.

PRO PORTION: 289 KALORIEN, 20 g FETT, 23 g KOHLENHYDRATE, 1,4 g BALLASTSTOFFE, 6 g EIWEISS

HÜHNCHEN-NUDEL-SALAT MIT GRUYÈRE

(FÜR 4 PERSONEN)

3 TS	**Nudeln, (Penne, Spiralen etc.), gekocht**
1 TS	**grüne Erbsen, gekocht**
1	**ganzes Hühnerbrüstchen, gebraten, ohne Haut und gewürfelt**
1 TS	**Gruyère, gewürfelt**
1 EL	**Curry**
75 ml	**kalorienreduzierte Mayonnaise**
	Salz und Pfeffer
	Saft von 1/2 Zitrone
	Prise Paprika

■ Nudeln, Erbsen, Hühnerfleisch und Gruyère in einer Schüssel mischen. Den Curry, die restlichen Gewürze und die Mayonnaise hinzufügen und gut vermengen.

■ Gekühlt servieren.

PRO PORTION: 520 KALORIEN 35 g KOHLENHYDRATE 34 g EIWEISS
27 g FETT 2,2 g BALLASTSTOFFE

WARMER HÜHNCHEN-REIS-SALAT

(FÜR 4 BIS 6 PERSONEN)

3 EL	**Olivenöl**
1	**ganzes Hühnerbrüstchen, ohne Haut und Knochen, gewürfelt**
1/2	**grüne Paprikaschote, in Streifen**
1	**Zucchini, in Scheiben**
1	**Knoblauchzehe, gepreßt**
1 EL	**Sojasauce**
2 TS	**gekochter Reis**
4	**große Oliven, entsteint und gehackt**
2 EL	**Peperoni, gehackt**
1 EL	**Petersilie, gehackt**
1 EL	**Weinessig**
	Zitronensaft
	Salz und Pfeffer

■ 1 EL Olivenöl in einer Pfanne erhitzen. Das Hühnerfleisch darin 3 Minuten anbraten. Paprika, Zucchini und Knoblauch hinzufügen, gut vermengen und weitere 4 Minuten dünsten.

■ Sojasauce hinzufügen und 1 Minute garen.

■ Hühnchen und Gemüse in eine Schüssel umfüllen. Die restlichen Zutaten dazugeben und kräftig würzen. Mischen und vor dem Servieren 15 Minuten marinieren.

PRO PORTION: 222 KALORIEN · 20 g KOHLENHYDRATE · 13 g EIWEISS · 10 g FETT · 1,6 g BALLASTSTOFFE

SALAT LA CANAILLE

(FÜR 4 PERSONEN)

3	**Tomaten, entkernt und geviertelt**
1 Bund	**frischer Spargel, gekocht, in 2,5 cm langen Stücken**
1	**rote Zwiebel, in Ringen**
1	**Stange Staudensellerie, Julienne geschnitten (2,5 cm)**
1	**Banane, in Scheiben**
1 TS	**gekochter Reis**
50 ml	**Mayonnaise, mit etwas Senf verrührt**
2 EL	**saure Sahne**
	einige Tropfen Worcestershire-Sauce
	Salz und Pfeffer

■ Gemüse, Reis und Banane vermengen, salzen und pfeffern.

■ Mayonnaise, saure Sahne und Worcestershire-Sauce in einer anderen Schüssel gut verrühren und abschmecken.

■ Die Mayonnaisenmischung über den Salat geben und gut mischen. Servieren.

PRO PORTION: 225 KALORIEN 28 g KOHLENHYDRATE 5 g EIWEISS 11 g FETT 4,5 g BALLASTSTOFFE

ANDALUSISCHER SALAT

(FÜR 4 BIS 6 PERSONEN)

2	**Schalotten, gehackt**
1 EL	**frische Petersilie, gehackt**
1 EL	**Dijon-Senf**
1	**Knoblauchzehe, gepreßt**
3 EL	**Rotweinessig**
125 ml	**Olivenöl**
1	**Ei, hartgekocht, gehackt**
1 EL	**Sahne, geschlagen**
3	**Tomaten, entkernt und geviertelt**
2	**grüne Paprikaschoten, in Streifen**
$^1/_2$	**rote Zwiebel, in Ringen**
1 TS	**gekochter Reis**
	Salz und Pfeffer

■ Schalotten und Petersilie in eine Schüssel geben. Senf, Knoblauch und Essig hinzufügen, salzen, pfeffern und gut verrühren.

■ Das Öl in dünnem Strahl einfließen lassen, dabei ständig mit dem Schneebesen rühren.

■ Das Ei dazugeben und die Sahne unterziehen.

■ Das Gemüse und den Reis in eine Schüssel umfüllen, vermengen und gut abschmecken.

■ Die Vinaigrette darüber gießen, mischen und servieren.

PRO PORTION: 308 KALORIEN, 18 g KOHLENHYDRATE, 4 g EIWEISS, 25 g FETT, 2,0 g BALLASTSTOFFE

1

Die Schalotten und die Petersilie in eine Schüssel geben.

2

Knoblauch und Senf hinzufügen.

3

Den Essig hineingießen und gut verrühren. Mit Salz und Pfeffer abschmecken.

4

Das Öl unter ständigem Rühren in dünnem Strahl einfließen lassen.

5

Das hartgekochte Ei dazugeben.

6

Die geschlagene Sahne unterziehen.

KOPFSALAT MIT FRÜCHTEN

(FÜR 4 PERSONEN)

1	**großer Kopfsalat, gewaschen und abgetropft**
2 TS	**Erdbeeren, gewaschen, entstielt und halbiert**
1 TS	**Mandarinenfilets**
1	**Birne, geschält, in Scheiben**
4 EL	**Mayonnaise**
3 EL	**saure Sahne**
1/4 TS	**Kokosraspeln**
	einige Tropfen Zitronensaft
	frisch gemahlener Pfeffer

■ Die Salatblätter zerkleinern und eine Schüssel damit auslegen. Erdbeeren, Mandarinen, Birnenscheiben, Mayonnaise und saure Sahne dazugeben und gut vermengen.

■ Mit Zitronensaft beträufeln, pfeffern und wieder mischen.

■ Mit Kokosraspeln bestreut servieren.

PRO PORTION: 219 KALORIEN, 15 g FETT, 20 g KOHLENHYDRATE, 4,7 g BALLASTSTOFFE, 2 g EIWEISS

GEGRILLTER PAPRIKASALAT

(FÜR 4 PERSONEN)

1	**gelbe Paprikaschote, halbiert**
1	**rote Paprikaschote, halbiert**
1	**grüne Paprikaschote, halbiert**
60 ml	**Olivenöl**
2	**Knoblauchzehen, gepreßt**
1	**Schalotte, gehackt**
2 EL	**frische Petersilie, gehackt**
1 TL	**frischer Estragon, gehackt**
3 EL	**Estragonessig**
	Saft von ½ Zitrone
	Salz und Pfeffer

■ Den Ofen zum Grillen vorheizen.

■ Die Paprikahälften mit der angeschnittenen Seite nach unten in eine Backform legen. Mit etwas Olivenöl beträufeln und gut würzen. Auf der mittleren Schiene des Ofens 10 bis 15 Minuten grillen. Herausnehmen und beiseite stellen.

■ Knoblauch, Schalotte, Petersilie, Estragon, das restliche Öl, Essig und Zitronensaft in einer Schüssel mit dem Schneebesen kräftig verrühren.

■ Das Dressing über die Paprika gießen, würzen und so lange marinieren, bis sie kalt sind.

PRO PORTION: 145 KALORIEN, 6 g KOHLENHYDRATE, 1 g EIWEISS, 13 g FETT, 1,0 g BALLASTSTOFFE

GEMISCHTER BOHNENSALAT MIT GRÜNER VINAIGRETTE

(FÜR 4 PERSONEN)

250 ml	Kidneybohnen aus der Dose, abgetropft
250 ml	Kichererbsen, aus der Dose, abgetropft
500 g	frische grüne Bohnen, geputzt und gekocht
3	Eier, hartgekocht
2	Schalotte, fein gehackt
2 EL	frische Petersilie
1 TL	Estragon
1	Knoblauchzehe, gepreßt
3 EL	Weinessig
90 ml	Olivenöl
	Salz und Pfeffer
	Saft von 1/2 Zitrone
	einige Tropfen Tabasco

■ Alle Bohnen in einer Schüssel mischen.

■ Die Eier halbieren, die Eidotter herausnehmen und beiseite stellen. Das Eiweiß hacken, zu den Bohnen geben und kräftig würzen. Die restlichen Zutaten, außer den Eidottern, in einer Schüssel glattrühren.

■ Das Dressing über die Salatzutaten gießen, mischen und 15 Minuten bei Raumtemperatur ziehen lassen.

■ Den Salat zum Servieren auf Teller verteilen und das Eigelb durch ein Sieb über die Bohnen streichen.

PRO PORTION: 488 KALORIEN 45 g KOHLENHYDRATE 17 g EIWEISS 27 g FETT 4,9 g BALLASTSTOFFE

BROCCOLI-KARTOFFEL-SALAT

(FÜR 4 PERSONEN)

1	**kleiner Broccoli, gekocht**
2	**große Pellkartoffeln, geschält, in Scheiben**
1	**Stange Staudensellerie, in Scheiben**
2 EL	**Weinessig**
90 ml	**Olivenöl**
1 EL	**frische Petersilie, gehackt**
	Salz und Pfeffer
	Paprika

■ Den Broccoli in Röschen teilen und in eine Schüssel geben. Kartoffeln und Sellerie hinzufügen und gut würzen.

■ Essig, Öl, Salz und Pfeffer verrühren, über den Broccoli gießen und gleichmäßig mischen.

■ Mit Salz, Pfeffer und Paprika abschmecken. Mit Petersilie bestreut servieren.

PRO PORTION: 280 KALORIEN 22 g KOHLENHYDRATE 3 g EIWEISS 20 g FETT 2,1 g BALLASTSTOFFE

WEISSKRAUTSALAT

(FÜR 6 PERSONEN)

1	mittelgroßes Weißkraut
2	Karotten, geschält und geraspelt
1	grüne Paprikaschote, in Streifen
1 EL	frische Petersilie, gehackt
125 ml	Apfelessig
1/4 TS	Zucker
50 ml	Olivenöl
1/2 TL	Selleriesamen
1/2 TL	Selleriesalz
2	Knoblauchzehen, geschält, den Saft herausgepreßt
	Zitronensaft
	Salz und Pfeffer

■ Den Krautstrunk herausschneiden, das Kraut vierteln, fein schneiden und in einem Topf mit kochendem Salzwasser zugedeckt 3 Minuten blanchieren.

■ Abtropfen und 1 Stunde in kaltem Wasser abkühlen.

■ Das Kraut abtropfen und die restliche Flüssigkeit herausdrücken. In eine Schüssel geben, Karotten und Paprika hinzufügen und gut würzen.

■ Die restlichen Zutaten und den Knoblauchsaft 3 Minuten kochen. Die Marinade über das Kraut gießen und gut mischen. Vor dem Servieren 1 Stunde ziehen lassen.

PRO PORTION: 98 KALORIEN 12 g KOHLENHYDRATE 1 g EIWEISS 6 g FETT 1,5 g BALLASTSTOFFE

ARTISCHOCKENSALAT

(FÜR 4 BIS 6 PERSONEN)

3 EL	**Mayonnaise**
1 EL	**Curry**
6	**Artischockenherzen, gekocht, geviertelt**
3	**Frühlingszwiebeln, gehackt**
1 TS	**Ananaswürfel**
$1^1/_2$ TS	**gekochter Reis**
$^1/_2$	**Stange Staudensellerie, gewürfelt**
1 TS	**schwarze Oliven, entsteint**
	Zitronensaft
	einige Tropfen Worcestershire-Sauce
	Salz, Pfeffer und Paprika

■ Mayonnaise mit dem Curry verrühren und beiseite stellen.

■ Artischockenherzen, Frühlingszwiebeln, Ananas, Reis, Sellerie und Oliven in eine Schüssel geben. Die Mayonnaise über die Salatzutaten gießen und gut vermengen.

■ Den Zitronensaft, die Worcestershire-Sauce, Salz, Pfeffer und Paprika dazugeben und nochmals mischen.

■ Auf Salatblättern servieren.

PRO PORTION: 190 KALORIEN · 25 g KOHLENHYDRATE · 3 g EIWEISS · 9 g FETT · 2,1 g BALLASTSTOFFE

CREMIGE MAYONNAISE

(FÜR 4 PERSONEN)

2	**Eidotter**
1 EL	**Dijon-Senf**
1 TL	**Weinessig**
1 EL	**Curry**
1 TL	**Schalotte, gehackt**
1 TL	**frische Petersilie, gehackt**
300 ml	**Olivenöl**
50 ml	**Sahne, geschlagen**
	Salz und Pfeffer

■ Eidotter, Senf, Essig, Curry, Schalotte und Petersilie in einer Schüssel mit dem Schneebesen kräftig verrühren.

■ Das Öl in dünnem Strahl unter ständigem Rühren einfließen lassen und mit Salz und Pfeffer würzen.

■ Die Schlagsahne unterziehen. Die Mayonnaise zu Gemüse, Fisch oder Salat servieren.

PRO PORTION: 658 KALORIEN, 0 g KOHLENHYDRATE, 1 g EIWEISS, 73 g FETT, 0 g BALLASTSTOFFE

Die Eidotter und den Senf in eine Schüssel geben.

Den Essig dazugeben.

Den Curry hinzufügen.

4

Schalotte und Petersilie hineingeben und gut verrühren.

5

Das Öl in dünnem Strahl einfließen lassen, dabei ständig mit dem Schneebesen schlagen.

6

Die Schlagsahne unterziehen.

LÄNDLICHER KARTOFFELSALAT

(FÜR 4 PERSONEN)

2	**Knoblauchzehen, gepreßt**
3 EL	**Weinessig**
125 ml	**Olivenöl**
3	**heiße Pellkartoffeln**
10	**Scheiben Salami, in Streifen**
4 EL	**rote Zwiebeln, gehackt**
2	**Frühlingszwiebeln, gehackt**
1 EL	**frische Petersilie, gehackt**
4 EL	**Peperoni, gehackt**
	Salz und Pfeffer

■ Knoblauch, Essig und Öl in eine Schüssel geben. Mit Salz und Pfeffer würzen und 1 Minute verrühren.

■ Die Kartoffeln schälen und in dicke Scheiben schneiden. In eine Schüssel geben.

■ Die restlichen Zutaten hinzufügen und vermengen. Die Vinaigrette darübergießen und wieder wenden. Gut würzen und vor dem Servieren 15 Minuten ziehen lassen.

PRO PORTION: 509 KALORIEN 31 g KOHLENHYDRATE 10 g EIWEISS 39 g FETT 1,0 g BALLASTSTOFFE

GEMÜSESUPPE MIT MUSCHELNUDELN

(FÜR 6 BIS 8 PERSONEN)

3 EL	Butter
3	mittelgroße Zwiebeln, klein gewürfelt
3	Stangen Staudensellerie, klein gewürfelt
1 TL	Herbes de Provence*
4	Karotten, geschält und klein gewürfelt
1/2	Steckrübe, geschält, klein gewürfelt
1/2 TL	Thymian
1/2 TL	Basilikum
3	große Kartoffeln, geschält, klein gewürfelt
2 l	Hühnerbrühe, erhitzt
2	Lorbeerblätter
60 ml	Tomatenmark
1 TS	Muschelnudeln
	Salz und Pfeffer

■ Die Butter in einer Pfanne zerlassen. Zwiebeln, Sellerie und Herbes de Provence dazugeben und gut würzen. Zugedeckt 15 Minuten bei schwacher Hitze dünsten.

■ Karotten, Steckrübe, Thymian und Basilikum hinzufügen, umrühren, würzen und weitere 5 Minuten dünsten.

■ Kartoffeln, Hühnerbrühe, Lorbeerblätter und Tomatenmark hinzufügen, mischen und zum Kochen bringen.

■ Die Nudeln hineingeben und halb zugedeckt 15 Minuten köcheln. Heiß servieren.

* Eine Mischung aus Thymian, Rosmarin, Lorbeerblättern, Basilikum und Salbei.

PRO PORTION:			
	207 KALORIEN	35 g KOHLENHYDRATE	3 g EIWEISS
	6 g FETT	2,2 g BALLASTSTOFFE	

GEMÜSESUPPE MIT KIDNEYBOHNEN

(FÜR 4 BIS 6 PERSONEN)

1 EL	**Olivenöl**
1	**Zwiebel, gehackt**
1/2	**Stange Staudensellerie, in Scheiben**
1,2 l	**magere Rinderbrühe**
250 ml	**Kidneybohnen, gekocht**
1	**grüne Paprikaschote, mittelgroß gewürfelt**
1	**rote Paprikaschote, gewürfelt**
1 TS	**gefrorene Erbsen**
1 TS	**gekochter Schinken, gewürfelt**
1 TS	**Maiskörner, gekocht**
1 TL	**Basilikum**
1/4 TL	**Thymian**
1	**Lorbeerblatt**
	Salz und Pfeffer

■ Das Öl bei mittlerer Temperatur erhitzen. Zwiebeln und Sellerie dazugeben und bei geringer Hitze 5 Minuten dünsten.

■ Die Rinderbrühe aufgießen und umrühren. Die restlichen Zutaten hineingeben und mit Salz und Pfeffer abschmecken. Zum Kochen bringen und 12 Minuten köcheln; servieren.

PRO PORTION: 174 KALORIEN, 24 g KOHLENHYDRATE, 9 g EIWEISS, 5 g FETT, 9,0 g BALLASTSTOFFE

KAROTTENCREME SUPPE

(FÜR 4 BIS 6 PERSONEN)

3 EL	Butter
1	mittelgroße Zwiebel, gehackt
6	Karotten, geschält, in dünnen Scheiben
1	Stange Staudensellerie, fein geschnitten
1/2 TL	Basilikum
1 EL	frische Petersilie, gehackt
3 EL	Mehl
1,2 l	Hühnerbrühe, erhitzt
	Salz und Pfeffer

■ Die Butter in einem großen Topf leicht erhitzen. Die Zwiebeln hineingeben und zugedeckt 5 Minuten dünsten.

■ Karotten, Sellerie, Basilikum und Petersilie dazugeben und kräftig würzen. Mischen und halb bedeckt 6 Minuten köcheln.

■ Das Mehl gleichmäßig einrühren. Die Brühe aufgießen, abschmecken und halb zugedeckt zum Kochen bringen. Die Hitze reduzieren und 20 Minuten köcheln.

■ Die Suppe dann durch ein Sieb passieren oder pürieren. Heiß servieren.

PRO PORTION: 119 KALORIEN 12 g KOHLENHYDRATE 2 g EIWEISS 7 g FETT 2,3 g BALLASTSTOFFE

HEISSE SCHINKEN-KÄSE-SANDWICHES

(FÜR 4 PERSONEN)

8	**Scheiben Roggenbrot**
16	**dünne Scheiben gekochter Schinken**
375 g	**Sauerkraut**
1/2 TS	**Schweizer Käse, gerieben**
1/2 TS	**Cheddar, gerieben**
2 EL	**Butter**
	Dijon-Senf zum Abschmecken
	frisch gemahlener Pfeffer

■ Den Senf auf die Brotscheiben streichen. Den Schinken zwischen 2 Brotscheiben legen, das Sauerkraut obenauf.

■ Cheddar und Schweizer Käse vermengen. Auf die Sandwiches verteilen und mit Pfeffer bestreuen, Sandwich zuklappen. Mit einer Palette zusammendrücken.

■ Die Oberseite der Sandwiches mit Butter bestreichen. Die restliche Butter in einer Pfanne zerlassen.

■ Wenn sie heiß ist, die Sandwiches mit der gebutterten Seite nach oben 2 Minuten in der Pfanne rösten. Dann wenden und weitere 2 Minuten braten, bis der Käse geschmolzen ist.

■ Halbieren und heiß servieren.

PRO PORTION: 539 KALORIEN, 31 g KOHLENHYDRATE, 44 g EIWEISS, 27 g FETT, 1,2 g BALLASTSTOFFE

GEBRATENE TRUTHAHNBRUST MIT SPROSSEN AUF PUMPERNICKEL

(FÜR 2 PERSONEN)

4	**Scheiben Pumpernickel**
2 EL	**Mayonnaise**
6	**dünne Scheiben Truthahnbrust**
4	**Scheiben Havartikäse**
4	**Avocadospalten**
	Alfalfasprossen
	Salz und Pfeffer

■ Die Brotscheiben mit Mayonnaise bestreichen. Mit Truthahnbrust, Käse und Sprossen belegen. Das Fleisch gut würzen.

■ Die Avocadostücke oben auf das Brot legen und servieren.

PRO PORTION: 677 KALORIEN 38 g KOHLENHYDRATE 33 g EIWEISS 44 g FETT 2,0 g BALLASTSTOFFE

SANDWICH BRONX

(FÜR 1 PERSON)

3	**Scheiben Roggenbrot**
3	**dünne Scheiben gekochter Schinken**
3	**dünne Scheiben Roastbeef**
3	**dünne Scheiben Truthahnbrust**
	Mayonnaise und Senf zum Abschmecken
	Krautsalat
	Salatblätter, gewaschen und abgetropft
	Salz und Pfeffer

■ Die Brotscheiben mit Mayonnaise und Senf bestreichen. Mit Salat und mehreren Fleischscheiben belegen. Gut würzen. Eine zweite Scheibe Brot auflegen, mit dem restlichen Fleisch belegen und mit Brot abschließen.

■ Mit Krautsalat servieren.

PRO PORTION: 489 KALORIEN 41 g KOHLENHYDRATE 34 g EIWEISS 21 g FETT 2,6 g BALLASTSTOFFE

WINTERSUPPE

(FÜR 4 BIS 6 PERSONEN)

1 EL	**Butter**
2	**Zwiebeln, gehackt**
1	**Stange Staudensellerie, gewürfelt**
3	**Karotten, geschält und gewürfelt**
3	**Kartoffeln, geschält und in Scheiben**
1 l	**Hühnerbrühe**
400 ml	**weiße Bohnen aus der Dose, abgetropft**
1 TS	**Ellbogen-Makkaroni**
	Salz und Pfeffer

■ Ein Bouquet Garni aus Thymian, Basilikum, Petersilien und 2 Lorbeerblättern vorbereiten und beiseite stellen.

■ Die Butter in einem großen Topf leicht erhitzen. Zwiebeln und Sellerie hineingeben und zugedeckt 4 Minuten dünsten.

■ Karotten dazugeben, mit Salz und Pfeffer würzen und unbedeckt 5 Minuten kochen.

■ Die Kartoffeln hinzufügen und die Hühnerbrühe aufgießen. Abschmecken und das Bouquet Garni dazugeben. Zum Kochen bringen und 12 Minuten bei mittlerer Hitze köcheln.

■ Die restlichen Zutaten dazugeben, wieder zum Kochen bringen und 12 Minuten bei mittlerer Hitze weiterköcheln.

PRO PORTION:			
	243 KALORIEN	48 g KOHLENHYDRATE	6 g EIWEISS
	3 g FETT	4,8 BALLASTSTOFFE	

Zwiebeln und Sellerie in der heißen Butter geben und zugedeckt 4 Minuten dünsten.

Karotten dazugeben, mit Salz und Pfeffer würzen und unbedeckt 5 Minuten kochen.

Kartoffeln hinzufügen.

Die Hühnerbrühe aufgießen und abschmecken.

Das Bouquet Garni dazugeben und zum Kochen bringen.

Die restlichen Zutaten dazugeben.

SCHWARZE BOHNENSUPPE

(FÜR 6 BIS 8 PERSONEN)

1 TS	getrocknete schwarze Bohnen
125 g	Frühstücksspeck, gewürfelt
1	Zwiebel, gewürfelt
1	Fleischknochen
1,8 l	leichte Rinderbrühe, erhitzt
1	Bouquet Garni*
2	Knoblauchzehen, gehackt
	Salz und Pfeffer

■ Die Bohnen 12 Stunden in kaltem Wasser einweichen, abtropfen und beiseite stellen.

■ Den Speck in einer Pfanne 3 Minuten bei mittlerer Hitze anbraten.

■ Die Zwiebel dazugeben und zugedeckt 8 Minuten weiterbraten, dabei 1 bis 2mal umrühren.

■ Die Bohnen und die restlichen Zutaten dazugeben, gut vermengen und zum Kochen bringen. Halb zugedeckt 3 Stunden köcheln, gelegentlich umrühren.

* Ein Bouquet Garni besteht aus Thymian, Petersilie, Basilikum und 1 Lorbeerblatt.

PRO PORTION: 160 KALORIEN, 10 g FETT, 8 g KOHLENHYDRATE, 2,6 g BALLASTSTOFFE, 10 g EIWEISS

FISCHSUPPE BEAUFORT

(FÜR 4 BIS 6 PERSONEN)

60 g	**Speck, gewürfelt**
2	**Zwiebeln, fein gehackt**
1	**ganze Knoblauchzehe, geschält**
2	**große Tomaten, gehäutet, entkernt und gewürfelt**
3	**Kartoffeln, geschält und gewürfelt**
1,2 l	**Fischbrühe**
1/2 TL	**Thymian**
1 TL	**frische Petersilie, gehackt**
2	**rote Schnäpperfilets, in 1,5 cm breiten Streifen**
250 g	**Shrimps, geschält, ohne Darm**
	Prise zerstoßene Chilischote
	Zitronensaft
	Salz und Pfeffer

■ Den Speck 4 Minuten bei mittlerer Hitze auslassen, dann herausnehmen.

■ Zwiebeln und Knoblauch in die heiße Pfanne geben und 4 Minuten braten.

■ Tomaten hineingeben, gut vermengen und 2 Minuten köcheln.

■ Kartoffeln, Fischbrühe und Gewürze hinzufügen. Zum Kochen bringen und unbedeckt 10 Minuten köcheln.

■ Den Fisch und die Shrimps dazugeben, mischen und 4 Minuten bei geringer Hitze garen. Mit einigen Tropfen Zitronensaft abschmecken und mit geröstetem Knoblauchbrot servieren.

PRO PORTION: 280 KALORIEN, 29 g KOHLENHYDRATE, 18 g EIWEISS, 10 g FETT, 1,2 g BALLASTSTOFFE

SCHINKEN-MELONEN-CANAPÉS

(FÜR 8 BIS 10 PERSONEN)

Milde Knoblauchbutter

5	**Knoblauchzehen, ungeschält**
250 g	**weiche Butter**
	einige Tropfen Tabasco
	einige Tropfen Zitronensaft

Canapés

1/2	**Honigmelone**
200 g	**dünn geschnittener, roher Schinken**
	getoastete Baguettescheiben
	Zitronensaft
	frisch gemahlener schwarzer Pfeffer

■ Die Knoblauchzehen 6 Minuten in kochendem Wasser blanchieren. Abtropfen, schälen und pürieren.

■ Den Knoblauch zusammen mit Butter, Tabasco und Zitronensaft in einer Schüssel gut verrühren.

■ Die Honigmelone vierteln. Dann in 2,5 cm große Stücke schneiden. Beiseite stellen.

■ Die Knoblauchbutter auf die getoasteten Baguettescheiben streichen. Mit Schinken belegen, die Melone obenauf geben. Die Canapés mit etwas Zitronensaft beträufeln und mit frisch gemahlenem schwarzen Pfeffer bestreuen.

PRO PORTION: 329 KALORIEN 13 g KOHLENHYDRATE 5 g EIWEISS 29 g FETT 1,0 g BALLASTSTOFFE

SHRIMPS CANAPÉS

(FÜR 10 PERSONEN)

750 g	**Shrimps, geschält und ohne Darm, gehackt**
3 EL	**Peperoni, gehackt**
2	**Knoblauchzehen, blanchiert und püriert**
1 EL	**Selleriesamen**
125 g	**weiche Butter**
3 EL	**Mayonnaise**
	einige Tropfen Worcestershire-Sauce
	einige Tropfen Zitronensaft
	Prise Cayennepfeffer
	Salz und Pfeffer

■ Alle Zutaten im Mixer 1 Minute pürieren.

■ Dann in eine saubere Schüssel umfüllen, zudecken und mindestens 1 Stunde in den Kühlschrank stellen.

■ Mit getoastetem Brot servieren.

PRO PORTION: 254 KALORIEN, 2 g KOHLENHYDRATE, 16 g EIWEISS, 20 g FETT, 0 g BALLASTSTOFFE

PILZ-KÄSE-AUFSTRICH

(FÜR 4 PERSONEN)

2	**Baguette-Brötchen**
2 EL	**Butter**
375 g	**frische Champignons, geputzt, blättrig geschnitten**
250 g	**frische Austernpilze, geputzt und geschnitten**
1	**Schalotte, gehackt**
50 ml	**Sherry**
1/2 TL	**Basilikum**
250 ml	**leichte weiße Sauce, erhitzt**
250 ml	**Sahne**
1 TS	**Gruyère, gerieben**
	Prise Muskat
	Paprika
	Salz und Pfeffer

■ Die Brötchen längs halbieren. Die Hälfte des Brotes aushöhlen. Die Brötchenschalen im Ofen rösten und beiseite stellen.

■ Die Butter bei mittlerer Hitze zerlassen. Alle Pilze hineingeben, mit Salz und Pfeffer würzen und 6 Minuten stark anbraten.

■ Die Schalotten dazugeben und weitere 3 Minuten braten.

■ Sherry, Gewürze, weiße Sauce und Sahne einrühren. Bei schwacher Hitze 5 Minuten köcheln.

■ Den Ofen auf 200°C vorheizen.

■ Das geröstete Brot auf ein Backblech legen, die Pilzfüllung hineingeben, mit Käse bestreuen. Im Ofen 3 Minuten überbacken.

■ Servieren.

PRO PORTION: 354 KALORIEN | 25 g KOHLENHYDRATE | 14 g EIWEISS | 22 g FETT | 4,5 g BALLASTSTOFFE

GURKENSCHNITTCHEN

(FÜR 4 BIS 6 PERSONEN)

1	**kleine Gurke**
125 g	**Doppelrahmfrischkäse**
1/4 TL	**Paprikapulver**
1 TL	**Meerrettich**
1 EL	**Mayonnaise**
1/2	**dünn geschnittenes Baguette, getoastet**
	Salz und Pfeffer

■ Die Gurke längs halbieren und eine Hälfte beiseite stellen. Die andere Hälfte schälen, entkernen und raspeln. Käse, Paprika, Meerrettich und Mayonnaise dazugeben, würzen und gut mischen.

■ Die restliche Gurke entkernen und ungeschält in dünne Scheiben schneiden.

■ Die Gurken-Käse-Mischung auf das Brot streichen und mit Gurkenscheiben belegen. Servieren.

PRO PORTION: 204 KALORIEN 19 g KOHLENHYDRATE 5 g EIWEISS
12 g FETT 1,0 g BALLASTSTOFFE

KARTOFFEL-CREMESUPPE

(FÜR 4 BIS 6 PERSONEN)

4	**große Kartoffeln, geschält und gewürfelt**
1/2	**Zwiebel, fein gehackt**
1/3	**Stange Staudensellerie, in Scheiben**
750 ml	**Wasser**
1 l	**Milch, heiß**
1 TL	**Schnittlauch**
	Prise Muskat
	Salz und Pfeffer

■ Kartoffeln, Zwiebeln und Sellerie in einen Topf geben. Mit dem Wasser aufgießen und mit Salz und Pfeffer würzen. Halb zugedeckt zum Kochen bringen. 18 Minuten köcheln, oder je nach Größe der Kartoffelstücke. Die Kartoffeln sollten dann weich sein.

■ Das Gemüse herausnehmen und beiseite stellen, die Flüssigkeit im Topf lassen.

■ Die Flüssigkeit um 3/4 der Menge schnell einkochen.

■ Die Hitze reduzieren, die Milch dazugeben und rühren. Die gekochten Gemüse, Muskat, Salz und Pfeffer hineingeben und 4 Minuten köcheln.

Hinweis: Die Milch nicht mehr kochen lassen.

■ Mit Schnittlauch bestreuen und servieren.

PRO PORTION: 231 KALORIEN 39 g KOHLENHYDRATE 10 g EIWEISS 4 g FETT 0 g BALLASTSTOFFE

1

Kartoffeln, Zwiebeln und Sellerie in einen Topf geben.

2

Das Wasser aufgießen.

3

Die gekochten Gemüse abtropfen.

4

Die Kochflüssigkeit bei großer Hitze einkochen.

5

Die heiße Milch dazugeben.

6

Das gekochte Gemüse hineingeben.

GELBE ERBSENSUPPE

(FÜR 4 BIS 6 PERSONEN)

2 EL	**Speckfett**
1	**mittelgroße Zwiebel, gehackt**
2	**Stangen Staudensellerie, in Scheiben**
1	**Karotte, geschält, gewürfelt**
1 1/4 TS	**halbierte gelbe Erbsen, 8 Stunden in kaltem Wasser eingeweicht**
1,5 l	**Hühnerbrühe, erhitzt**
1	**Lorbeerblatt**
1/2 TL	**Basilikum**
1 TL	**frische Petersilie, gehackt**
1 TS	**gekochter Schinken, in Streifen geschnitten**
2 EL	**weiche Butter**
	Salz und Pfeffer
	einige Tropfen Worcestershire-Sauce

■ Das Fett in einer Pfanne erhitzen. Die Zwiebeln darin 3 Minuten anbraten.

■ Karotten und Sellerie dazugeben, zudecken und 4 Minuten dünsten. 1 bis 2mal wenden.

■ Die eingeweichten, abgetropften Erbsen, den Schinken, die Hühnerbrühe, alle Gewürze und das Lorbeerblatt hineingeben. Die Suppe halb zugedeckt 45 Minuten bei mittlerer Hitze kochen. Einige Male umrühren.

■ Worcestershire-Sauce und Butter zugeben, abschmecken, umrühren und heiß servieren.

PRO PORTION: 207 KALORIEN 14 g KOHLENHYDRATE 11 g EIWEISS 12 g FETT 1,0 g BALLASTSTOFFE

BOHNENSUPPE

(FÜR 4 BIS 6 PERSONEN)

1 TS	**getrocknete weiße Bohnen**
60 g	**Speck, grob gewürfelt**
2	**Zwiebeln, gewürfelt**
$^1/_2$	**Stange Staudensellerie, gewürfelt**
$^1/_2$ TL	**Oregano**
1	**Lorbeerblatt**
1	**große Karotte, geschält und grob gewürfelt**
	Salz und Pfeffer

■ Die Bohnen in einer Schüssel mit heißem Wasser übergießen und 2 Stunden weichen lassen.

■ Den Speck bei mittlerer Hitze in einer Pfanne 3 Minuten anbraten. Zwiebeln und Sellerie dazugeben und bei geringer Hitze 4 Minuten dünsten.

■ Die Bohnen abtropfen und zu den Zwiebeln geben. Gewürze hinzufügen und Wasser aufgießen, bis es 8 cm über die Bohnen geht. Zum Kochen bringen. $1^1/_2$ Stunden halb zugedeckt köcheln, gelegentlich umrühren.

■ Die Karotten dazugeben und gut abschmecken. Nochmals 1 Stunde köcheln, gelegentlich rühren.

PRO PORTION: 168 KALORIEN · 16 g KOHLENHYDRATE · 5 g EIWEISS · 9 g FETT · 4,8 g BALLASTSTOFFE

ARTISCHOCKEN-CREMESUPPE

(FÜR 4 PERSONEN)

4 EL	**Butter**
2	**Schalotten, fein gehackt**
8	**frische Artischockenböden, gewaschen**
4 EL	**Mehl**
1,2 l	**Hühnerbrühe, erhitzt**
125 ml	**Sahne, je nach Belieben**
1 EL	**frische Petersilie, gehackt**
	einige Tropfen Zitronensaft
	Croûtons
	Salz und Pfeffer

■ Die Butter in einer Pfanne leicht erhitzen. Schalotten und Artischockenböden dazugeben. Mit Salz und Pfeffer abschmecken, zudecken und bei geringer Hitze 18 Minuten dünsten.

■ Das Mehl einrühren und 3 Minuten anschwitzen.

■ Die Hühnerbrühe aufgießen, rühren und zum Kochen bringen; 20 Minuten köcheln lassen.

■ Die Suppe pürieren, Sahne und Petersilie zugeben und mit Zitronensaft abschmecken.

■ Mit Croûtons servieren.

PRO PORTION: 325 KALORIEN 25 g KOHLENHYDRATE 5 g EIWEISS 23 g FETT 1,0 g BALLASTSTOFFE

ERBSENSUPPE

(FÜR 4 BIS 6 PERSONEN)

2 EL	**Butter**
1	**Zwiebel, fein gehackt**
1	**Stange Staudensellerie, gewürfelt**
2	**Karotten, geschält und gewürfelt**
1	**Fleischknochen**
$1\frac{1}{3}$ TS	**Erbsen, unter kaltem Wasser abgespült**
1,5 l	**Gemüsebrühe**
1	**Lorbeerblatt**
$\frac{1}{4}$ TL	**Thymian**
5	**Zweige frische Petersilie**
1 TL	**Senfsamen**
$\frac{1}{4}$ TL	**Gewürznelke, gemahlen**
	Salz und Pfeffer

■ Die Butter in einer Pfanne zerlassen. Zwiebel, Sellerie und Karotten dazugeben, zudecken und bei geringer Hitze 7 Minuten dünsten.

■ Die restlichen Zutaten hineingeben; salzen und pfeffern. Zum Kochen bringen und halb zugedeckt 3 Stunden köcheln; gelegentlich rühren.

■ Den Fleischknochen herausnehmen.

■ Mit Croûtons servieren.

PRO PORTION:	128 KALORIEN	16 g KOHLENHYDRATE	5 g EIWEISS
	5 g FETT	1,0 g BALLASTSTOFFE	

KREBS-SHERRY-SUPPE

(FÜR 4 BIS 6 PERSONEN)

500 ml	**Milch**
1/4 TL	**Muskatblüte**
2 TS	**Krebsfleisch, frisch oder gefroren, in Stücke zerteilt**
3 EL	**Butter**
500 ml	**Sahne**
1/2 TS	**zerkleinerte Cracker**
2 EL	**Sherry**
	Prise Cayennepfeffer
	Salz und Pfeffer
	frische Petersilie, gehackt

■ Die Milch in eine Schüssel geben und auf einen Topf mit kochendem Wasser stellen. Die Muskatblüte dazugeben und 8 Minuten sieden lassen.

■ Krebsfleisch, Butter und Sahne hinzufügen. Mit Salz, Pfeffer und Cayennepfeffer abschmecken. Rühren und 15 Minuten köcheln; gelegentlich umrühren.

■ Vom Herd nehmen und die Cracker hineingeben. Einige Minuten zum Andicken der Suppe ziehen lassen.

■ Den Sherry dazugeben und abschmecken.

■ Mit Petersilie bestreuen und servieren.

PRO PORTION: 351 KALORIEN, 26 g FETT, 13 g KOHLENHYDRATE, 0 g BALLASTSTOFFE, 16 g EIWEISS

BRUNNENKRESSESUPPE MIT KARTOFFELN

(FÜR 4 BIS 6 PERSONEN)

2 EL	Butter
1	Zwiebel, in Scheiben
1	Knoblauchzehe, gehackt
2	Bund frische Brunnenkresse, gewaschen und gehackt
1/2 TL	Thymian
1 TL	Oregano
1 EL	frische Petersilie, gehackt
4	große Kartoffeln, geschält und in Scheiben
1,2 l	leichte Hühnerbrühe, erhitzt
125 ml	saure Sahne
	Salz und Pfeffer

■ Die Butter in einer Pfanne zerlassen. Zwiebeln und Knoblauch darin bei geringer Hitze 4 Minuten anbraten.

■ Brunnenkresse und Kräuter zugeben. Mischen, zudecken und 8 Minuten bei geringer Hitze dünsten; gelegentlich umrühren.

■ Die Kartoffeln und die Brühe dazugeben. Abschmecken und zum Kochen bringen. Halb zugedeckt 30 Minuten köcheln.

■ Die Suppe durch ein Sieb in eine Schüssel passieren. Die saure Sahne unterziehen.

■ Je nach Belieben vor dem Servieren mit Paprikapulver bestreuen.

PRO PORTION: 221 KALORIEN · 33 g KOHLENHYDRATE · 4 g EIWEISS · 8 g FETT · 1,0 g BALLASTSTOFFE

HÜHNERSUPPE MIT EIERFLOCKEN

(FÜR 4 PERSONEN)

1,2 l	**Hühnerbrühe, erhitzt**
2	**Eier, gut geschlagen**
1 TL	**frische Petersilie, gehackt**
	frisch gemahlener Pfeffer
	einige Tropfen Worcestershire-Sauce

■ Die Hühnerbrühe in einem Topf zum Kochen bringen.

■ Währenddessen Eier, Petersilie, Pfeffer und Worcestershire-Sauce in einer Schüssel gut verschlagen.

■ Die Hitze reduzieren. Die Eiermischung in die Flüssigkeit geben und schnell rühren. 30 Sekunden kochen.

■ Vom Herd nehmen und sofort servieren.

PRO PORTION: 47 KALORIEN 1 g KOHLENHYDRATE 5 g EIWEISS 3 g FETT 0 g BALLASTSTOFFE

OKRASUPPE SAVANNAH

(FÜR 4 BIS 6 PERSONEN)

1 EL	**Olivenöl**
1	**Stange Staudensellerie, gewürfelt**
1	**mittelgroße Zwiebel, gehackt**
3	**Tomaten, geschält und gewürfelt**
1/2 TL	**Thymian**
1 TL	**Basilikum**
1/2 TL	**Selleriesamen**
1	**Fleischknochen**
1,5 l	**leichte Hühner- oder Gemüsebrühe, erhitzt**
2 TS	**frische Okra, geputzt und halbiert**
	Prise Zucker
	einige Tropfen Worcestershire-Sauce
	Salz und Pfeffer

■ Das Öl in einer Pfanne erhitzen. Sellerie und Zwiebeln dazugeben und 5 Minuten bei mittlerer Hitze anbraten.

■ Die Tomaten und alle Gewürze hineingeben, vermengen und 2 Minuten garen.

■ Den Fleischknochen und die Brühe dazugeben und zum Kochen bringen.

■ Die Okra zugeben und 45 Minuten köcheln, gelegentlich umrühren.

■ Auf gedämpftem Reis servieren.

PRO PORTION: 80 KALORIEN 11 g KOHLENHYDRATE 2 g EIWEISS 3 g FETT 3,3 g BALLASTSTOFFE

AUBERGINENCREME-SUPPE

(FÜR 4 BIS 6 PERSONEN)

2 EL	**Butter**
1	**Zwiebel, fein gehackt**
1	**Zucchini, gewürfelt**
3 EL	**Mehl**
1	**mittelgroße Aubergine, geschält und gewürfelt**
$^1/_2$ TL	**Zucker**
1 l	**Hühnerbrühe, erhitzt**
125 ml	**saure Sahne**
	Paprika
	Salz und Pfeffer

■ Die Butter in einem Topf zerlassen. Zwiebel und Zucchini dazugeben und zugedeckt 5 Minuten bei geringer Hitze dünsten.

■ Das Mehl einrühren und 3 Minuten anschwitzen.

■ Aubergine, Zucker und Hühnerbrühe dazugeben. Paprika einstreuen, mischen und zum Kochen bringen. 45 Minuten köcheln lassen.

■ Die Suppe durch ein Sieb in eine Schüssel passieren und die saure Sahne einrühren.

Hinweis: Die Suppe nach der Zugabe der sauren Sahne nicht mehr erhitzen.

PRO PORTION: 122 KALORIEN 10 g KOHLENHYDRATE 2 g EIWEISS 8 g FETT 1,4 g BALLASTSTOFFE

1

Zucchini und Zwiebel zur heißen Butter geben, zudecken und 5 Minuten bei geringer Hitze dünsten.

2

Das Mehl einrühren und weitere 3 Minuten anschwitzen.

3

Die Aubergine und den Zucker dazugeben.

4

Hühnerbrühe und Paprika hinzufügen.

5

Die Suppe durch ein Sieb in eine Schüssel passieren.

6

Die saure Sahne einrühren.

SHERRY-KREBS-SUPPE À LA MODE

(FÜR 4 BIS 6 PERSONEN)

2 EL	**Butter**
1	**Zwiebel, gerieben**
1	**Stange Staudensellerie, geraspelt**
1/4 TL	**Muskatblüte**
2 EL	**Mehl**
500 ml	**Milch**
1 1/2 TS	**Krebsfleisch, frisch oder gefroren, in Stücke geteilt**
125 ml	**Sahne**
2 EL	**Sherry**
	Salz und Pfeffer

■ Die Butter in einem Topf zerlassen. Zwiebel, Sellerie und Muskatblüte dazugeben. Mischen und 6 Minuten bei schwacher Hitze dünsten.

■ Das Mehl einstreuen und gut vermengen, 2 Minuten anschwitzen. Mit Salz und Pfeffer abschmecken.

■ Die Milch mit einem Schneebesen einrühren. Nochmals abschmecken und zum Kochen bringen. 8 Minuten köcheln, gelegentlich umrühren.

■ Das Krebsfleisch zugeben und 5 Minuten ziehen lassen.

■ Die Sahne einrühren und weitere 2 Minuten ziehen lassen. Den Sherry hinzufügen und nochmals 1 Minute köcheln. Servieren.

PRO PORTION: 201 KALORIEN · 11 g KOHLENHYDRATE · 12 g EIWEISS · 12 g FETT · 0 g BALLASTSTOFFE

KÜRBIS-KARTOFFEL-SUPPE

(FÜR 4 PERSONEN)

1 EL	**Butter**
1	**Zwiebel, in Scheiben**
2	**Schalotten, in Scheiben**
$^1/_4$ TL	**Thymian**
1	**Lorbeerblatt**
1 TL	**Basilikum**
1 TL	**Selleriesamen**
3	**Kartoffeln, geschält, in Scheiben**
1,2 l	**Gemüsebrühe, erhitzt**
1	**gelbe Zucchini, längs halbiert, in Scheiben**
	Salz und Pfeffer

■ Die Butter in einem Topf zerlassen. Die Zwiebel und die Schalotten dazugeben. 7 Minuten braten währenddessen 1mal wenden. Mit Salz und Pfeffer abschmecken.

■ Die Gewürze zugeben und gut mischen. Kartoffeln und Brühe hinzufügen. Abschmecken und zum Kochen bringen. Bei mittlerer Hitze 8 Minuten kochen.

■ Die Zucchini dazugeben und weitere 8 Minuten garen. Servieren.

PRO PORTION: 183 KALORIEN · 35 g KOHLENHYDRATE · 4 g EIWEISS · 3 g FETT · 1,1 g BALLASTSTOFFE

Hühner-Gumbo

HÜHNER-GUMBO

(FÜR 6 BIS 8 PERSONEN)

2 kg	**Hühnchen, gesäubert**
3 l	**kaltes Wasser**
1	**große Zwiebel, geviertelt**
2	**große Karotten, geschält und halbiert**
2	**Stangen Staudensellerie, grob gewürfelt**
1	**Lorbeerblatt**
4	**Petersilienzweige**
	Salz und Pfeffer

■ Das Hühnchen in einen großen Topf geben. Das Wasser aufgießen und zum Kochen bringen und 8 bis 10 Minuten stark kochen. Den Schaum währenddessen abschöpfen.

■ Die restlichen Zutaten dazugeben und gut würzen. Halb zugedeckt 60 bis 75 Minuten kochen. Wenn das Hühnchen gar ist aus dem Topf nehmen und beiseite stellen.

■ Den Topf bei mittlerer Hitze auf dem Herd lassen. Die Flüssigkeit weitere 20 Minuten kochen, durch ein Sieb gießen und beiseite stellen.

1 EL	**Butter**
1	**große Zwiebel, gewürfelt**
2	**große Karotten, geschält und gewürfelt**
1 TS	**Maiskörner**
1 TS	**gefrorene Erbsen**
125 g	**grüne Bohnen, geputzt und gedrittelt**
12	**Okra, geputzt und halbiert**
250 g	**Champignons, geputzt und halbiert**
3	**Tomaten, gehäutet und gewürfelt**
1/2 TL	**Basilikum**
	Salz und Pfeffer

■ Die Butter in einem Topf zerlassen. Zwiebel und Karotten dazugeben, zugedeckt 5 Minuten braten - die Zwiebeln nicht braun werden lassen.

■ Die restlichen Zutaten dazugeben und umrühren. 1,5 l der Kochflüssigkeit aufgießen, würzen und 15 Minuten bei mittlerer Hitze kochen. Gelegentlich umrühren.

■ Währenddessen die Haut des Hühnchens entfernen und das Fleisch würfeln, zur Suppe geben und 8 Minuten köcheln. Servieren.

PRO PORTION: 196 KALORIEN 27 g KOHLENHYDRATE 16 g EIWEISS 3 g FETT 9 g BALLASTSTOFFE

BLUMENKOHLSUPPE

(FÜR 4 BIS 6 PERSONEN)

3 EL	**Butter**
1	**große Zwiebel, in dünnen Scheiben**
1	**kleiner Blumenkohl, in Röschen geteilt**
1/2 TL	**Basilikum**
3	**Petersilienzweige**
3 EL	**Mehl**
1,5 l	**Hühnerbrühe, erhitzt**
1	**Lorbeerblatt**
	Salz und Pfeffer

■ Die Butter zerlassen. Die Zwiebeln dazugeben und zugedeckt 6 Minuten bei schwacher Hitze braten.

■ Blumenkohl, Basilikum und Petersilie hinzufügen und würzen. Halb zugedeckt bei schwacher Hitze 8 Minuten dünsten.

■ Das Mehl einrühren und 2 Minuten anschwitzen.

■ Hühnerbrühe, Lorbeerblatt und Gewürze dazugeben und zum Kochen bringen. Die Suppe halb zugedeckt 25 Minuten köcheln.

■ Vor dem Servieren pürieren.

PRO PORTION: 105 KALORIEN, 8 g KOHLENHYDRATE, 2 g EIWEISS, 7 g FETT, 1,3 g BALLASTSTOFFE

POTAGE ST. GERMAIN

(FÜR 6 BIS 8 PERSONEN)

1 EL	**Butter**
1	**große Zwiebel, gehackt**
2	**Stangen Staudensellerie, in Scheiben**
1	**grüne Paprikaschote, gehackt**
2 TS	**halbe grüne Erbsen, gut gewaschen**
2,5 l	**leichte Hühnerbrühe, erhitzt**
1 TL	**frischer Rosmarin, gehackt**
1 TL	**frischer Thymian, gehackt**
1 TL	**frischer Liebstöckel, gehackt**
1 EL	**frische Petersilie, gehackt**
3 EL	**Sahne**
	Salz und Pfeffer

■ Die Butter in einem großen Topf leicht erhitzen. Zwiebel, Sellerie und Paprika darin zugedeckt 4 Minuten dünsten.

■ Die Hitze reduzieren und weitere 6 bis 7 Minuten garen.

■ Die Erbsen einrühren und würzen. Die Brühe und die Kräuter dazugeben und gut pfeffern. Halb zugedeckt bei mittlerer Hitze zum Kochen bringen.

■ Die Hitze reduzieren und $1^1/_4$ bis $1^1/_2$ Stunden köcheln.

■ Die Suppe im Mixer pürieren oder durch ein Sieb passieren, die Sahne unterrühren und servieren.

PRO PORTION: 123 KALORIEN 16 g KOHLENHYDRATE 6 g EIWEISS 4 g FETT 0 g BALLASTSTOFFE

GRATINIERTE ZWIEBELSUPPE

(FÜR 4 PERSONEN)

2 EL	**Butter**
3	**Gemüsezwiebeln, in dünnen Scheiben**
250 ml	**trockener Weißwein**
1,2 l	**Rinderbrühe, erhitzt**
1	**Bouquet Garni (Thymian, Lorbeerblatt, Basilikum und Petersilie)**
1 TS	**Gruyère oder Emmentaler, gerieben**
	Cayennepfeffer
	Salz und Pfeffer
	Baguette

■ Die Butter in einem Topf zerlassen. Die Zwiebeln dazugeben und bei mittlerer Hitze 35 Minuten bräunen. Gelegentlich umrühren, die Zwiebeln nicht anbrennen lassen.

■ Den Wein dazugießen und bei großer Hitze 6 Minuten kochen.

■ Rinderbrühe, Bouquet Garni und Cayennepfeffer dazugeben. Salzen und pfeffern. Die Suppe umrühren und ohne Deckel 30 Minuten bei mittlerer Hitze kochen.

■ Je 2 EL geriebenen Käse in 4 feuerfeste Formen geben. Die Suppe einfüllen, mit Baguettescheiben belegen und den restlichen Käse obenauf streuen.

■ Die Förmchen auf ein Backblech stellen und in den vorgeheizten Ofen zum Grillen stellen. 8 Minuten bräunen. Sofort servieren.

PRO PORTION: 258 KALORIEN, 15 g KOHLENHYDRATE, 9 g EIWEISS, 13 g FETT, 1,3 g BALLASTSTOFFE

Die Zwiebeln zur heißen Butter in die Pfanne geben.

Die Zwiebeln 35 Minuten bräunen, aber nicht anbrennen lassen.

Den Wein aufgießen und 6 Minuten bei großer Hitze kochen.

4

Die Rinderbrühe, das Bouquet Garni und den Cayennepfeffer dazugeben. Salzen und pfeffern und weiter kochen.

5

Etwas Käse in jede Suppenschale geben.

6

Die Suppe in die Schalen füllen.

CREMIGE FRÜHLINGS-ZWIEBELSUPPE

(FÜR 4 BIS 6 PERSONEN)

3 EL	Butter
16	Frühlingszwiebeln, gehackt
3 EL	Mehl
1,1 l	Hühnerbrühe, erhitzt
2	große Kartoffeln, geschält, in Scheiben
1/2 TL	Thymian
1 TL	Basilikum
1 TL	Estragon
1 EL	frische Petersilie, gehackt
	Salz und Pfeffer

■ Die Butter in einem Topf zerlassen. Die Frühlingszwiebeln darin 6 Minuten bei geringer Hitze braten.

■ Das Mehl einstreuen und 1 Minute anschwitzen.

■ Die Hühnerbrühe einrühren. Kartoffeln und Kräuter dazugeben. Bei mittlerer Hitze 30 Minuten kochen, gelegentlich umrühren.

■ Die Suppe vom Herd nehmen, durch ein grobes Sieb passieren, mit Petersilie bestreuen und servieren.

PRO PORTION: 96 KALORIEN, 7 g FETT, 7 g KOHLENHYDRATE, 1,5 g BALLASTSTOFFE, 2 g EIWEISS

RINDFLEISCH-BOHNENSUPPE CAROLINA

(FÜR 4 BIS 6 PERSONEN)

$3/4$ TS	**getrocknete schwarze Bohnen**
1 l	**kaltes Wasser**
1 TL	**Olivenöl**
375 g	**Hochrippe vom Rind, grob gewürfelt**
1	**große Zwiebel, gewürfelt**
$1/2$	**Stange Staudensellerie, gewürfelt**
1	**Knoblauchzehe, geschält**
1	**Lorbeerblatt**
$1/2$ TL	**Basilikum**
1 EL	**frische Petersilie, gehackt**
1	**große Karotte, geschält und gewürfelt**
	Salz und Pfeffer

■ Die Bohnen in einen Topf geben und das Wasser aufgießen. Bei mittlerer Hitze zum Kochen bringen, 7 Minuten kochen. Vom Herd nehmen und 1 Stunde stehen lassen.

■ Das Öl erhitzen und die Fleischstücke darin 4 Minuten scharf anbraten.

■ Zwiebel und Sellerie dazugeben, gut mischen und weitere 4 Minuten braten.

■ Knoblauch, Kräuter und die Karotte hinzufügen. Die Bohnen abtropfen und hineingeben; gut abschmecken. 1,2 l Wasser aufgießen, umrühren und zum Kochen bringen. Halb zugedeckt bei mittlerer Hitze $1^1/_2$ Stunden kochen. Gelegentlich umrühren.

PRO PORTION: 219 KALORIEN, 9 g FETT, 9 g KOHLENHYDRATE, 3,2 g BALLASTSTOFFE, 25 g EIWEISS

Fischcremesuppe Beaufort

FISCHCREMESUPPE BEAUFORT

(FÜR 4 BIS 6 PERSONEN)

150 g	**frische Jakobsmuscheln, gewaschen**
150 g	**frische Shrimps, geschält, ohne Darm**
3 EL	**Butter**
1	**kleine Zwiebel, fein gehackt**
1/2	**Stange Staudensellerie, gewürfelt**
3 EL	**Mehl**
750 ml	**Fischbrühe oder leichte Hühnerbrühe, erhitzt**
1/4 TL	**Fenchelsamen, gemahlen**
250 ml	**Milch oder Sahne, erhitzt**
50 ml	**Sherry**
1 TL	**frische Petersilie, gehackt**
	Zitronensaft
	Paprika
	Salz und Pfeffer

■ Die Muscheln und die Shrimps in einen großen Topf geben. Mit Zitronensaft beträufeln und mit Wasser bedecken. Eine Schicht Pergamentpapier über die Meeresfrüchte legen und zum Kochen bringen.

■ Sobald das Wasser zu kochen beginnt, den Topf vom Herd nehmen. Die Meeresfrüchte 1 Minute im Wasser ziehen lassen.

■ Die Meeresfrüchte dann mit einem Schaumlöffel aus der Flüssigkeit nehmen und beiseite stellen. Die Kochflüssigkeit aufheben.

■ Die Butter in einer Pfanne zerlassen. Zwiebeln und Sellerie darin 4 Minuten bei geringer Hitze braten.

■ Das Mehl einstreuen, mischen und 1 Minute anschwitzen.

■ Die Fisch- oder Hühnerbrühe und die Kochflüssigkeit mit einem Schneebesen einrühren. Mit Salz, Pfeffer und Fenchel würzen. 8 Minuten köcheln.

■ Die heiße Milch dazugeben und 3 Minuten sieden.

■ Die Meeresfrüchte hineingeben und 2 Minuten bei geringer Hitze ziehen lassen.

■ Mit Petersilie und Paprika bestreuen. Servieren.

PRO PORTION: 185 KALORIEN — 9 g KOHLENHYDRATE — 17 g EIWEISS — 9 g FETT — 0 g BALLASTSTOFFE

SANDWICH ALI CAT

(FÜR 4 PERSONEN)

8	**Scheiben Pumpernickel**
8	**dünne Scheiben gekochter Schinken**
8	**Scheiben Havarti Käse**
8	**Salatblätter**
1/4 TS	**Apfel-Trauben-Chutney (siehe Seite 92)**
	Mayonnaise zum Bestreichen
	Senf zum Bestreichen

■ Alle Brotscheiben mit Senf und Mayonnaise bestreichen.

■ Die Hälfte der Brote mit Schinken, Käse, Salat und einer Schicht Chutney belegen. Eine zweite Schicht auflegen, mit Brot bedecken und dann das Sandwich halbieren.

■ Mit Kartoffelchips und Mixed Pickles servieren.

PRO PORTION: 629 KALORIEN 64 g KOHLENHYDRATE 28 g EIWEISS 29 g FETT 2,5 g BALLASTSTOFFE

GEMÜSESUPPE MIT SCHINKEN

(FÜR 6 PERSONEN)

1 EL	Butter
1	kleine Zwiebel, gehackt
1	große Karotte, geschält und gewürfelt
1/4	Weißkohl, gewaschen und geschnitten
125 g	frische grüne Bohnen, geputzt und gedrittelt
1/2 TS	gefrorene Maiskörner
1/2 TS	schwarze Bohnen, gekocht
1/4 TS	gefrorene Erbsen
4	Scheiben gekochter Schinken, gewürfelt
1 l	Rinderbrühe, erhitzt
250 ml	Tomatensaft
	einige Tropfen Worcestershire-Sauce

■ Die Butter in einem Topf zerlassen. Zwiebel und Karotte darin zugedeckt 6 Minuten bei schwacher Hitze dünsten.

■ Den Kohl hinzufügen, mischen und weitere 3 Minuten dünsten.

■ Die restlichen Zutaten dazugeben und vermengen. Zum Kochen bringen und bei mittlerer Hitze 10 Minuten kochen; würzen.

■ Mit Knoblauchbrot servieren.

PRO PORTION: 136 KALORIEN 14 g KOHLENHYDRATE 6 g EIWEISS 6 g FETT 4,2 g BALLASTSTOFFE

ROTE PAPRIKASUPPE

(FÜR 4 PERSONEN)

4 EL	Butter
1	Zwiebel, in Scheiben
1	Schalotte, in Scheiben
1 EL	Paprikapulver
4	rote Paprikaschoten, entkernt, in Streifen
1/2 TL	Cayennepfeffer
1/2 TL	Thymian
1 TL	Basilikum
1 TL	Oregano
4 1/2 EL	Mehl
1,1 l	leichte Hühnerbrühe, erhitzt
1 EL	Tomatenmark
2 EL	Sahne
	Salz und Pfeffer

■ Die Butter in einer Pfanne leicht erhitzen. Zwiebel, Schalotte und Paprikapulver darin 6 Minuten bei schwacher Hitze dünsten.

■ Die Paprikaschoten dazugeben, salzen und pfeffern. Die restlichen Gewürze hineingeben und zugedeckt bei schwacher Hitze 20 Minuten dünsten, gelegentlich rühren.

■ Das Mehl einstreuen, mischen und 2 Minuten anschwitzen - nicht zudecken.

■ Die Hühnerbrühe aufgießen und alles gut verrühren. Das Tomatenmark dazugeben, mischen und 15 Minuten köcheln.

■ Die Suppe pürieren und in eine Schüssel füllen. Die Sahne einrühren und servieren.

PRO PORTION: 209 KALORIEN, 15 g FETT, 16 g KOHLENHYDRATE, 1,4 g BALLASTSTOFFE, 3 g EIWEISS

ZUCCHINICREMESUPPE

(FÜR 4 BIS 6 PERSONEN)

4 EL	**Butter**
1	**Zwiebel, in Scheiben**
2	**gelbe Zucchini, in Scheiben**
4 EL	**Mehl**
1,1 l	**leichte Hühnerbrühe, erhitzt**
1/2 TL	**Thymian**
1 TL	**Basilikum**
1/2 TL	**Selleriesamen**
1/4 TL	**Paprikapulver**
	Salz und Pfeffer

■ Die Butter in einem Topf zerlassen. Die Zwiebeln darin bei schwacher Hitze 3 Minuten braten.

■ Die Zucchini dazugeben, salzen und pfeffern. Bei geringer Hitze zugedeckt 6 Minuten dünsten.

■ Das Mehl gut einrühren und 1 Minute anschwitzen.

■ Die Hühnerbrühe und die Gewürze dazugeben, gut abschmecken und zum Kochen bringen. 20 Minuten köcheln.

■ Durch ein Sieb passieren und servieren.

PRO PORTION: 133 KALORIEN 9 g KOHLENHYDRATE 2 g EIWEISS 10 g FETT 1,4 g BALLASTSTOFFE

LAUCHSUPPE VICHYSSOISE

(FÜR 4 BIS 6 PERSONEN)

1 EL	**Butter**
1	**Gemüsezwiebel, in Scheiben**
3	**Lauch, nur das Weiße, gewaschen und geschnitten**
3	**Petersilienzweige**
$^1/_2$ TL	**Thymian**
1 TL	**Basilikum**
4	**Kartoffeln, geschält, in Scheiben**
1 l	**leichte Hühnerbrühe, erhitzt**
125 ml	**Sahne**
	Salz und Pfeffer

■ Die Butter in einer Pfanne zerlassen. Die Zwiebelscheiben darin 6 Minuten bei geringer Hitze anbraten, 1mal umrühren.

■ Lauch, Petersilie und Kräuter dazugeben und zugedeckt bei geringer Hitze 7 Minuten dünsten.

■ Alle restlichen Zutaten, außer der Sahne, dazugeben. Würzen, mischen und 30 Minuten kochen.

■ Die Suppe im Mixer pürieren, die Sahne einrühren und kalt stellen.

■ Die Suppe kalt servieren.

PRO PORTION: 276 KALORIEN 40 g KOHLENHYDRATE 5 g EIWEISS 11 g FETT 5,0 g BALLASTSTOFFE

1

Die Zwiebeln in der heißen Butter braten.

2

Den Lauch, die Petersilie und die Kräuter dazugeben. Zudecken und bei geringer Hitze dünsten.

3

Die Kartoffeln hineingeben.

4

Die Hühnerbrühe aufgießen und gut abschmecken. Umrühren und die Suppe 30 Minuten kochen.

5

Die Suppe pürieren.

6

Die Sahne einrühren und kalt stellen.

APFEL-TRAUBEN-CHUTNEY

(FÜR 10 PERSONEN)

175 ml	**Weißweinessig**
5	**Äpfel, geschält, entkernt und geschnitten**
2/3 TS	**brauner Zucker**
1/4 TS	**Zitronenschale, gehackt**
1/4 TS	**Orangenschale, gehackt**
1/2 TS	**kandierter Ingwer, gehackt**
1/4 TS	**kernlose grüne Trauben, in Stücke geschnitten**
1	**Knoblauchzehe, gepreßt**
1	**Mango, geschält, in Stücken**
1/4 TL	**Senfkörner**
1/4 TL	**gemahlener Ingwer**
	Salz und Pfeffer

■ Den Essig in einem Topf bei mittlerer Hitze zum Kochen bringen. Die Äpfel dazugeben und halb zugedeckt 5 Minuten kochen.

■ Die restlichen Zutaten einrühren und halb zugedeckt weitere 13 Minuten kochen. Gelegentlich umrühren.

■ Kalt werden lassen und zu Fleisch servieren, oder als Aufstrich für Sandwiches verwenden.

PRO PORTION: 123 KALORIEN, 31 g KOHLENHYDRATE, 0 g EIWEISS, 0 g FETT, 1,7 g BALLASTSTOFFE

HALBE HÄHNCHEN VOM GRILL

(FÜR 4 PERSONEN)

2	**Hähnchen à 1,2 kg, halbiert**
2	**Portionen Dicke Grillsauce (siehe Seite 137)**
1	**Zitrone, halbiert**
	Öl
	Salz und frisch gemahlener Pfeffer

■ Den Ofen auf 190°C vorheizen.

■ Die Haut an den Hähnchen lassen.

■ Die Hähnchenhälften in einen Bräter legen und gut würzen. Die Haut mit der Zitrone einreiben und mit Öl bepinseln. 20 Minuten im Ofen braten.

■ Den Grill auf mittlere Hitze vorheizen.

■ Den Grillrost einölen. Die Hähnchen mit der Hautseite nach oben darauf legen. Mit der Grillsauce bestreichen und abdecken. 10 bis 12 Minuten grillen.

■ Die Hähnchen wenden, mit Sauce bestreichen und nochmals 10 bis 12 Minuten grillen.

■ Mit Salat und gegrilltem Gemüse servieren.

PRO PORTION:	484 KALORIEN	3 g KOHLENHYDRATE	70 g EIWEISS
	20 g FETT	0 g BALLASTSTOFFE	

LÄNDLICHE TRUTHAHNFÜLLUNG

1 TS	**Langkornreis**
500 ml	**kaltes Wasser**
6 EL	**Butter**
1	**Zwiebel, fein gehackt**
1	**große Stange Staudensellerie, fein gehackt**
2 EL	**frische Petersilie, gehackt**
1/2 TL	**Salbei**
1/2 TL	**Thymian**
2	**Eier, gut geschlagen**
4	**Scheiben Weißbrot ohne Kruste, gewürfelt und in Milch eingeweicht**
2 TS	**Eßkastanien aus der Dose, abgetropft und gehackt**
1 TL	**frisch gemahlener Pfeffer**
	Salz

■ Den Reis in eine Bratpfanne streuen und bei schwacher Hitze bräunen.

■ Das Wasser in einem Topf mit einer Prise Salz zum Kochen bringen. Den gebräunten Reis ins Wasser geben, zudecken und 15 Minuten köcheln.

■ Die Butter in einer anderen Pfanne zerlassen. Zwiebel, Sellerie, Petersilie, Salbei und Thymian dazugeben. Mischen und 4 Minuten dünsten.

■ Die Pfanne vom Herd nehmen und die Eier, das abgetropfte Brot, Kastanien, Pfeffer, Salz und Reis dazugeben. Gut vermengen und damit einen Truthahn füllen.

PRO PORTION: 2097 KALORIEN 288 g KOHLENHYDRATE 36 g EIWEISS 89 g FETT 8,8 g BALLASTSTOFFE

BRATHÜHNCHEN MIT PILZSAUCE

(FÜR 4 PERSONEN)

1,6 kg	**Hühnchen, gesäubert**
2 EL	**zerlassene Butter**
1	**Zwiebel, fein gehackt**
250 g	**frische Champignons, gesäubert, blättrig geschnitten**
1 TL	**frische Petersilie, gehackt**
$^1/_2$ TL	**Estragon**
375 ml	**Rinderbrühe, erhitzt**
1 EL	**Tomatenmark**
1 EL	**Stärkemehl**
3 EL	**kaltes Wasser**
	Saft von 1 Zitrone
	Salz und Pfeffer

■ Den Ofen auf 220°C vorheizen.

■ Das Hühnchen in einen Bräter legen, salzen und pfeffern. Die Haut mit zerlassener Butter und Zitronensaft bestreichen. Im Ofen 30 Minuten braten.

■ Die Hitze auf 180°C reduzieren. Das Hühnchen weitere $1^1/_4$ Stunden braten.

■ Das Fleisch an der dicksten Stelle des Schlegels mit einem Spieß anstechen, wenn der Saft klar austritt, ist das Hühnchen gar.

■ Das fertige Hühnchen aus dem Ofen nehmen und beiseite stellen. $^2/_3$ des Fettes aus dem Bräter entfernen. Den Bräter bei großer Hitze auf den Herd stellen. Die Zwiebel darin 3 Minuten anbraten, häufig wenden.

■ Die Pilze und Gewürze dazugeben; gut mischen. Bei großer Hitze 4 Minuten braten.

■ Die Brühe und das Tomatenmark einrühren, 3 Minuten kochen. Das Stärkemehl mit kaltem Wasser verrühren und zu den Pilzen geben; 1 Minute kochen.

■ Das Brathühnchen mit der Pilzsauce servieren. Als Beilage Röstkartoffeln reichen.

PRO PORTION: 451 KALORIEN, 19 g FETT, 8 g KOHLENHYDRATE, 1,9 g BALLASTSTOFFE, 62 g EIWEISS

Die Haut des Hühnchens mit zerlassener Butter bestreichen.

Nachdem das Hühnchen fertig gebraten ist, $^2/_3$ des Bratenfettes entfernen.

Den Bräter bei großer Hitze auf den Herd stellen. Die Zwiebel darin 3 Minuten anbraten, häufig wenden.

Die Pilze und die Kräuter dazugeben und gut mischen. Weitere 4 Minuten bei starker Hitze braten.

Die Rinderbrühe und das Tomatenmark dazugeben. Nochmals 3 Minuten kochen.

Das verrührte Stärkemehl hinzufügen.

SAUCE FÜR FLEISCH UND GEFLÜGEL

(FÜR 4 BIS 5 PERSONEN)

2 1/2 EL	Butter
500 g	frische Champignons, gesäubert, in dicken Scheiben
2	Schalotten, fein gehackt
1 EL	frische Petersilie, gehackt
1/2 TL	Oregano
250 ml	trockener Weißwein
375 ml	Rinderbrühe, erhitzt
1 1/2 EL	Tomatenmark
1 1/2 EL	Stärkemehl
3 EL	kaltes Wasser
3 EL	Sahne, je nach Belieben
	einige Tropfen Worcestershire-Sauce
	einige Tropfen Tabasco
	Salz und Pfeffer

■ Die Butter in einer Pfanne leicht erhitzen. Pilze, Schalotten, Petersilie und Oregano darin 10 Minuten braten. Salzen und pfeffern.

■ Den Wein aufgießen und 4 Minuten bei großer Hitze kochen.

■ Rinderbrühe, Tomatenmark, Worcestershire-Sauce und Tabasco dazugeben und weitere 8 bis 10 Minuten köcheln.

■ Das Stärkemehl mit Wasser verrühren, in die Sauce mischen und 2 Minuten kochen.

■ Je nach Belieben die Sahne dazugeben und 2 Minuten erhitzen.

■ Zu rotem Fleisch, Geflügel, Kalb oder Lamm servieren.

PRO PORTION: 138 KALORIEN 11 g KOHLENHYDRATE 3 g EIWEISS 9 g FETT 2,7 g BALLASTSTOFFE

FEINES GEGRILLTES HÜHNCHEN

(FÜR 4 PERSONEN)

3 EL	**zerlassene Butter**
3 EL	**Olivenöl**
2	**Schalotten, fein gehackt**
2 EL	**frische Petersilie, gehackt**
2	**Knoblauchzehen, geschält und gehackt**
1/4 TL	**Chilischote, zerstoßen**
1,6 kg	**Hühnchen, gesäubert, in 8 Teile tranchiert**
	Saft von 1 Zitrone
	Salz und Pfeffer

■ Den Ofen auf 180°C vorheizen.

■ Die zerlassene Butter und das Öl mischen, beiseite stellen.

■ Schalotten, Petersilie, Knoblauch und Chili in einem Mörser gut mischen. Zitronensaft hinzufügen und wieder mischen. Die Hälfte der Butter-Öl-Mischung dazugeben und beiseite stellen.

■ Die Hühnchenteile gut salzen und pfeffern. Die restliche Butter-Öl-Mischung auf das Hühnchen streichen und mit der Hautseite nach unten in den Bräter legen. Die Grillfunktion des Ofens einschalten und das Hühnchen in 15 cm Abstand von der Hitzequelle 8 Minuten grillen.

■ Die Hühnchen bestreichen, umdrehen und weitere 8 Minuten grillen. Wieder umdrehen, den Grill abstellen und bei 180°C 15 Minuten im Ofen braten, häufig bestreichen.

■ 4 Minuten vor Ende der Garzeit die Schalotten-Chili-Mischung auf die Hühnchenteile geben. Mit Bratensaft übergießen und servieren.

PRO PORTION: 516 KALORIEN 5 g KOHLENHYDRATE 61 g EIWEISS 28 g FETT 0 g BALLASTSTOFFE

SCHWEINEFILETS IN SHERRY

(FÜR 4 PERSONEN)

2	kleine Schweinefilets, entfettet und in 1,2 cm dicken Scheiben
3 EL	trockener Sherry
2 EL	Stärkemehl
1 EL	Sojasauce
1 EL	frisch gehackter Ingwer
1 EL	Olivenöl
2 EL	Pflanzenöl
12	große, frische Champignons, geputzt und gedrittelt
1	große grüne Paprikaschote, in breiten Streifen
1	Stange Staudensellerie, dünn geschnitten
1	Apfel, in Spalten geschnitten
200 g	Bambussprossen, abgetropft, in Streifen
	Saft von 1/2 Zitrone
	Salz und Pfeffer

■ Das Fleisch in eine Schüssel legen. Stärkemehl, Sherry, Sojasauce, Ingwer, Olivenöl und Zitronensaft verrühren. Über das Fleisch gießen, gut würzen und 30 Minuten marinieren.

■ 1 EL Pflanzenöl in einer Pfanne erhitzen. Die Hälfte des Fleisches darin unter ständigem Rühren braten. Herausnehmen und mit der anderen Hälfte ebenso verfahren. Das Fleisch beiseite stellen.

■ Pilze, Paprika und Sellerie in die Pfanne geben. Bei mittlerer Hitze 3 Minuten dünsten.

■ Das restliche Öl, den Apfel und die Bambussprossen dazugeben. Würzen und bei starker Hitze 3 bis 4 Minuten braten.

■ Das Fleisch in die Pfanne geben, 30 Sekunden aufwärmen und servieren.

PRO PORTION: 327 KALORIEN 14 g KOHLENHYDRATE 38 g EIWEISS 13 g FETT 2,5 g BALLASTSTOFFE

Schweinefilets in Sherry

GEBRATENE KALBSLENDE

(FÜR 4 PERSONEN)

1 EL	Olivenöl
750 g	entbeinte Kalbslende
1 TL	Butter
1	Zwiebel, fein gehackt
1/2	Stange Staudensellerie, fein gewürfelt
1/2 TL	Basilikum
1/2 TL	Estragon
1 EL	frische Petersilie, gehackt
250 ml	trockener Weißwein
300 ml	Hühnerbrühe, erhitzt
1 EL	Stärkemehl
3 EL	kaltes Wasser
	Salz und Pfeffer

■ Den Ofen auf 190°C vorheizen.

■ Das Öl in einer gußeisernen Pfanne stark erhitzen. Das Fleisch darin auf beiden Seiten anbraten.

■ Dann in einen Bräter geben, salzen und pfeffern. Die Butter auf die Oberseite des Fleisches streichen und 20 Minuten pro 500 g im Ofen braten.

■ Wenn das Fleisch gar ist, aus dem Bräter nehmen und warm stellen.

■ Den Bräter bei großer Hitze auf den Herd stellen. Zwiebel, Sellerie und alle Kräuter dazugeben und 3 Minuten braten.

■ Den Wein aufgießen und bei starker Hitze 5 Minuten kochen.

■ Die Hühnerbrühe dazugeben und zum Kochen bringen.

■ Das Stärkemehl mit kaltem Wasser vermengen und in die Sauce rühren; 2 Minuten kochen.

■ Die Sauce durch ein Sieb in eine Schüssel passieren. Das Gemüse entfernen. Die Sauce zum Kalbfleisch servieren.

PRO PORTION: 455 KALORIEN, 25 g FETT, 5 g KOHLENHYDRATE, 0 g BALLASTSTOFFE, 42 g EIWEISS

1

Den Metzger die Kalbslende entbeinen lassen.

2

Das Fleisch im heißen Öl auf beiden Seiten in einer gußeisernen Pfanne anbraten.

3

Die Lende in einen Bräter geben und die Oberseite mit der Butter bestreichen. Im Ofen braten.

4

Das gebratene Fleisch aus dem Bräter nehmen. Zwiebel, Sellerie und Kräuter zum Bratensaft in die Pfanne geben. 3 Minuten dünsten.

5

Den Wein aufgießen und 5 Minuten bei großer Hitze kochen. Die Hühnerbrühe hinzufügen und zum Kochen bringen.

6

Die Sauce durch ein Sieb in eine Schüssel passieren. Das Gemüse entfernen. Die Sauce zu dem Kalbfleisch servieren.

RINDERFILET-GEMÜSE-SPIESSE

(FÜR 4 PERSONEN)

750 g	**Filetsteaks vom Rind, gewürfelt**
2 EL	**Teriyaki Sauce**
2 EL	**Weinessig**
2	**Knoblauchzehen, blanchiert und gehackt**
1 EL	**frischer Ingwer, gehackt**
1/4 TL	**Pfeffer**
8	**große Schalotten, geschält und blanchiert**
2	**Chinakohlstrünke, in 2,5 cm dicken Stücken**
1	**gelbe Zucchini, längs halbiert, in Scheiben**
4	**Peperoni**
	Saft von 1 Zitrone
	Salz

■ Das Fleisch in eine Schüssel geben. Teriyaki Sauce, Essig, Knoblauch, Zitronensaft, Ingwer und Pfeffer dazugeben. Gut mischen und 1 Stunde marinieren.

■ Den Grill auf große Hitze vorheizen.

■ Abwechselnd Fleisch, ganze Schalotten, Kohl- und Zucchinistücke auf Spieße stecken. An das Ende jeweils eine Peperoni stecken. Die Spieße mit der Marinade bestreichen.

■ Den Grillrost einölen. Die Spieße darauf legen und 2 Minuten auf jeder Seite grillen. Würzen und während der Garzeit mit der Marinade bestreichen. Mit Gemüse servieren.

PRO PORTION: 323 KALORIEN, 13 g KOHLENHYDRATE, 47 g EIWEISS, 9 g FETT, 2,3 g BALLASTSTOFFE

GARNELENSPIESSE MIT ROTEN ZWIEBELN

(FÜR 4 PERSONEN)

30 g	rote Paprika, gebraten, püriert
2 EL	Olivenöl
2 EL	Zitronensaft
1/2 TL	Cayennepfeffer
2	Knoblauchzehen, blanchiert und püriert
1 TL	Fenchelsamen
1/2 TL	Pfeffer
24	große Garnelen, geschält, ohne Darm, gewaschen
1	große rote Zwiebel, in Spalten
	Salz und Pfeffer

■ Alle Zutaten, außer den Garnelen und der Zwiebel in einer Schüssel mischen.

■ Die Garnelen in eine andere Schüssel geben, mit der Marinade übergießen, mischen und 1 Stunde marinieren.

■ Den Grill auf mittlere Hitze vorheizen.

■ Garnelen und Zwiebelspalten abwechselnd auf Spieße stecken.

■ Den Grillrost ölen, die Spieße darauf legen, bedecken und 3 bis 4 Minuten auf jeder Seite grillen. Würzen und während der Garzeit mit der Marinade bestreichen.

■ Mit Salat oder Reis servieren.

PRO PORTION: 80 KALORIEN, 3 g FETT, 3 g KOHLENHYDRATE, 0 g BALLASTSTOFFE, 11 g EIWEISS

RINDERROLLBRATEN

(FÜR 4 BIS 6 PERSONEN)

1/2 TL	**Pfeffer**
1/4 TL	**Cayennepfeffer**
1/2 TL	**gemahlene Nelken**
1 TL	**Thymian**
1 TL	**Basilikum**
2	**Knoblauchzehen, gehackt**
2,3 kg	**Rollbraten vom Rind ohne Knochen**
2 EL	**Olivenöl**
2	**Zwiebeln, gewürfelt**
1	**Stange Staudensellerie, gewürfelt**
3 EL	**Mehl**
375 ml	**Rinderbrühe, erhitzt**
3 EL	**Tomatenmark**
125 ml	**Sherry**
	Salz und Pfeffer

■ Den Ofen auf 180°C vorheizen.

■ Alle Gewürze und den Knoblauch in einer Schale gut mischen.

■ Einige kleine Taschen in den Braten schneiden und mit der Gewürzmischung füllen.

■ Das Öl in einer feuerfesten Kasserolle erhitzen. Das Fleisch hineingeben und auf allen Seiten anbraten. Salzen und pfeffern. Das Fleisch herausnehmen und beiseite stellen.

■ Das Gemüse in die Kasserolle geben und 5 Minuten anbraten.

■ Das Mehl dazugeben und bei schwacher Hitze 5 Minuten bräunen.

■ Die Rinderbrühe und das Tomatenmark hinzufügen. Gut verrühren und das Fleisch wieder dazugeben. Salzen, zudecken und 2 1/2 bis 3 Stunden im Ofen schmoren.

■ 15 Minuten vor Ende der Garzeit mit Sherry aufgießen.

■ Mit gemischtem Gemüse servieren.

PRO PORTION: 521 KALORIEN, 9 g KOHLENHYDRATE, 73 g EIWEISS, 19 g FETT, 0 g BALLASTSTOFFE

1

Alle Gewürze und den Knoblauch in einer kleinen Schale gut mischen.

2

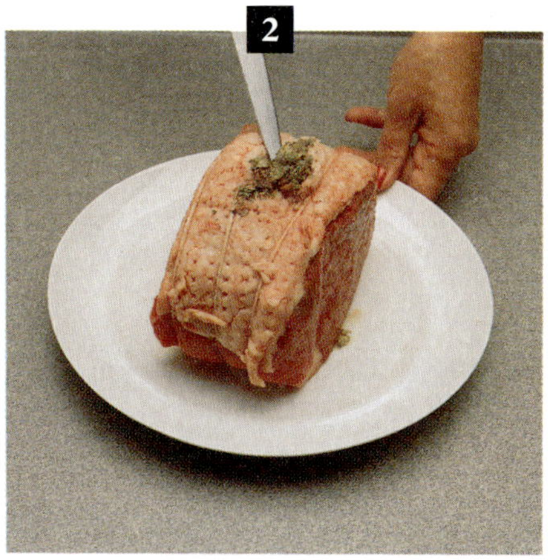

Einige kleine Taschen in den Braten schneiden und mit der Gewürzmischung füllen.

3

Das Fleisch von allen Seiten im heißen Öl anbraten. Salzen und pfeffern.

4

Das angebratene Fleisch herausnehmen und beiseite stellen.

5

Das Gemüse in der Kasserolle 5 Minuten anbraten.

6

Das Mehl dazugeben und 5 Minuten bei schwacher Hitze bräunen.

SPARERIBS MIT WHISKEYSAUCE

(FÜR 4 BIS 6 PERSONEN)

3,5 kg	Spareribs vom Schwein
1 TL	Paprikapulver
1 TL	Pfeffer
1 TL	Cayennepfeffer
1 TL	Thymian
1 TL	Basilikum
4	Knoblauchzehen, blanchiert, geschält und püriert
1 TL	Grillgewürzmischung
2 EL	Olivenöl

■ Die Spareribs in einen Topf mit kochendem Wasser geben. 18 Minuten kochen, herausnehmen und trockentupfen.

■ Alle restlichen Zutaten verrühren. Die Mischung auf die Spareribs streichen und 15 Minuten marinieren.

Sauce

3 EL	Butter
1	Stange Staudensellerie, gehackt
1	große Zwiebel, gehackt
2	Knoblauchzehen, gehackt
4 EL	Stärkemehl
750 ml	Rinderbrühe, erhitzt
50 ml	Essig
150 ml	Tomatenmark
1/4 TS	brauner Zucker
3 EL	Whiskey
	Salz und Pfeffer

■ Den Ofen auf 180°C vorheizen.

■ Die Butter zerlassen. Das Gemüse und den Knoblauch darin 6 Minuten anbraten.

■ Das Mehl dazugeben und gut mischen. Bei schwacher Hitze 5 Minuten anschwitzen.

(weiter nächste Seite)

1 Die Spareribs 18 Minuten in kochendem Wasser kochen.

2 Die Spareribs mit der Marinade bestreichen.

3 Für die Sauce das Gemüse und den Knoblauch in der heißen Butter 6 Minuten braten.

■ Die Rinderbrühe, Essig, Tomatenmark und den Zucker dazugeben. Gut verrühren und abschmecken. Die Sauce 16 Minuten köcheln.

■ Den Whiskey hinzufügen.

■ Die Spareribs in eine feuerfeste Form legen. Die Sauce darübergießen und 45 Minuten im Ofen garen. Während der Garzeit 2mal wenden.

■ Servieren.

PRO PORTION: 954 KALORIEN, 50 g FETT, 18 g KOHLENHYDRATE, 0 g BALLASTSTOFFE, 108 g EIWEISS

4 Das Mehl dazugeben und gut mischen. Bei schwacher Hitze 5 Minuten anschwitzen.

5 Die Rinderbrühe und den Essig einrühren.

6 Das Tomatenmark und den Zucker dazugeben.

WÜRZIGE LAMMCHOPS

(FÜR 4 PERSONEN)

$^1/_3$ TL	**gemahlener Ingwer**
$^1/_4$ TL	**Piment**
1 TL	**Curry**
1 TL	**Oregano**
250 ml	**Tomatensauce**
3 EL	**Apfelessig**
3	**Knoblauchzehen, gehackt**
8	**Lammchops, 2,5 cm dick, entfettet**
	Salz und Pfeffer

■ Alle Zutaten, außer den Lammchops, in eine Pfanne geben und 10 Minuten sieden lassen.

■ Die Lammchops in ein tiefes Glasgeschirr legen, die Sauce darübergießen und 1 Stunde marinieren.

■ Den Grill auf mittlere Hitze vorheizen.

■ Den Grillrost ölen und die Lammchops darauflegen. Zudecken und auf jeder Seite 6 bis 7 Minuten grillen. Das Fleisch gut würzen und während des Grillens mit der Marinade bestreichen.

PRO PORTION: 430 KALORIEN · 5 g KOHLENHYDRATE · 56 g EIWEISS · 21 g FETT · 0 g BALLASTSTOFFE

STEAKMARINADE

4	**Knoblauchzehen, gehackt**
3 EL	**Olivenöl**
3 EL	**Teriyaki Sauce**
	einige Tropfen Sesamöl
	Saft von 1 Zitrone
	frisch gemahlener Pfeffer

■ Alle Zutaten in einer Schüssel gut verrühren.

■ Die Mischung auf beide Seiten der Steaks streichen und diese nebeneinander in ein Glasgeschirr legen. Mit Frischhaltefolie abdecken und 3 Stunden im Kühlschrank marinieren.

■ Die Steaks je nach Belieben grillen oder kurzbraten.

Hinweis: Dieses Rezept ist ausreichend für 4 Steaks.

PRO PORTION: 401 KALORIEN 6 g KOHLENHYDRATE 1 g EIWEISS 42 g FETT 0 g BALLASTSTOFFE

GEGRILLTE MAISKOLBEN

(FÜR 4 BIS 12 PERSONEN)

4 bis 12	**Maiskolben**
	weiche Butter
	Salz

■ Den Mais nicht schälen. Die Kolben in kaltes Wasser legen und 7 bis 8 Minuten einweichen.

■ Den Grill auf Mittelhitze vorheizen.

■ Den Mais auf den Grillrost legen und abdecken. 10 Minuten grillen, 3mal wenden.

■ Mit Butter und Salz servieren.

PRO PORTION: 123 KALORIEN 19 g KOHLENHYDRATE 2 g EIWEISS 4 g FETT 3,6 g BALLASTSTOFFE

GEGRILLTE SPARERIBS MIT TOMATEN-HONIG-SAUCE

(FÜR 4 PERSONEN)

2 EL	**Olivenöl**
1	**große Zwiebel, gehackt**
3	**Knoblauchzehen, gehackt**
75 ml	**Apfelessig**
150 ml	**Tomatenmark**
4 EL	**Honig**
1/2 TL	**Thymian**
1/2 TL	**Basilikum**
50 ml	**Worcestershire-Sauce**
125 ml	**Rinderbrühe, erhitzt**
1,8 kg	**Spareribs vom Schwein**
	Salz und Pfeffer

■ Das Öl in einer Pfanne erhitzen. Zwiebel und Knoblauch darin bei schwacher Hitze 5 Minuten anbraten.

■ Den Apfelessig dazugeben und bei großer Hitze 3 Minuten kochen.

■ Tomatenmark, Honig, Gewürze, Worcestershire-Sauce und Rinderbrühe dazugeben. Bei mittlerer Hitze 12 Minuten kochen.

■ Die Sauce über die Spareribs gießen und diese darin 15 Minuten marinieren.

■ Den Ofen auf 190°C vorheizen.

■ Die Spareribs mit der fetten Seite nach oben in eine feuerfeste Form legen. Gründlich mit der Marinade bestreichen und würzen. 1 Stunde im Ofen braten.

■ Alle 10 Minuten mit der Marinade bestreichen. Wenn die Sauce in der Form während der Garzeit andickt etwas Wasser dazugeben.

PRO PORTION: 843 KALORIEN, 28 g KOHLENHYDRATE, 95 g EIWEISS, 39 g FETT, 0 g BALLASTSTOFFE

GEFÜLLTE SCHWEINEFILETS

(FÜR 4 PERSONEN)

Füllung

3 EL	**Butter**
1/2	**Stange Staudensellerie, gewürfelt**
1/2	**Zwiebel, gehackt**
1/2 TL	**Rosmarin**
1 EL	**frisches Basilikum, gehackt**
6	**frische Champignons, gehackt**
2 EL	**Madeira**
1/2 TS	**Semmelbrösel**
	Salz und Pfeffer

■ Die Butter zerlassen. Zwiebel und Knoblauch darin 5 Minuten bei schwacher Hitze dünsten.

■ Die Kräuter hinzufügen und weitere 2 Minuten bei mittlerer Hitze dünsten.

■ Die Pilze dazugeben, nochmals 4 Minuten garen.

■ Den Wein aufgießen und 2 Minuten kochen.

■ Die Semmelbrösel hinzufügen und 1 Minute kochen. Vom Herd nehmen und 30 Sekunden im Mixer pürieren.

2	**mittelgroße Schweinefilets, ohne Fett**
1 EL	**Olivenöl**
1 TL	**Teriyaki Sauce**
	Saft von 1 Zitrone
	frisch gemahlener Pfeffer

■ Die Filets zum Füllen längs aufschneiden, jedoch nicht ganz durchschneiden. Die aufgeklappten Filets zwischen Pergamentpapier legen. Mit einem Fleischklopfer flachklopfen.

■ Die Füllung auf die Filets streichen, aufrollen und mit einem Faden zubinden.

■ Öl, Teriyaki Sauce, Zitronensaft und Pfeffer verrühren. Die Marinade über das Fleisch gießen.

■ Den Grill auf Mittelhitze stellen. Den Grillrost ölen, die gefüllten Filets darauflegen. Zudecken und 30 Minuten grillen. Würzen und 2 bis 3mal während der Grillzeit wenden. 5 bis 6mal mit der Ölmarinade bestreichen.

PRO PORTION: 371 KALORIEN, 11 g KOHLENHYDRATE, 38 g EIWEISS, 19 g FETT, 1,4 g BALLASTSTOFFE

Den Sellerie und die Zwiebel 5 Minuten in der heißen Butter bei schwacher Hitze dünsten.

Die Kräuter hinzufügen und weitere 2 Minuten bei mittlerer Hitze braten.

Die Pilze hinzufügen und 4 Minuten garen. Den Wein aufgießen und 2 Minuten köcheln. Die Semmelbrösel dazugeben und 1 Minute garen.

Die Filets zum Füllen längs aufschneiden. Das Fleisch aber nicht ganz durchschneiden.

Die geöffneten Filets zwischen Pergamentpapier legen und mit einem Fleischklopfer flachklopfen.

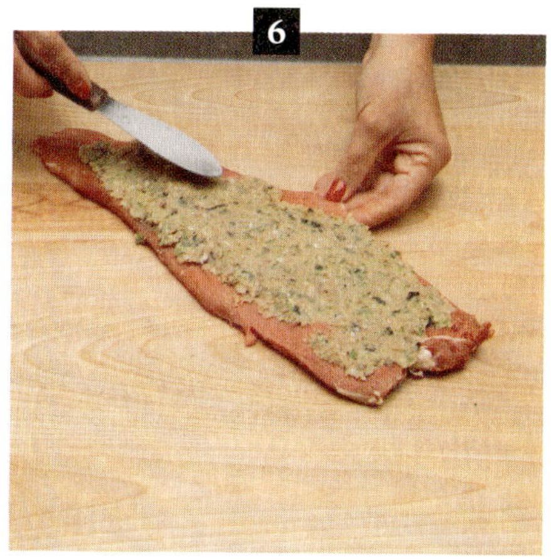

Die Füllung auf die Oberfläche des Fleisches streichen.

1

2

3

GRILLSAUCE #1

(AUSREICHEND FÜR CA. 2,5 KG FLEISCH)

3 EL	Butter
1	große Zwiebel, fein gehackt
3	Frühlingszwiebeln, gehackt
3	Knoblauchzehen, gehackt
250 ml	Weißweinessig
250 ml	Wasser
125 ml	Ketchup
50 ml	Limonensaft
1/4 TS	brauner Zucker
2 EL	Chilisauce
1 EL	Senfpulver
2 EL	Worcestershire-Sauce
1/2 TL	Cayennepfeffer
1 TL	Pfeffer
1 TL	Thymian
1 TL	Basilikum
1 TL	Oregano
	Salz

■ Die Butter zerlassen. Alle Zwiebeln und den Knoblauch darin bei geringer Hitze 5 Minuten braten, ohne daß die Zwiebeln bräunen.

■ Die restlichen Zutaten hinzufügen und gut mischen. Zum Kochen bringen. Die Hitze reduzieren und die Sauce 18 Minuten köcheln.

PRO PORTION: 707 KALORIEN 89 g KOHLENHYDRATE 7 g EIWEISS 36 g FETT 3,0 g BALLASTSTOFFE

GRILLSAUCE #2

(AUSREICHEND FÜR CA. 2,5 KG FLEISCH)

4 EL	Butter
1	große Zwiebel, fein gehackt
5	Knoblauchzehen, gehackt
250 ml	trockener Weißwein
1 EL	brauner Zucker
250 ml	Tomatensauce
125 ml	Ketchup
1 EL	Meerrettich
2 TL	Senfpulver
2 EL	Chilipulver
1/2 TL	Cayennepfeffer
1/2 TL	Pfeffer
1 TL	Selleriesalz
	Salz

■ Die Butter zerlassen. Zwiebel und Knoblauch bei schwacher Hitze darin 6 Minuten braten.

■ Den Wein aufgießen und 2 Minuten kochen.

■ Die restlichen Zutaten dazugeben und zum Kochen bringen. 18 Minuten köcheln.

PRO PORTION: 1055 KALORIEN 80 g KOHLENHYDRATE 9 g EIWEISS 61 g FETT 1,8 g BALLASTSTOFFE

GRILLSAUCE #3

(AUSREICHEND FÜR CA. 2,5 KG FLEISCH)

1	Paprikaschote
1	grüne Chilischote
4 EL	Butter
1	Zwiebel, fein gehackt
3	Schalotten, gehackt
4	Knoblauchzehen, gehackt
250 ml	weißer Essig
250 ml	Wasser
50 ml	Honig
125 ml	Chilisauce
1 EL	Chilipulver
1 TL	Oregano
1 TL	Basilikum
2	Lorbeerblätter, zerstoßen
1/2 TL	Cayennepfeffer
1 TL	Pfeffer
2 EL	Zitronensaft
1/2 TS	gehackte Pekannüsse
	Salz

■ Paprikaschote und Chilischote im Mixer pürieren, beiseite stellen.

■ Die Butter zerlassen. Zwiebel, Schalotte und Knoblauch dazugeben. Bei schwacher Hitze 6 Minuten braten, ohne zu bräunen.

■ Den Essig zugeben und bei mittlerer Hitze zum Kochen bringen; 3 Minuten kochen.

■ Die restlichen Zutaten, außer dem Paprika-Chili-Püree und den Nüssen, dazugeben, würzen und zum Kochen bringen. Die Sauce 13 Minuten köcheln.

■ Die Pekannüsse und das Chili-Paprika-Püree einrühren. Weitere 5 Minuten köcheln.

PRO PORTION: 1333 KALORIEN 85 g KOHLENHYDRATE 12 g EIWEISS 105 g FETT 3,1 g BALLASTSTOFFE

WÜRZIGER RIPPENBRATEN

(FÜR 6 PERSONEN)

1/2	**Stange Staudensellerie, gewürfelt**
1	**Peperoni, gewürfelt**
4	**Schalotten, gehackt**
3 EL	**Butter**
2	**Knoblauchzehen, blanchiert und püriert**
1/2 TL	**Cayennepfeffer**
1 TL	**Pfeffer**
1 TL	**Thymian**
1,8 kg	**Rippenbraten ohne Knochen**
	Salz

Sauce

1	**Stange Staudensellerie, grob gewürfelt**
1	**große Zwiebel, grob gehackt**
1/2 TL	**Thymian**
1	**Lorbeerblatt**
375 ml	**Rinderbrühe, erhitzt**

■ Den Ofen auf 200°C vorheizen.

■ Sellerie, Peperoni, Schalotten, Butter, Knoblauch und Gewürze in einer Schüssel gut vermengen.

■ Das Fett am Braten abschneiden. Dann sechs 2,5 cm tiefe Taschen in das Fleisch schneiden. Die gewürzte Butter hineingeben und den Braten in einen Bräter legen.

■ Den Braten bei 200°C 35 Minuten im Ofen anbraten. Die Hitze auf 190°C reduzieren und nochmals 1 Stunde 40 Minuten braten. Nach 15 Minuten bei reduzierter Temperatur das Fleisch gut würzen.

■ 18 Minuten vor Ende der Garzeit Gemüse und Gewürze für die Sauce dazugeben.

■ Den Braten herausnehmen und beiseite stellen.

■ Den Bräter bei großer Hitze auf den Herd stellen und den Bratensaft 3 Minuten kochen. Falls nötig überschüssiges Fett entfernen.

■ Die Brühe aufgießen und weitere 6 Minuten kochen.

■ Die Sauce durch ein Sieb passieren und mit dem Braten servieren.

PRO PORTION: 563 KALORIEN · 6 g KOHLENHYDRATE · 67 g EIWEISS · 30 g FETT · 0 g BALLASTSTOFFE

1

Sellerie, Peperoni, Schalotten, Butter, Knoblauch und Kräuter in eine kleine Schüssel geben und gut mischen.

2

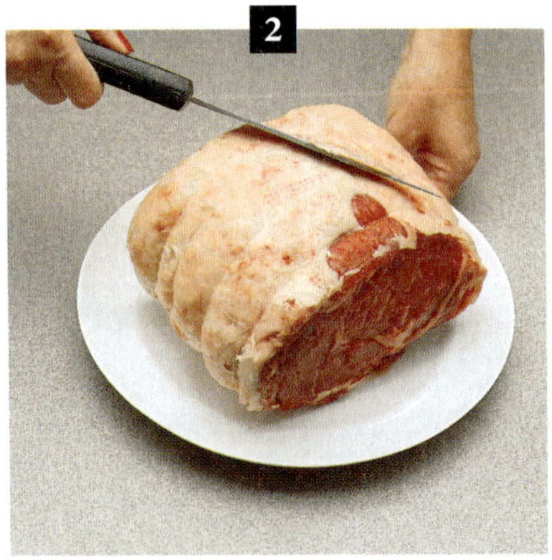

Das sichtbare Fett vom Fleisch abschneiden.

3

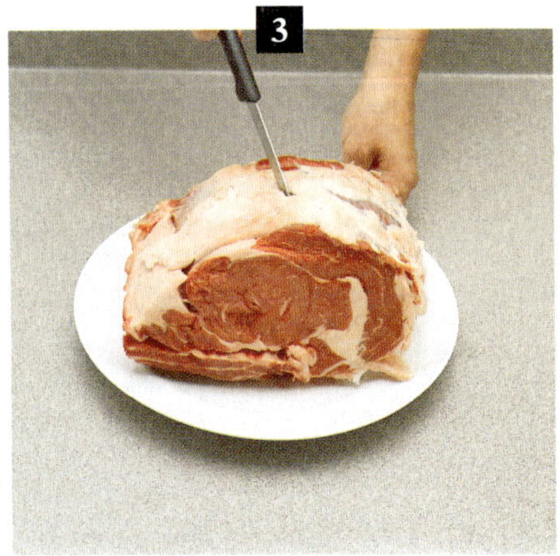

2,5 cm tiefe Taschen in das Fleisch schneiden.

4

Die Schnitte mit der würzigen Buttermischung füllen.

5

18 Minuten vor Ende der Garzeit Gemüse und Gewürze in den Bräter geben.

6

Den Braten herausnehmen und die Rinderbrühe aufgießen.

Schweinefilets mit Äpfeln

SCHWEINEFILET MIT ÄPFELN

(FÜR 4 PERSONEN)

1 EL	**Butter**
2	**Knoblauchzehen, blanchiert, püriert**
3	**Frühlingszwiebeln, gehackt**
1	**Apfel, geschält, fein gehackt**
1/4 TL	**Cayennepfeffer**
1 TL	**frisches Basilikum, gehackt**
2	**Scheiben Baguette ohne Kruste, gewürfelt, in Milch eingeweicht**
2 EL	**Gruyère, gerieben**
2	**Schweinefilets, entfettet**
	Salz und Pfeffer
	Öl

■ Die Butter zerlassen. Den Knoblauch und die Frühlingszwiebeln darin 2 Minuten dünsten.

■ Den Apfel und die Gewürze dazugeben, weitere 4 Minuten dünsten.

■ Die überschüssige Milch aus dem Brot pressen und dieses in die Pfanne geben. Den Käse einrühren und die Pfanne vom Herd nehmen.

■ Die Füllung im Mixer pürieren.

■ Die Filets zum Füllen längs einschneiden, aber nicht ganz durchschneiden.

■ Die geöffneten Filets zwischen Pergamentpapier legen. Mit einem Fleischklopfer flachklopfen.

■ Die Füllung auf die Filets streichen, aufrollen und mit einem Faden festbinden.

■ Den Grill auf Mittelhitze stellen.

■ Den Grillrost ölen und die Filets darauflegen. Zugedeckt 30 Minuten grillen, würzen. Während des Grillens 2 bis 3mal wenden.

■ Je nach Belieben mit gelben Zucchini servieren.

PRO PORTION:	292 KALORIEN	11 g KOHLENHYDRATE	37 g EIWEISS
	11 g FETT	1,5 g BALLASTSTOFFE	

GEGRILLTES KASSELER MIT KNOBLAUCH

(FÜR 4 PERSONEN)

1 EL	**Olivenöl**
1/2 TL	**Honig**
1	**Knoblauchzehe, blanchiert und püriert**
1/2 TL	**Worcestershire-Sauce**
8	**Scheiben Kasseler à 0,7 cm Dicke**
	Saft von 1/2 Zitrone
	frisch gemahlener Pfeffer

■ Alle Zutaten, außer dem Kasseler, in einer Schüssel verrühren.

■ Die Mischung auf beide Seiten des Fleisches streichen.

■ Den Grill auf Mittelhitze vorheizen.

■ Den Grillrost ölen und das Kasseler darauf legen. Zudecken und 3 bis 4 Minuten pro Seite grillen.

■ Mit Bratkartoffeln servieren.

PRO PORTION: 111 KALORIEN, 1 g KOHLENHYDRATE, 11 g EIWEISS, 7 g FETT, 0 g BALLASTSTOFFE

GEGRILLTE HÜHNCHENSCHLEGEL MIT GRILLSAUCE

(FÜR 4 PERSONEN)

4	**Hühnerschlegel ohne Haut**
1/2	**Rezept Grillsauce # 1**
	(siehe Seite 116)
	Salz und frisch gemahlener Pfeffer

- Das Fleisch der Schlegel an verschiedenen Stellen einschneiden. Auf einem Teller mit Grillsauce übergießen und im Kühlschrank 2 Stunden marinieren.
- Den Grill auf mittlere Hitze stellen.
- Den Grillrost ölen und die Schlegel darauflegen. Zugedeckt 20 Minuten grillen. Falls das Fleisch zu langsam brät, die Abdeckung leicht öffnen. Die Schlegel 1mal umdrehen und häufig mit der Marinade bepinseln.
- Die Schlegel auf den oberen Grillrost legen. Zudecken und nochmals 25 Minuten grillen. 1mal wenden und häufig bestreichen, kräftig würzen.
- Mit gegrillten gelben Zucchini servieren.

PRO PORTION: 351 KALORIEN, 22 g KOHLENHYDRATE, 27 g EIWEISS, 17 g FETT, 1,0 g BALLASTSTOFFE

GEBRATENES HUHN IN WEISSWEIN

(FÜR 4 PERSONEN)

2	**große Hühner, bratfertig**
1/3 TS	**ungesalzene Butter**
2	**Schalotten, gehackt**
125 ml	**trockener Weißwein**
250 ml	**Hühnerbrühe, erhitzt**
1 EL	**Stärkemehl**
3 EL	**kaltes Wasser**
1 EL	**frische Petersilie, gehackt**
1 EL	**frischer Estragon, gehackt**
	Salz und Pfeffer

Karamelisierte Aprikosen

12	**Aprikosen, halbiert und entsteint**
1 EL	**Butter**
1 TL	**brauner Zucker**
2 EL	**Wasser**

■ Den Ofen auf 230°C vorheizen.

■ Die Hühner innen salzen und pfeffern. Butter auf die Haut streichen und gut salzen und pfeffern. In einem Bräter 30 bis 40 Minuten braten. Während der Garzeit mit dem Bratensaft beträufeln.

■ Kurz vor Ende der Garzeit mit einer Spicknadel den dicksten Teil des Schlegels anstechen. Der austretende Fleischsaft muß klar sein. Eventuell noch etwas Zeit zugeben. Die Hühner aus dem Bräter nehmen und beiseite stellen.

■ Den Bräter bei mittlerer Hitze auf den Herd stellen und die Schalotten darin 2 Minuten braten. Den Wein aufgießen und 4 Minuten kochen.

■ Die Hühnerbrühe hinzufügen und weitere 3 Minuten köcheln.

■ Das Stärkemehl mit Wasser verrühren und mit einem Schneebesen in die Sauce rühren. Die Kräuter dazugeben.

■ Die Sauce zu den Hühnern reichen. Als Beilage Ofenkartoffeln und karamelisierte Aprikosen servieren. Alle Zutaten für die Aprikosen in einem Topf bei mittlerer Hitze 7 bis 8 Minuten kochen.

PRO PORTION: 745 KALORIEN 18 g KOHLENHYDRATE 72 g EIWEISS 40 g FETT 2,3 g BALLASTSTOFFE

1

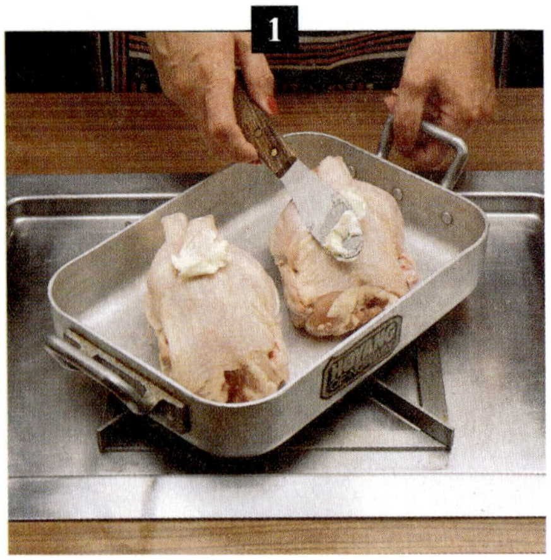

Die Butter auf die Hühner streichen.

2

Die gebratenen Hühner aus dem Bräter nehmen. Den Bräter bei mittlerer Hitze auf den Herd stellen. Die Schalotten darin 2 Minuten braten.

3

Den Wein aufgießen und 4 Minuten kochen.

Die Hühnerbrühe aufgießen und 3 Minuten köcheln.

Das vermengte Stärkemehl mit einem Schneebesen in die Sauce rühren.

Die Kräuter dazugeben.

LAMM-KEBAB DIJON

(FÜR 4 PERSONEN)

Marinade

60 ml	Olivenöl
60 ml	trockener Weißwein
1 EL	Zitronensaft
2	Knoblauchzehen, gehackt
1 EL	Dijon-Senf
$1/2$ TL	Pfeffer
$1/4$ TL	Cayennepfeffer
1 EL	Estragon
	Salz

Kebab

500 g	Lammfilet, entfettet, in 2,5 cm großen Würfeln
8	Zitronenscheiben
1	große rote Zwiebel, in Spalten
8	Lorbeerblätter
12	Zucchini Stücke, à 2,5 cm Dicke

■ Alle Marinadezutaten in einer großen Schüssel verrühren. Das Fleisch darin 1 Stunde marinieren.

■ Den Grill auf Hoch stellen.

■ Das Fleisch und die restlichen Zutaten abwechselnd auf Spieße stecken. Die Zitronenscheiben zusammenklappen und ebenfalls aufstecken. Die Kebabs mit der Marinade bestreichen.

■ Den Grillrost ölen und die Kebabs darauf legen. Auf jeder Seite 6 Minuten grillen. Würzen und während der Garzeit mit Marinade bepinseln.

PRO PORTION: 126 KALORIEN 14 g KOHLENHYDRATE 37 g EIWEISS 16 g FETT 3,6 g BALLASTSTOFFE

GEGRILLTE SCHWEINEKOTELETTS

(FÜR 4 PERSONEN)

75 ml	**Apfelessig**
50 ml	**Ketchup**
$1^1/_2$ EL	**brauner Zucker**
$^1/_2$	**Zwiebel, fein gehackt**
1 TL	**Rosmarin**
1 TL	**Worcestershire-Sauce**
$^1/_2$ TL	**Pfeffer**
4	**Schweinekoteletts ohne Fett, à 2,5 cm Dicke**

■ Alle Zutaten, außer dem Fleisch, in einem Topf gut verrühren. Bei mittlerer Hitze 5 Minuten kochen. Vom Herd nehmen und abkühlen lassen.

■ Das Fleisch mit dieser Marinade bestreichen und 15 Minuten marinieren.

■ Den Grill auf Mittelhitze vorheizen.

■ Den Grillrost ölen und die Koteletts darauflegen. 8 bis 9 Minuten auf jeder Seite grillen. 4 bis 5mal während der Garzeit mit der Marinade bestreichen.

■ Mit neuen Folienkartoffeln servieren.

PRO PORTION: 221 KALORIEN, 9 g KOHLENHYDRATE, 21 g EIWEISS, 11 g FETT, 0 g BALLASTSTOFFE

GEFÜLLTER TRUTHAHN

(FÜR 6 PERSONEN)

Truthahn

4,5 kg	Truthahn, bratfertig
1	Rezept Ländliche Truthahnfüllung (siehe Seite 95)
125 g	Scharfe Chili-Butter (siehe Seite 136)
	Saft von 1 Zitrone
	Salz und Pfeffer

Sauce

1	Zwiebel, gewürfelt
1	Stange Staudensellerie, in großen Stücken
1 TL	Basilikum
1/2 TL	Selleriesamen
1/2 TL	Thymian
4 EL	Mehl
500 ml	Hühnerbrühe, erhitzt
	Salz und Pfeffer

■ Den Ofen auf 200°C vorheizen.

■ Den Truthahn innen salzen und pfeffern. Die Füllung hineingeben. Die Haut an der Truthahnbrust vorsichtig lösen. Chili-Butter-Flocken zwischen die Haut und das Fleisch schieben. Den Truthahn zusammenbinden und gut würzen. Mit Zitronensaft beträufeln.

■ In einen Bräter legen und 30 Minuten bei 200°C braten. Die Hitze auf 160°C reduzieren und weitere 2 Stunden 30 Minuten braten. Den Truthahn alle 15 Minuten mit dem Bratensaft übergießen. Hinweis: Sollte die Truthahnbrust zu schnell bräunen, mit Aluminiumfolie abdecken.

■ Den Truthahn aus dem Bräter nehmen und warm halten, aber nicht tranchieren.

■ Den Bräter für die Sauce bei großer Hitze auf den Herd stellen. Gemüse und Kräuter hineingeben; 7 Minuten dünsten. Das Mehl dazugeben und bei mittlerer Hitze 4 Minuten anschwitzen. Die Hühnerbrühe aufgießen, gut mischen und 7 Minuten kochen.

■ Die Sauce durch ein Sieb passieren und zu dem Truthahn servieren.

PRO PORTION: 564 KALORIEN 50 g KOHLENHYDRATE 19 g EIWEISS 32 g FETT 1,8 g BALLASTSTOFFE

1

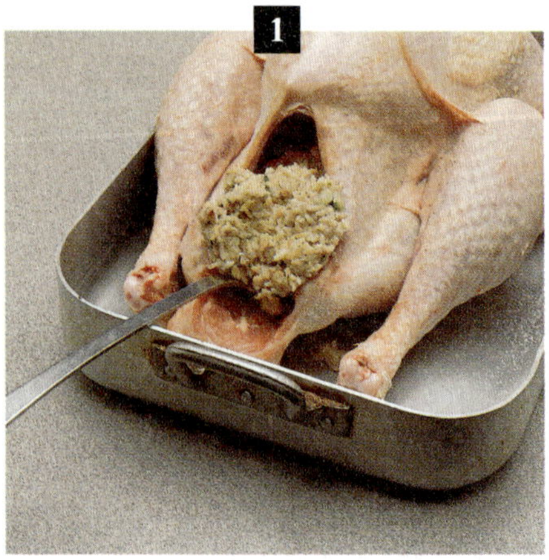

Den Truthahn füllen.

2

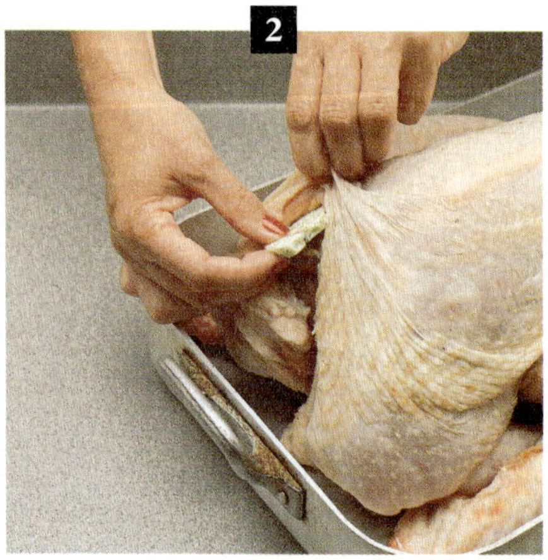

Die Haut der Truthahnbrust behutsam lösen. Chili-Butter-Flocken zwischen die Haut und das Fleisch schieben.

3

Den Truthahn alle 15 Minuten mit dem Bratensaft übergießen.

Für die Sauce das Gemüse im Bräter bei großer Hitze dünsten.

Das Mehl einstreuen und bei mittlerer Hitze 4 Minuten anschwitzen.

Die Hühnerbrühe aufgießen, gut mischen und 7 Minuten kochen.

ZART MARINIERTE LAMMKOTELETTS

(FÜR 4 PERSONEN)

250 ml	**trockener Weißwein**
2	**Knoblauchzehen, gehackt**
1 EL	**frischer Rosmarin, gehackt**
1	**Schalotte, fein gehackt**
1	**frisches Basilikumblatt, fein gehackt**
1 TL	**Pfeffer**
1 EL	**Olivenöl**
3 EL	**Ketchup**
8	**Lammkoteletts, à 2,5 cm Dicke, entfettet**
	Saft von 1 Zitrone
	einige Tropfen scharfe Pfeffersauce

■ Alle Zutaten, außer dem Lamm, in einer Schüssel verrühren.

■ Das Fleisch auf eine Platte legen, mit der Marinade übergießen und 1 Stunde marinieren. 2 bis 3mal wenden.

■ Den Grill auf Mittelhoch stellen.

■ Den Grillrost ölen, die Koteletts darauflegen. Auf jeder Seite 6 bis 7 Minuten grillen.

■ Mit Salzkartoffeln und Broccoli servieren.

PRO PORTION: 281 KALORIEN 7 g KOHLENHYDRATE 28 g EIWEISS 11 g FETT 0 g BALLASTSTOFFE

GEGRILLTE PAPRIKASCHOTEN

(FÜR 4 BIS 6 PERSONEN)

Marinade

2 EL	Olivenöl
1 EL	Worcestershire-Sauce
2 EL	Zitronensaft
1 TL	Thymian
1 TL	Basilikum

Paprikaschoten

6 bis 8	verschiedene Paprika- und Chilischoten
	Salz und Pfeffer

■ Alle Marinadezutaten verrühren und beiseite stellen.

■ Alle Schoten waschen, halbieren und entkernen. Auf eine Platte legen, salzen und pfeffern. Die Marinade darübergießen und 15 Minuten ziehen lassen.

■ Den Grill auf Mittelhitze stellen.

■ Den Grillrost ölen. Die Schoten darauflegen; 12 Minuten grillen. 3 bis 4mal wenden und gelegentlich mit Marinade bestreichen. Aufpassen, daß die Schoten nicht anbrennen.

■ Sofort servieren.

PRO PORTION: 44 KALORIEN, 6 g KOHLENHYDRATE, 1 g EIWEISS, 2 g FETT, 1,0 g BALLASTSTOFFE

SCHWEINELENDE MIT FEIGEN

(FÜR 4 BIS 6 PERSONEN)

Feigenkompott

4	**Zitronenscheiben, mit der Schale gehackt**
1/2 TS	**Zucker**
500 g	**frische Feigen, gewaschen und halbiert**
1 TL	**Vanille**
250 ml	**Wasser**
90 ml	**Weißwein**

Schweinelende

900 g	**Schweinelende**
1 EL	**Olivenöl**
12	**kleine weiße Zwiebeln, geschält**
6	**Schalotten, geschält**
1/2 TL	**Paprika**
	Salz und Pfeffer

■ Die Kompottzutaten bei mittlerer Hitze zum Kochen bringen.

■ Die Hitze reduzieren und 20 Minuten köcheln.

■ Den Ofen auf 180°C vorheizen.

■ Die Lende in einen Bräter legen. Mit Öl bepinseln, salzen und pfeffern. Die ganzen Zwiebeln und Schalotten dazugeben, mit Paprika bestreuen und 30 Minuten im Ofen braten.

■ Den Bräter herausnehmen. Das Feigenkompott über das Fleisch geben und nochmals 30 Minuten im Ofen garen. Servieren.

PRO PORTION: 533 KALORIEN 51g KOHLENHYDRATE 35 g EIWEISS 21 g FETT 4,9 g BALLASTSTOFFE

GEGRILLTE HÜHNERBRÜSTCHEN

(FÜR 4 PERSONEN)

60 ml	**Olivenöl**
90 ml	**trockener Weißwein**
1 EL	**Dijon-Senf**
1/2 TL	**Oregano**
1 TL	**frisches Basilikum, gehackt**
1/4 TL	**Cayennepfeffer**
2 EL	**rote Chilischote, gehackt**
1 TL	**brauner Zucker**
4	**halbe Hühnerbrüstchen ohne Knochen, gehäutet**
	Salz und Pfeffer

■ Alle Zutaten, außer dem Hühnchen, in einer Schüssel verrühren.

■ Das Fleisch auf eine Platte legen und mit der Marinade übergießen. Im Kühlschrank 1 Stunde marinieren.

■ Den Grill auf Hoch stellen.

■ Den Grillrost ölen und die Hühnerbrüstchen darauflegen. 16 Minuten grillen. 2 bis 3 mal wenden und häufig mit der Marinade bepinseln; würzen.

■ Mit gegrillten Paprikaschoten servieren (siehe Seite 131).

PRO PORTION: 222 KALORIEN 1 g KOHLENHYDRATE 27 g EIWEISS
10 g FETT 0 g BALLASTSTOFFE

SAFTIGE DOPPEL-BURGER

(FÜR 4 BIS 6 PERSONEN)

500 g	mageres Rinderhack
125 g	Kalbshack
1/4 TL	Pfeffer
1/4 TL	Cayennepfeffer
1 TL	Worcestershire-Sauce
1 EL	Olivenöl
1	mittelgroße Zwiebel, fein gehackt
3	Frühlingszwiebeln, gehackt
1/2 TL	Thymian
1 TL	Basilikum
2	Knoblauchzehen, blanchiert und püriert
1	Ei
	Salz

■ Das Fleisch im Mixer vermengen. Pfeffer, Cayennepfeffer und Worcestershire-Sauce dazugeben, salzen und nochmals vermengen. Beiseite stellen.

■ Die Hälfte des Öls erhitzen. Alle Zwiebeln, Kräuter und Knoblauch dazugeben. Rühren und 3 Minuten bei mittlerer Hitze braten.

■ Die Zwiebelmischung und das Ei zum Fleisch geben und gut vermengen.

■ Zu Hamburgern formen und mit Öl bepinseln.

■ Den Grill auf Mittelhitze stellen.

■ Den Grillrost ölen, die Hamburger darauflegen. Zugedeckt 5 Minuten pro Seite grillen; würzen. Mit pikanten Beilagen servieren.

PRO PORTION: 205 KALORIEN, 13 g FETT, 2 g KOHLENHYDRATE, 0 g BALLASTSTOFFE, 20 g EIWEISS

1

Verwenden Sie eine gute Hackfleischqualität.

2

Beide Fleischsorten im Mixer vermengen.

3

Pfeffer, Cayennepfeffer und Worcestershire-Sauce dazugeben, salzen und nochmals mischen.

4

Die gebratenen Zwiebeln zur Fleischmischung geben.

5

Das Ei hinzufügen und mischen.

6

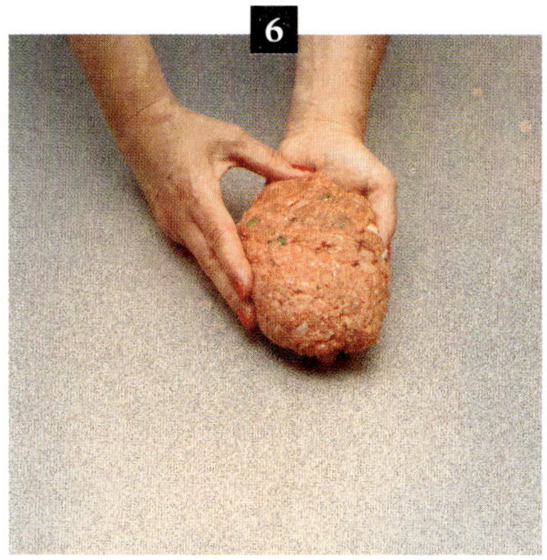

Aus der Mischung Hamburger formen.

SCHARFE CHILI-BUTTER

(FÜR 8 BIS 10 PERSONEN)

250 g	**weiche, ungesalzene Butter**
2	**grüne Chilischoten, gebraten und püriert**
3	**Knoblauchzehen, blanchiert und püriert**
1 EL	**frischer Schnittlauch, gehackt**
$^1/_4$ TL	**Cayennepfeffer**
	Saft von $^1/_2$ Zitrone
	Salz und frisch gemahlener Pfeffer

- Alle Zutaten im Mixer gut verrühren.
- Die Butter auf ein großes Stück Aluminiumfolie geben, zu einer Rolle formen und in die Folie wickeln. Die Enden verschließen und im Tiefkühlfach aufbewahren.

Hinweis: Diese Butter hält sich im Tiefkühlfach 3 Monate. Jedesmal, wenn Sie Butter brauchen, die Packung einfach öffnen und die gewünschte Menge Scheiben abschneiden. Immer wieder gut einrollen und die Enden verschließen.

PRO PORTION: 205 KALORIEN, 1 g KOHLENHYDRATE, 1 g EIWEISS, 22 g FETT, 0 g BALLASTSTOFFE

BASILIKUM-BUTTER

(FÜR 4 BIS 6 PERSONEN)

250 g	**weiche, ungesalzene Butter**
15	**frische Basilikumblätter, gehackt**
1 EL	**frische Petersilie, gehackt**
$^1/_4$ TL	**Pfeffer**
1	**Schalotte, gehackt**
$^1/_4$ TL	**Paprika**
	einige Tropfen Tabasco
	einige Tropfen Zitronensaft

- Alle Zutaten im Mixer gut verrühren.
- Die Butter auf ein großes Stück Aluminiumfolie legen und zu einer Rolle formen, in die Folie wickeln und die Enden verschließen. Im Tiefkühlfach aufbewahren.
- Je nach Bedarf verwenden.

PRO PORTION: 375 KALORIEN, 2 g KOHLENHYDRATE, 1 g EIWEISS, 40 g FETT, 0 g BALLASTSTOFFE

DICKE GRILLSAUCE

(FÜR 4 PERSONEN)

60 ml	Ketchup
60 ml	trockener Weißwein
1 EL	Olivenöl
2	Knoblauchzehen, blanchiert und püriert
1 EL	Worcestershire-Sauce
1 TL	Meerrettich
1 EL	frisches Basilikum, gehackt
	einige Tropfen Tabasco
	Salz und frisch gemahlener Pfeffer

■ Alle Zutaten in einer Schüssel gut verrühren.

■ Steaks, Koteletts und Hühnerbrüstchen während des Grillens mit dieser Sauce bepinseln.

PRO PORTION: 62 KALORIEN, 3 g FETT, 5 g KOHLENHYDRATE, 0 g BALLASTSTOFFE, 1 g EIWEISS

GEGRILLTE BOCKWÜRSTCHEN

(FÜR 4 PERSONEN)

2	**Knoblauchzehe, fein gehackt**
2 EL	**Teriyaki Sauce**
1 EL	**Olivenöl**
2 EL	**Ketchup**
4	**große Bockwürstchen**
	Saft von 1 Zitrone
	einige Tropfen scharfe Chili Sauce
	frisch gemahlener Pfeffer

■ Alle Zutaten, außer den Würstchen, verrühren.

■ Die Würstchen auf einer Platte mit der Marinade übergießen. 15 Minuten ziehen lassen. 3mal wenden.

■ Den Grill auf Mittelhitze stellen.

■ Den Grillrost ölen, die Würstchen darauflegen. Abdecken und 5 Minuten pro Seite grillen.

■ Mit Zucchini und gegrillten Maiskolben servieren.

PRO PORTION:	342 KALORIEN	4 g KOHLENHYDRATE	20 g EIWEISS
	27 g FETT	0 g BALLASTSTOFFE	

MAIS-HÜHNCHEN-KEBABS

(FÜR 4 PERSONEN)

1	**großes, ganzes Hühnerbrüstchen, ohne Haut und Knochen**
2 EL	**Olivenöl**
1 EL	**Zitronensaft**
1 TL	**Curry**
2	**rote Paprikaschoten, in 2,5 cm großen Würfeln**
1	**großer Maiskolben, geschält, in 2,5 cm dicken Scheiben**
	Salz und Pfeffer

■ Das Hühnerbrüstchen 2,5 cm groß würfeln. Zusammen mit dem Öl, Zitronensaft und Curry in eine Schüssel geben. Würzen, mischen und 30 Minuten marinieren.

■ Den Ofen auf 180°C vorheizen.

■ Abwechselnd Hühnchen, rote Paprika und Mais auf Spieße stecken.

■ Die Spieße auf ein Backblech legen. Mit Marinade bestreichen, würzen und 12 Minuten braten. Die Kebabs während des Garens wenden und mit Marinade bepinseln.

■ Auf Reis servieren.

PRO PORTION: 121 KALORIEN, 7 g KOHLENHYDRATE, 14 g EIWEISS, 4 g FETT, 1,2 g BALLASTSTOFFE

GEGRILLTER LAMMSCHLEGEL

(FÜR 6 BIS 8 PERSONEN)

1	**Lammschlegel ca. 2,5 kg**
	Grillsauce # 1 (siehe Seite 116)
	Salz und Pfeffer

- Die Haut und das Fett des Schlegels vom Metzger entfernen lassen.
- Den Schlegel in einen Bräter legen und mit der Grillsauce übergießen. Im Kühlschrank 1 bis 2 Stunden marinieren.
- Den Ofen auf 190°C vorheizen.
- Den Bräter in den Ofen stellen. 45 Minuten braten, häufig bestreichen. Salzen und pfeffern.
- Den Grill auf Mittelhitze stellen.
- Den Grillrost ölen, den Schlegel darauflegen. 20 Minuten grillen.
- Während des Grillens 7 bis 8mal bestreichen, 2 bis 3mal wenden; würzen.
- Mit Süßkartoffeln servieren.

PRO PORTION: 575 KALORIEN 13 g KOHLENHYDRATE 77 g EIWEISS 23 g FETT 0 g BALLASTSTOFFE

GEGRILLTE SCHWEINELENDE

(FÜR 6 PERSONEN)

1,8 kg	**Schweinelende**
1	**Rezept Grillsauce 1, 2 oder 3 (siehe Seite 116, 117)**
	Salz und Pfeffer

- Das meiste Fett der Lende abschneiden. Das Fleisch auf einer Platte mit einer der Grillsaucen Ihrer Wahl übergießen. Im Kühlschrank 1 bis 2 Stunden marinieren.
- Den Ofen auf 180°C vorheizen.
- Das Fleisch in einen Bräter legen. 1 Stunde 15 Minuten braten.
- Den Grill auf schwache Hitze stellen.
- Den Grillrost ölen, das Fleisch aus dem Bräter und auf den Rost legen. Mit Grillsauce bestreichen und gut würzen. Zugedeckt 40 Minuten grillen. 2 bis 3mal wenden. Gelegentlich mit Grillsauce bestreichen.
- Mit gegrillten Zucchini servieren.

PRO PORTION: 594 KALORIEN 15 g KOHLENHYDRATE 54 g EIWEISS 35 g FETT 0 g BALLASTSTOFFE

GARNELEN-WÜRSTCHEN-SPIESSE

(FÜR 4 PERSONEN)

16	große Garnelen, geschält, ohne Darm und gesäubert
2	Bockwürstchen, in 2 cm dicken Scheiben
2 EL	Zitronensaft
125 ml	trockener Weißwein
2 EL	Olivenöl
1/2 TL	Cayennepfeffer
1/2 TL	Pfeffer
3	große Schalotten, blanchiert und püriert
1/2 TL	Paprika

■ Garnelen und Würstchen in eine Schüssel geben.

■ Die restlichen Zutaten vermengen und darübergießen. 1 Stunde marinieren.

■ Den Grill auf Mittelhitze stellen.

■ Abwechselnd Garnelen und Würstchen auf die Spieße stecken. Mit Marinade bestreichen.

■ Den Grillrost ölen, die Spieße darauf legen. Zugedeckt 3 bis 4 Minuten pro Seite grillen. Während des Grillens würzen und mit Marinade bestreichen.

PRO PORTION: 262 KALORIEN, 16 g FETT, 7 g KOHLENHYDRATE, 0 g BALLASTSTOFFE, 17 g EIWEISS

1

Die Garnelen schälen.

2

Mit einem schmalen Messer den schwarzen Darm an der Unterseite der Garnelen entfernen.

3

Die Marinadezutaten verrühren.

4

Die Spieße mit einer Garnele beginnen.

5

Dann ein Stück Wurst aufstecken. Die Zutaten abwechselnd aufspießen.

6

Die Garnelen und die Würstchen mit der Marinade bestreichen.

GEGRILLTE PERLHÜHNSCHENKEL

(FÜR 4 PERSONEN)

4	**Perlhuhnschenkel**
250 ml	**Bier**
6	**Knoblauchzehen, fein gehackt**
2 EL	**Honig**
50 ml	**Chilisauce**
1 TL	**Worcestershire-Sauce**
	einige Tropfen Tabasco
	Salz und frisch gemahlener Pfeffer

■ Die Perlhuhnschenkel auf eine große Platte legen.

■ Die restlichen Zutaten verrühren, darübergießen und im Kühlschrank 2 Stunden marinieren.

■ Den Grill auf Mittelhitze vorheizen.

■ Den Grillrost ölen, die Perlhühner aus der Marinade nehmen und die knochigen Enden in Aluminiumfolie einwickeln, damit sie nicht verbrennen.

■ Auf den Rost legen und abdecken. Je nach Größe 12 Minuten grillen. Gelegentlich wenden und 2 bis 3mal bestreichen.

■ Mit Zitronenscheiben servieren.

PRO PORTION: 135 KALORIEN, 8 g KOHLENHYDRATE, 19 g EIWEISS, 1 g FETT, 0 g BALLASTSTOFFE

GEMISCHTES GRILLGEMÜSE

(FÜR 4 BIS 6 PERSONEN)

2 EL	Olivenöl
2	Knoblauchzehen, blanchiert und püriert
1 EL	Worcestershire-Sauce
1	rote Paprikaschote, gewürfelt
1	grüne Paprikaschote, gewürfelt
1	Zucchini, in 1,2 cm dicken Scheiben
1	gelbe Zucchini, halbiert, in 1,2 cm dicken Scheiben
4	Frühlingszwiebeln, in 2,5 cm langen Stücken
24	Zuckererbsenschoten
1	Blatt Chinakohl, in großen Stücken
2	Karotten, geschält, blanchiert, schräg 1,2 cm dick geschnitten
1	gelbe Paprikaschote, gewürfelt
1	rote Zwiebel, in Spalten
	Saft von 1 Zitrone
	Salz und Pfeffer

■ Den Grill auf Hoch stellen.

■ Öl, Knoblauch, Zitronensaft und Worcestershire-Sauce verrühren.

■ Alles Gemüse in einer großen Schüssel mit der Marinade übergießen, gleichmäßig vermischen; würzen.

■ In einem Grillkorb, wie im Bild gezeigt, anrichten. Den Grillkorb auf den Grill stellen und halb abdecken. 9 Minuten pro Seite grillen. Servieren.

PRO PORTION: 125 KALORIEN, 6 g FETT, 16 g KOHLENHYDRATE, 5,9 g BALLASTSTOFFE, 3 g EIWEISS

LACHS MIT BASILIKUMBUTTER IN FOLIE

(FÜR 4 PERSONEN)

Basilikumbutter

15	**frische Basilikumblätter**
3	**Knoblauchzehen, geschält**
1/4 TL	**Cayennepfeffer**
125 g	**ungesalzene Butter**
	einige Tropfen Zitronensaft
	Salz und weißer Pfeffer

Lachsfilets

4	**Lachssteaks**
125 g	**Basilikumbutter**
8	**Tomatenscheiben**
4	**Zitronenscheiben**
4	**Lorbeerblätter**
	Salz, Pfeffer und Paprika

■ Für die Basilikumbutter Knoblauch und Basilikum im Mixer pürieren. Die restlichen Zutaten dazugeben und gut abschmecken. Nochmals mixen, bis alles gut gebunden ist.

■ Den Grill auf Mittelhitze stellen.

■ Den Lachs auf doppelte Stücke Aluminiumfolie (siehe Abbildung) legen. 1 Löffel Basilikumbutter daraufgeben, mit Tomatenscheiben, 1 Zitronenscheibe und 1 Lorbeerblatt belegen. Würzen und die Folie verschließen.

■ Die Päckchen auf den Grillrost legen und 25 bis 30 Minuten grillen.

Hinweis: Je nach Belieben kann mit der gleichen Technik im Ofen bei 160°C gegart werden.

PRO PORTION: 493 KALORIEN, 3 g KOHLENHYDRATE, 40 g EIWEISS, 36 g FETT, 1,4 g BALLASTSTOFFE

Das Basilikum mit dem Knoblauch im Mixer pürieren.

Die restlichen Zutaten dazugeben und mixen, bis alles gut gebunden ist.

Frische Lachssteaks auswählen.

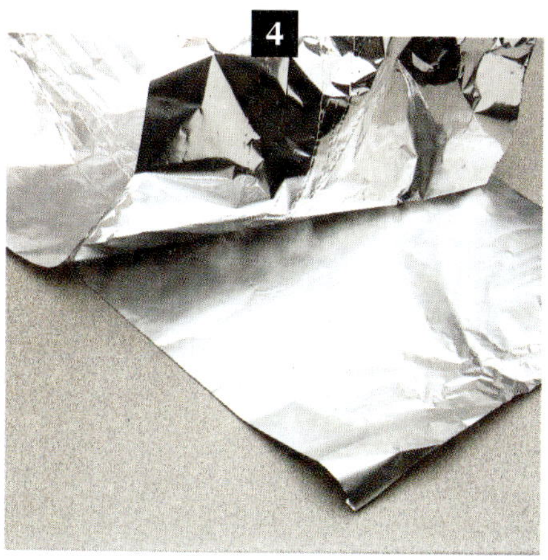

Für jedes Lachssteak eine doppelte Lage Aluminiumfolie vorbereiten und auf den Tisch legen.

Die Zutaten auf die Folie legen.

Die Päckchen verschließen.

HEILBUTTSTEAKS IN FOLIE

(FÜR 4 PERSONEN)

4	**Heilbuttsteaks**
1	**große Karotte, geschält, in Scheiben**
8	**Zitronenscheiben**
1	**rote Paprikaschote, Julienne geschnitten**
4	**Scheiben Basilikumbutter (siehe Seite 136)**
	Limonensaft
	Salz und Pfeffer

■ Den Grill auf Mittelhitze vorheizen.

■ Jedes Heilbuttsteak auf eine doppelte Lage Aluminiumfolie legen. Die restlichen Zutaten auf den Steaks verteilen und würzen. Die Folie zu Päckchen verschließen.

■ Auf den Grill legen und 20 Minuten grillen.

PRO PORTION: 597 KALORIEN 6 g KOHLENHYDRATE 33 g EIWEISS 49 g FETT 1,0 g BALLASTSTOFFE

SEEZUNGENFILETS IN SAHNESAUCE

(FÜR 4 PERSONEN)

4	**große Seezungenfilets**
50 ml	**trockener Weißwein**
1	**rote Paprikaschote, in Streifen**
1	**grüne Paprikaschote, in Streifen**
1/2 TL	**Curry**
50 ml	**Sahne**
	Saft von 1 Zitrone
	Salz und Pfeffer

■ Die Seezungenfilets in eine große, gebutterte Bratpfanne legen, salzen und pfeffern.

■ Wein, Limonensaft und Paprika dazugeben. Mit Pergamentpapier abdecken und bei mittlerer Hitze zum Kochen bringen.

■ Gerade wenn die Flüssigkeit zu kochen beginnt, vom Herd nehmen und 2 Minuten ziehen lassen.

■ Fisch und Gemüse aus der Pfanne nehmen; warm halten.

■ Die Pfanne bei großer Hitze auf den Herd stellen. Den Curry einrühren und 3 Minuten anschwitzen.

■ Die Sahne dazugeben und weitere 3 Minuten bei großer Hitze kochen.

■ Die Sauce über die Filets gießen und servieren.

PRO PORTION: 188 KALORIEN | 3 g KOHLENHYDRATE | 18 g EIWEISS | 10 g FETT | 0 g BALLASTSTOFFE

GRATINIERTER KABELJAU

(FÜR 4 PERSONEN)

1	**Stange Staudensellerie**
1	**Karotte, geschält und gewürfelt**
1	**Zwiebel, in Scheiben**
2	**Lorbeerblätter**
1 l	**Wasser**
900 g	**frischer Kabeljau, in 4 Stücke geschnitten**
375 ml	**weiße Sauce, erhitzt**
1 TS	**geriebener Gruyère**
	einige Petersilienzweige
	Salz und Pfeffer

■ Gemüse und Kräuter in eine Pfanne geben. Das Wasser aufgießen und bei mittlerer Hitze zum Kochen bringen.

■ Den Fisch dazugeben. Er sollte vollständig mit Flüssigkeit bedeckt sein. 8 Minuten ziehen lassen.

■ Den Fisch mit einem Schaumlöffel aus der Pfanne nehmen und gut abtropfen. In eine gebutterte, feuerfeste Form geben. Mit weißer Sauce übergießen und mit Käse bestreuen.

■ Im Ofen 5 Minuten überbacken.

PRO PORTION: 586 KALORIEN 11 g KOHLENHYDRATE 75 g EIWEISS 27 g FETT 1,0 g BALLASTSTOFFE

SHRIMPS-COCKTAIL

(FÜR 4 PERSONEN)

125 ml	**Chilisauce**
125 ml	**Ketchup**
$1^1/_2$ EL	**Meerrettich**
1 TL	**Worcestershire-Sauce**
24	**Shrimps, gekocht, geschält und ohne Darm**
	einige Tropfen Tabasco
	Zitronensaft
	Salz und Pfeffer

■ Alle Zutaten, außer den Shrimps, in einer Schüssel verrühren. Mit Salz und Pfeffer würzen.

■ Die Sauce in einer kleinen Schale zu den Shrimps reichen.

PRO PORTION: 122 KALORIEN, 19 g KOHLENHYDRATE, 10 g EIWEISS, 1 g FETT, 0 g BALLASTSTOFFE

GEDÜNSTETE SHRIMPS

(FÜR 4 PERSONEN)

625 g	**große Shrimps, gewaschen**
1 TL	**schwarzer Pfeffer**
$^1/_2$ TL	**Paprika**
	Prise zerstoßene Chilischote
	Salz

■ Alle Zutaten mischen und 2 Stunden in den Kühlschrank stellen.

■ Die Shrimps 6 bis 7 Minuten dünsten, 2 bis 3mal wenden.

■ Mit frischen Zitronen servieren.

PRO PORTION: 194 KALORIEN, 5 g KOHLENHYDRATE, 39 g EIWEISS, 2 g FETT, 1,0 g BALLASTSTOFFE

SHRIMPS REMOULADE

(FÜR 4 BIS 6 PERSONEN)

1	kleine Sellerieknolle, geschält, Julienne geschnitten
60 ml	Mayonnaise
1 TL	Dijon-Senf
2 EL	saure Sahne
500 g	Shrimps, gekocht, geschält, ohne Darm und halbiert
2 EL	Zitronenschale, fein gehackt
1	kleine grüne Paprikaschote, Julienne geschnitten
	Zitronensaft
	Salz, Pfeffer, Paprika

■ Den Sellerie 3 Minuten in kochendem Salzwasser mit Zitronensaft blanchieren. Den Topf unter kaltes Wasser stellen, um den Garprozeß zu unterbrechen. Den Sellerie abtropfen, die restliche Flüssigkeit auspressen und mit Küchenpapier abtupfen.

■ Mayonnaise, Senf und saure Sahne in einer Schüssel verrühren. Mit Salz, Pfeffer, Paprika und Zitronensaft abschmecken.

■ Sellerie, Shrimps, Zitronenschale und grüne Paprika in eine Schüssel geben. Mit der Sauce übergießen und mischen, abschmecken und servieren.

PRO PORTION: 194 KALORIEN 6 g KOHLENHYDRATE 25 g EIWEISS 8 g FETT 1,3 g BALLASTSTOFFE

Hummer à la Bretonne

HUMMER À LA BRETONNE

(FÜR 4 PERSONEN)

Beurre Manié (Mehlbutter)

5 EL	Butter
2 EL	Mehl

Hummer

4	lebende Hummer à 750 g
3 EL	Butter
2	Schalotten, fein gehackt
2	Knoblauchzehen, fein gehackt
2	frische Estragonzweige
3 EL	Cognac
125 ml	trockener Weißwein
375 ml	Fischbrühe, erhitzt (siehe Seite 182)
3 EL	Beurre Manié
3 EL	Sahne
	einige Tropfen Tabasco
	Salz und Pfeffer

■ Für die Beurre Manié Butter und Mehl verkneten. Beiseite stellen.

■ Die Hummer kopfüber in einen großen Topf mit kochendem Salzwasser geben und 1 Minute bei großer Hitze kochen. Die Hummer herausnehmen und abtropfen. Zum Abkühlen beiseite stellen.

■ Die Scheren dicht am Körper abschneiden und die Schalen zerbrechen. Den Schwanz in Ringe teilen. Den Brustpanzer längs aufschneiden und das Hautsäckchen entfernen (enthält den für die Verdauung notwendigen Kies). Die cremigen Innereien und den grünlichen Teil entfernen und in einer Schüssel beiseite stellen.

■ Die Butter leicht erhitzen. Schalotten, Knoblauch und Estragon darin 1 Minute braten.

■ Die Hummerscheren und -stücke dazugeben; salzen, pfeffern und 2 Minuten stark anbraten. Zudecken und braten, bis der Panzer rot wird.

■ Den Cognac dazugeben und flambieren. Die Hummerstücke herausnehmen und beiseite stellen.

■ Den Wein in die Pfanne gießen und 3 Minuten kochen lassen. Die Brühe aufgießen und weitere 4 Minuten bei großer Hitze kochen.

■ Die Beurre Manié einrühren und kochen, bis die Sauce andickt. Ständig rühren.

■ Die Sahne mit den cremigen Innereien vermengen. Zusammen mit einigen Tropfen Tabasco in die Sauce rühren. Bei mittlerer Hitze 3 Minuten kochen.

■ Den Hummer in die Sauce geben und 2 Minuten ziehen lassen. Servieren.

PRO PORTION: 605 KALORIEN 8 g KOHLENHYDRATE 71 g EIWEISS 27 g FETT 0 g BALLASTSTOFFE

GERÖSTETE SHRIMPS MIT KARTOFFELN

(FÜR 4 PERSONEN)

2 EL	**Olivenöl**
500 g	**mittelgroße Shrimps, geschält, ohne Darm und halbiert**
2	**mittelgroße Kartoffeln, geschält und gewürfelt**
250 g	**frische Champignons, geputzt und geviertelt**
2	**Knoblauchzehen, gehackt**
1 EL	**frische Petersilie, gehackt**
1 TL	**frisches Fenchelkraut, gehackt**
	Salz und Pfeffer

■ 1 EL Olivenöl in einer Bratpfanne erhitzen. Die Shrimps darin 3 Minuten braten. Herausnehmen und beiseite stellen.

■ Das restliche Öl in die heiße Pfanne geben. Die Kartoffeln dazugeben und gut würzen. Bei mittlerer Hitze 4 Minuten braten. Gut mischen, Pfanne zudecken und weitere 6 Minuten braten, oder bis die Kartoffeln beinahe weich sind.

■ Pilze, Knoblauch, Petersilie und Fenchel dazugeben. Abschmecken und 4 Minuten bei großer Hitze braten.

■ Die Shrimps wieder dazugeben, mischen und 2 Minuten aufwärmen. Servieren.

PRO PORTION: 301 KALORIEN 23 g KOHLENHYDRATE 33 g EIWEISS 9 g FETT 1,6 g BALLASTSTOFFE

1

Die Shrimps halbieren.

2

Die Shrimps im heißen Öl braten.

3

Die Meeresfrüchte aus der Pfanne nehmen und beiseite stellen.

Das restliche Öl in die heiße Pfanne geben. Die Karoffeln hinzufügen und gut würzen.

Wenn die Kartoffeln fast weich sind, Pilze, Knoblauch, Petersilie und Fenchel dazugeben.

Die Shrimps wieder in die Pfanne geben.

LACHSFILETS MIT BUTTER MAÎTRE D'HOTEL

(FÜR 4 PERSONEN)

Butter Maître d'Hotel

250 g	weiche Butter
2 EL	frische Petersilie, gehackt
1 TL	Schnittlauch, fein gehackt
	Saft von 1/2 Zitrone
	einige Tropfen Worcestershire-Sauce
	einige Tropfen Tabasco
	Salz und Pfeffer

Filets

4	Lachsfilets
1 TS	gewürztes Mehl
2 EL	Butter
1 TL	Pflanzenöl
4	Scheiben Butter Maître d'Hotel
	Saft von 1 Zitrone
	Salz und Pfeffer

■ Zuerst alle Zutaten für die Butter im Mixer verrühren. Aluminiumfolie auf den Tisch legen, die Butter in die Mitte geben und zu einer Rolle formen. Die Folienenden verschließen.

Hinweis: Die Butter hält sich 3 Monate im Gefrierfach.

■ Den Ofen auf 190°C vorheizen.

■ Den Fisch würzen und in dem Mehl wenden; beiseite stellen.

■ 2 EL Butter und das Öl in einer Pfanne erhitzen. Die Filets darin, abhängig von der Dicke, 6 bis 8 Minuten braten. 2 bis 3mal während des Bratens wenden.

■ Den Fisch mit Zitronensaft beträufeln und im Ofen ungefähr 6 Minuten fertiggaren. Dann jeweils ein Stück Butter Maître d'Hotel auf die Filets geben und servieren.

PRO PORTION: 434 KALORIEN, 14 g KOHLENHYDRATE, 41 g EIWEISS, 24 g FETT, 0 g BALLASTSTOFFE

GEDÄMPFTE GARNELEN

(FÜR 4 PERSONEN)

500 ml	**Fischbrühe, erhitzt (siehe Seite 182)**
1/2 TL	**Fenchelsamen**
1 TL	**Rosmarin**
750 g	**frische, große Garnelen**
1 TL	**schwarzer Pfeffer**
	Zitronensaft

■ Fischbrühe, Fenchel und Rosmarin in einem Topf zugedeckt zum Kochen bringen.

■ Die Garnelen mit dem Pfeffer bestreuen. In einen Dampfaufsatz geben (Stahl, Bambus etc.) und so in den Topf hängen, daß die Flüssigkeit die Garnelen nicht berührt. Zugedeckt 5 bis 6 Minuten dämpfen. 2 bis 3mal umrühren.

■ Aus dem Dämpfer nehmen und mit Zitronensaft beträufeln. Servieren.

PRO PORTION: 200 KALORIEN, 0 g KOHLENHYDRATE, 45 g EIWEISS, 2 g FETT, 0 g BALLASTSTOFFE

KREBSPFANNKUCHEN MARYLAND

(FÜR 4 PERSONEN)

2	**Scheiben Weißbrot, ohne Kruste**
50 ml	**Milch**
500 g	**frisches oder gefrorenes Krebsfleisch, aufgetaut, zerkleinert**
3	**Frühlingszwiebeln, gehackt**
50 ml	**Mayonnaise**
1 TL	**Worcestershire-Sauce**
1 TL	**Senfpulver**
$^1/_4$ TL	**Cayennepfeffer**
	Saft von $^1/_2$ Zitrone
	Salz
	Erdnußöl

■ Das Brot 5 Minuten in der Milch einweichen.

■ Die überschüssige Milch aus dem Brot drücken und in eine saubere Schüssel geben. Die restlichen Zutaten hinzufügen und gut mischen. Zugedeckt 2 Stunden in den Kühlschrank stellen.

■ Im heißen Erdnußöl aus dem Teig Pfannkuchen ausbacken. Bei mittlerer Hitze 4 bis 5 Minuten braten, bis sie schön braun sind.

■ Mit frischer Zitrone servieren.

PRO PORTION: 235 KALORIEN 9 g FETT 14 g KOHLENHYDRATE 1,0 g BALLASTSTOFFE 24 g EIWEISS

BARSCH BURGER

(FÜR 4 PERSONEN)

4	**Barschfilets à 125 g**
1	**Knoblauchzehe, gehackt**
3 EL	**chinesische schwarze Bohnensauce**
4	**Zwiebelbrötchen**
4	**dicke Scheiben Mozzarella**
	einige Tropfen Worcestershire-Sauce
	Saft von 1 Zitrone
	Salatblätter, gewaschen und abgetropft
	Salz und Pfeffer

■ Die Fischstücke auf eine Platte legen. Dann die Worcestershire-Sauce, Zitronensaft, Knoblauch und Bohnensauce verrühren. Über den Fisch gießen und 10 Minuten marinieren.

■ Den Ofen zum Grillen vorheizen.

■ Die Zwiebelbrötchen halbieren und unter den Grill legen. 2 Minuten bräunen, herausnehmen und warm halten.

■ Den Fisch aus der Marinade nehmen und in einen Bräter legen. Unter dem Grill 3 Minuten pro Seite grillen.

■ Den Fisch aus dem Ofen nehmen; Haut und Gräten entfernen. Auf die Brötchen legen und mit Marinade bestreichen. Salzen und pfeffern.

■ Den Fisch mit Käse belegen und 2 Minuten auf der Mittelschiene im Ofen überbacken.

■ Salatblätter daraufgeben und die Brötchen zusammenlegen. Mit Tomaten und Kartoffelchips servieren.

PRO PORTION: 486 KALORIEN 32 g KOHLENHYDRATE 49 g EIWEISS 18 g FETT 1,7 g BALLASTSTOFFE

JAKOBSMUSCHELN CHARLESTON ART

(FÜR 4 PERSONEN)

1	**Schalotte, fein gehackt**
500 g	**frische Champignons, geputzt und geviertelt**
625 g	**frische Jakobsmuscheln, gewaschen**
1 EL	**frische Petersilie, gehackt**
250 ml	**trockener Weißwein**
50 ml	**Wasser**
1/4 TL	**Paprikapulver**
2 EL	**Butter**
3 EL	**Mehl**
1 TS	**geriebener Gruyère**
	Saft von 1 Zitrone
	Salz und Pfeffer

■ Schalotten, Pilze, Jakobsmuscheln und die Petersilie in einen Topf geben - nicht vermengen. Wein, Zitronensaft und Wasser aufgießen. Mit Salz, Pfeffer und Paprika würzen. Behutsam umrühren und mit Pergamentpapier bedecken. Bei mittlerer Hitze zum Kochen bringen.

■ Wenn die Flüssigkeit gerade zu kochen beginnt, den Topf vom Herd nehmen; 2 Minuten ziehen lassen.

■ Die Muscheln mit einem Schaumlöffel herausnehmen und beiseite stellen.

■ Die Pilze und die Flüssigkeit nochmals 4 Minuten kochen.

■ Die Butter in einer Pfanne zerlassen. Das Mehl einrühren und 2 Minuten bei schwacher Hitze anschwitzen.

■ Die Kochflüssigkeit und die Pilze aufgießen, verrühren und 10 Minuten köcheln.

■ Die Muscheln und die Sauce in eine feuerfeste Form geben, mit Käse bestreuen und 4 Minuten im Ofen bräunen. Servieren.

PRO PORTION: KALORIEN | g KOHLENHYDRATE | g EIWEISS | g FETT | g BALLASTSTOFFE

Schalotte, Pilze, Jakobsmuscheln und die Petersilie in eine Pfanne geben.

Wein, Zitronensaft und Wasser aufgießen. Mit Salz, Pfeffer und Paprika würzen. Behutsam umrühren.

Mit Pergamentpapier abdecken und zum Kochen bringen.

Die gekochten Jakobsmuscheln mit einem Schaumlöffel aus der Pfanne nehmen.

Die Pfanne wieder auf den Herd stellen, die Pilze und die Kochflüssigkeit 4 Minuten bei großer Hitze kochen.

Die Jakobsmuscheln zur Pilzsauce geben.

POCHIERTER LACHS MIT JULIENNE GEMÜSE

(FÜR 4 PERSONEN)

1/2	**Karotte, geschält**
1/2	**Stange Staudensellerie**
1/2	**grüne Paprikaschote, entkernt**
1/2	**rote Paprikaschote, entkernt**
1/3	**Zucchini**
1 EL	**Butter**
1/2 TL	**Fenchelsamen**
1/2 TL	**frische Petersilie, gehackt**
750 ml	**Wasser**
125 ml	**trockener Weißwein**
4	**Lachssteaks**
	Zitronensaft
	Salz und Pfeffer

■ Das Gemüse Julienne schneiden.

■ Die Butter zerlassen. Das Gemüse und die Gewürze darin zugedeckt 3 Minuten bei schwacher Hitze dünsten. Dann aus der Pfanne nehmen und beiseite stellen.

■ Wasser und Wein in die Pfanne geben, salzen, pfeffern und zum Kochen bringen. 8 Minuten köcheln.

■ Den Lachs in die Flüssigkeit einlegen und 6 Minuten sieden lassen. 1mal wenden. 2 Minuten vor Ende der Garzeit die Gemüse zum Aufwärmen wieder dazugeben.

■ Der Lachs ist fertig, wenn er sich beim Andrücken fest anfühlt.

■ Herausnehmen und mit dem Gemüse servieren. Mit Zitronensaft beträufeln.

■ Je nach Belieben kann der Lachs mit 1 Scheibe Kräuter- oder Knoblauchbutter serviert werden.

PRO PORTION: 316 KALORIEN, 14 g FETT, 3 g KOHLENHYDRATE, 0 g BALLASTSTOFFE, 40 g EIWEISS

GARNELEN-SPIESSCHEN HOUSTON

(FÜR 4 PERSONEN)

750 g	**mittelgroße Garnelen, geschält, ohne Darm**
250 ml	**Olivenöl**
3	**Knoblauchzehen, geschält und gedrittelt**
50 ml	**Ketchup**
1 EL	**Paprikapulver**
	Saft von 1 Zitrone

■ Alle Zutaten in eine Schüssel geben. Im Kühlschrank 12 Stunden marinieren.

■ Die Garnelen auf Spieße stecken. Auf den mittelheißen Grill legen. 4 bis 5 Minuten grillen. Während des Grillens wenden und mit der Marinade bestreichen.

■ Mit Reis servieren.

PRO PORTION: 495 KALORIEN 4 g KOHLENHYDRATE 46 g EIWEISS 33 g FETT 0 g BALLASTSTOFFE

BARSCH IN TOMATEN GEDÜNSTET

(FÜR 4 PERSONEN)

1 EL	**Olivenöl**
2	**kleine Zwiebeln, in Scheiben**
1	**Knoblauchzehe, gehackt**
4	**kleine Tomaten, gehäutet, entkernt und geviertelt**
4 TL	**Dijon-Senf**
4	**Barschfilets**
250 ml	**Fischbrühe, erhitzt (siehe Seite 182)**
1/4 TL	**Fenchelsamen**
	Salz und Pfeffer

■ Den Ofen auf 200°C vorheizen.

■ Das Öl in einer Pfanne erhitzen. Zwiebeln und Knoblauch darin 5 Minuten braten. 1mal umrühren.

■ Die Tomaten dazugeben und gut würzen. Zugedeckt 5 Minuten kochen.

■ Den Senf auf die Filets streichen. Den Fisch in eine feuerfeste Form legen und mit der Tomatenmischung bedecken. Die Fischbrühe aufgießen und mit Fenchelsamen bestreuen.

■ 10 bis 12 Minuten im Ofen garen oder solange, wie es die Dicke der Fischfilets verlangt.

PRO PORTION: 280 KALORIEN 9 g KOHLENHYDRATE 37 g EIWEISS 11 g FETT 2,4 g BALLASTSTOFFE

GEGRILLER ROTER SCHNÄPPER

(FÜR 4 PERSONEN)

1/4 TL	**schwarzer Pfeffer**
1/4 TL	**Paprikapulver**
1 TL	**Fenchelsamen**
2 EL	**Teriyaki Sauce**
60 ml	**Olivenöl**
4	**mittelgroße rote Schnäpperfilets**
	Saft von 2 Limonen
	Salz

■ Pfeffer, Salz, Paprika und Fenchelsamen im Mörser verreiben. Teriyaki Sauce, Öl und Limonensaft dazugeben und gut vermischen.

■ Den Fisch in einer großen Schale mit der Marinade begießen und 1 Stunde kalt stellen.

■ Den Ofen zum Grillen vorheizen.

■ Die Filets aus der Marinade nehmen und mit der Hautseite nach unten in einen Bräter legen. 15 cm von der Hitzequelle entfernt in den Ofen stellen; 8 Minuten grillen. 1mal mit der Marinade bestreichen, nicht wenden.

■ Mit gebratenen Pilzen servieren.

PRO PORTION: 241 KALORIEN 7 g KOHLENHYDRATE 19 g EIWEISS
15 g FETT 0 g BALLASTSTOFFE

POCHIERTE PAPRIKA-SHRIMPS

(FÜR 4 PERSONEN)

3 EL	**Butter**
125 ml	**Wasser**
750 g	**mittelgroße Shrimps, geschält, ohne Darm**
1 EL	**Zitronensaft**
2 EL	**Estragon**
1 EL	**Paprikapulver**
	frisch gemahlener Pfeffer

■ Butter und Wasser in einer Panne erhitzen. Zum Kochen bringen und 2 Minuten kochen, bis die Butter ganz zerlassen ist.

■ Die Hitze reduzieren. Die Shrimps und die restlichen Zutaten dazugeben und gut mischen. Mit einem Stück Pergamentpapier abdecken und 5 Minuten sieden lassen, 2mal umrühren. Die Shrimps gut abtropfen lassen und mit Zitronenscheiben servieren.

■ Je nach Belieben Cocktailsauce dazu reichen.

PRO PORTION: 280 KALORIEN, 0 g KOHLENHYDRATE, 45 g EIWEISS, 11 g FETT, 0 g BALLASTSTOFFE

LACHSSALAT

(FÜR 4 PERSONEN)

2 TS	**gekochter Lachs, zerkleinert**
2	**Eier, hartgekocht, gewürfelt**
1/2	**Gurke, geschält, entkernt und mittelgroß gewürfelt**
1	**rote Paprikaschote, gewürfelt, je nach Belieben**
75 ml	**leichte Mayonnaise**
	Salz, Pfeffer, Paprika

■ Den Lachs und die Eier in eine Schüssel geben. Behutsam vermengen.

■ Die restlichen Zutaten dazugeben und mischen.

■ Auf Salatblättern servieren.

PRO PORTION: 268 KALORIEN 5 g KOHLENHYDRATE 23 g EIWEISS 17 g FETT 0 g BALLASTSTOFFE

POCHIERTE JAKOBSMUSCHELN MIT KAPERN

(FÜR 4 PERSONEN)

750 g	frische Jakobsmuscheln, gewaschen
375 ml	Wasser
1	Stange Staudensellerie, gewürfelt
1	Karotte, geschält und in Scheiben
$^1/_4$ TL	Fenchelsamen
1	frischer Estragonzweig
125 ml	trockener Weißwein
3 EL	Butter
$1^1/_2$ EL	Mehl
$1^1/_2$ EL	frischer Dill
2 EL	Kapern
	Zitronensaft
	Prise Cayennepfeffer
	Salz und Pfeffer

■ Muscheln, Wasser, Karotten, Sellerie, Zitronensaft, Fenchelsamen, Estragon, Cayennepfeffer und Pfeffer in eine Pfanne geben.

■ Den Wein aufgießen, mit Pergamentpapier abdecken und bei mittlerer Hitze zum Kochen bringen. Wenn die Flüssigkeit zu kochen beginnt, die Pfanne vom Herd nehmen. 2 Minuten ziehen lassen.

■ Die Muscheln mit einem Schaumlöffel herausnehmen und beiseite stellen.

■ Die Pfanne bei großer Hitze wieder auf den Herd stellen. Zum Kochen bringen und 3 Minuten kochen. Gut abschmecken, die Sauce dann durch ein Sieb in eine Schüssel gießen.

■ Die Hälfte der Flüssigkeit in einer Pfanne zum Kochen bringen. Butter und Mehl vermengen, in die kochende Flüssigkeit einrühren, dabei ständig mit dem Schneebesen rühren, bis die Sauce andickt.

■ Dill und Kapern dazugeben. Die Jakobsmuscheln hinzufügen und einige Minuten bei geringer Hitze aufwärmen.

■ Mit Nudeln servieren.

PRO PORTION: 370 KALORIEN, 11 g KOHLENHYDRATE, 44 g EIWEISS, 15 g FETT, 1,0 g BALLASTSTOFFE

Den Wein in die Pfanne zu den Muscheln und dem Gemüse gießen.

Mit Pergamentpapier abdecken und bei mittlerer Hitze zum Kochen bringen.

Die gegarten Jakobsmuscheln mit einem Schaumlöffel herausnehmen.

Die Pfanne bei großer Hitze wieder auf den Herd stellen. Zum Kochen bringen und 3 Minuten kochen.

Butter und Mehl vermengen.

Die Mehlbutter zur einreduzierten Flüssigkeit geben. Dabei ständig mit dem Schneebesen rühren.

LACHSSTEAKS MIT PESTO

(FÜR 4 PERSONEN)

4	**kleine Lachssteaks**
1/2 TS	**frisches Basilikum, gehackt**
2	**Knoblauchzehen, blanchiert, geschält und zerdrückt**
3 EL	**geriebener Parmesan**
3 EL	**Olivenöl**
	einige Tropfen Zitronensaft
	Salz und frisch gemahlener Pfeffer
	Öl

■ Die Lachssteaks mit Öl bestreichen und auf eine Platte legen. Salzen, pfeffern, mit Zitronensaft beträufeln und beiseite stellen.

■ Basilikum und Knoblauch im Mixer 10 Sekunden pürieren.

■ Den Käse dazugeben, den Deckel aufsetzen. Das Öl während des Mixens nach und nach zugeben. Mischen, bis alles gut gebunden ist. Abschmecken. Das Pesto beiseite stellen.

■ Eine gußeiserne Pfanne bei mittlerer Hitze auf den Herd stellen. Wenn die Pfanne heiß ist, die Steaks hineinlegen und 12 Minuten braten, 2 bis 3mal wenden.

■ Wenn der Lachs gar ist, mit der Pestosauce servieren. Als Beilage Zitronenscheiben und Gemüse reichen.

PRO PORTION:			
	365 KALORIEN	1 g KOHLENHYDRATE	41 g EIWEISS
	22 g FETT	0 g BALLASTSTOFFE	

KURZGEBRATENE LACHSFORELLENFILETS

(FÜR 4 PERSONEN)

1 EL	**Olivenöl**
1 TL	**Butter**
4	**Lachsforellenfilets**
1/3 TS	**Pinienkerne**
1 EL	**frische Petersilie, gehackt**
	Saft von 1 Zitrone
	Salz und Pfeffer

■ Öl und Butter in einer Bratpfanne bei mittlerer Temperatur erhitzen. Die Filets darin 4 Minuten braten.

■ Die Filets wenden und gut würzen. Je nach Dicke nochmals 3 Minuten braten. Den Fisch aus der Pfanne nehmen und warm halten.

■ Die Pinienkerne und die Petersilie in die Pfanne geben; 1 Minute rösten. Zitronensaft zugeben, pfeffern und weitere 20 Sekunden rösten.

■ Die Sauce über den heißen Fisch geben. Mit Bratkartoffeln servieren.

PRO PORTION: 346 KALORIEN, 2 g KOHLENHYDRATE, 23 g EIWEISS, 28 g FETT, 0 g BALLASTSTOFFE

LACHSSTEAK MIT GURKE

(FÜR 4 PERSONEN)

Gemüsebrühe

1 TL	Butter
1	Zwiebel, in Ringen
1	große Karotte, geschält in Scheiben
1/2	Stange Staudensellerie, in Scheiben
1	Schalotte, fein gehackt
3	Petersilienzweige
1/4 TL	Fenchelsamen
1/4 TL	Estragon
1,5 l	Wasser
	Salz und Pfeffer

■ Für die Brühe die Butter bei mittlerer Hitze zerlassen. Gemüse und Gewürze darin zugedeckt 5 Minuten dünsten.

■ Das Wasser aufgießen und würzen. Zum Kochen bringen und 20 Minuten köcheln.

■ Die Flüssigkeit durch ein Sieb gießen und beiseite stellen.

(weiter nächste Seite)

Lachssteak

4	**Lachssteaks, 2 cm dick**
1	**große Salatgurke**
1,2 l	**Gemüsebrühe, erhitzt**
1 TL	**frische Petersilie, gehackt**
	Zitronenspalten
	Salz und Pfeffer

■ Die Steaks in eine Pfanne legen, beiseite stellen.

■ Die Gurke schälen und längs halbieren. Entkernen und in Scheiben schneiden.

■ Den Lachs mit den Gurkenscheiben belegen. Salzen, pfeffern und die Brühe aufgießen. Bei mittlerer Hitze zum Kochen bringen. Bei schwacher Hitze 5 Minuten sieden lassen.

■ Den Lachs aus der Flüssigkeit nehmen und auf eine Platte legen. Mit Gurken garnieren und mit Petersilie bestreuen.

■ Mit frischer Zitrone servieren.

PRO PORTION:	306 KALORIEN	9 g KOHLENHYDRATE	41 g EIWEISS
	12 g FETT	1,2 g BALLASTSTOFFE	

LACHSSTEAKS MIT DILL-HOLLANDAISE

(FÜR 4 PERSONEN)

4	**Lachssteaks**
1 EL	**zerlassene Butter**
2 TL	**Zitronensaft**
1 TL	**Olivenöl**
2 EL	**frischer Dill, gehackt**
250 ml	**Sauce Hollandaise**
	Salz und Pfeffer

■ Die Lachssteaks würzen.

■ Die Butter mit 1 TL Zitronensaft verrühren. Die Mischung auf beide Seiten der Steaks streichen.

■ Das Öl in einer Pfanne bei mittlerer Temperatur erhitzen. Die Lachssteaks darin 12 Minuten braten. 2 bis 3mal während der Garzeit wenden, salzen und pfeffern.

■ Dill und Zitronensaft mit der Sauce Hollandaise mischen.

■ Die Sauce zum Fisch servieren.

PRO PORTION:	342 KALORIEN	4 g KOHLENHYDRATE	41 g EIWEISS
	18 g FETT	0 g BALLASTSTOFFE	

GRATINIERTER HUMMER

(FÜR 4 PERSONEN)

2	**Hummer à 750 g, gekocht, in 2 Hälften**
2 EL	**Butter**
250 g	**Shrimps, geschält, ohne Darm, gekocht und gedrittelt**
1	**Schalotte, gehackt**
1/2 TL	**Paprika**
1 TL	**Estragon**
50 ml	**trockener Weißwein, nach Belieben**
500 ml	**weiße Sauce, erhitzt**
1/2 TS	**geriebener Gruyère**
	Prise zerstoßene Chilischote
	Salz und Pfeffer

■ Die Innereien des Hummers entfernen. Das Fleisch aus dem Körper, den Scheren und Flossen nehmen. In grobe Stücke hacken.

■ Die Butter in einer Pfanne leicht erhitzen. Hummerfleisch, Shrimps, Schalotten und Gewürze darin 2 Minuten braten. Herausnehmen und beiseite stellen.

■ Den Wein aufgießen und 2 Minuten kochen.

■ Die weiße Sauce dazugeben, abschmecken und 2 Minuten kochen.

■ Die Meeresfrüchte wieder hineingeben und bei schwacher Hitze 2 Minuten köcheln.

■ Die Mischung in die Hummerschalen füllen und mit Käse bestreuen. 4 Minuten schön braun grillen.

PRO PORTION: 512 KALORIEN, 24 g FETT, 13 g KOHLENHYDRATE, 0 g BALLASTSTOFFE, 59 g EIWEISS

1 Die Scheren abbrechen.

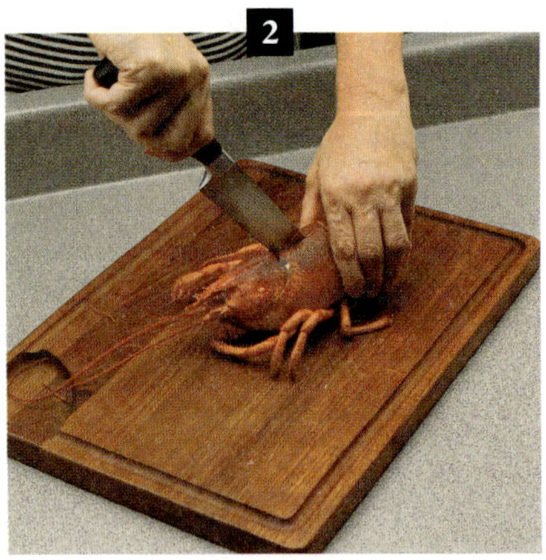

2 Um den Hummer zu halbieren, den Panzer am Kopf durchtrennen.

3 Den Körper längs vom Kopf bis zum Schwanz halbieren.

4

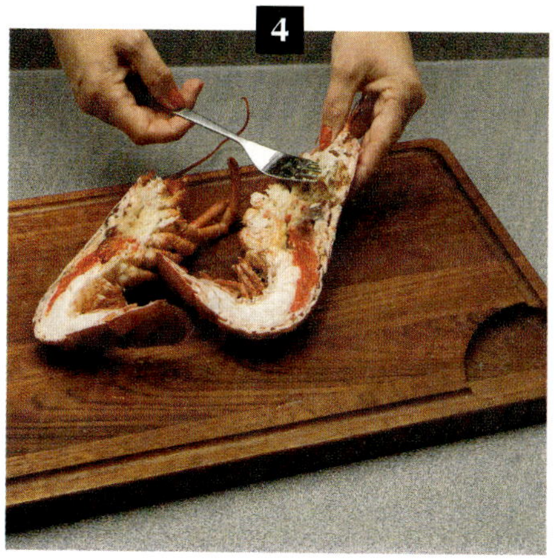

Den Hautsack, der sich am Kopf befindet, und die Darmvene entfernen.

5

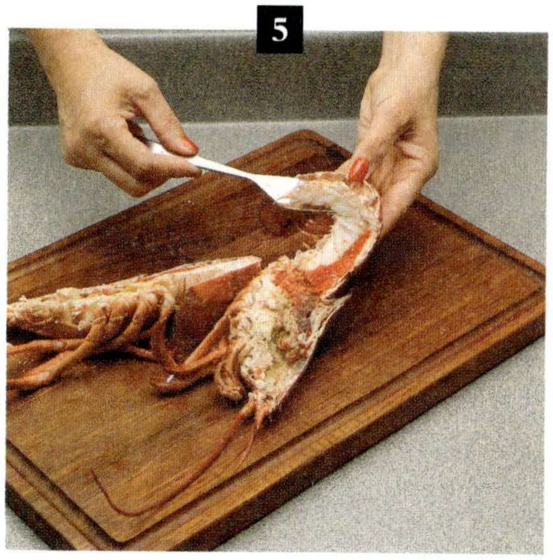

Das Fleisch aus dem Körper und der Flosse nehmen.

6

Den Hummer mit der Mischung füllen und im Ofen überbacken.

GEBACKENE PICKEREL

(FÜR 4 PERSONEN)

4	**mittelgroße Pickerelfilets**
1 EL	**frische Petersilie, gehackt**
2	**große Tomaten, ohne Strunk, in dicken Scheiben**
2	**Fenchelzweige**
2	**Estragonzweige**
50 ml	**trockener Weißwein**
3	**Knoblauchzehen, gehackt**
4 TL	**Butter**
	Salz und Pfeffer

■ Den Ofen auf 190°C vorheizen.

■ Den Fisch mit der Hautseite nach unten in einen Bräter legen. Salzen, pfeffern und mit den Kräutern bestreuen.

■ Die Tomatenscheiben auf die Filets legen. Wein und Knoblauch dazugeben.

■ Auf jedes Filet ein Stück Butter legen. Im Ofen 15 Minuten backen.

PRO PORTION: 144 KALORIEN, 4 g KOHLENHYDRATE, 20 g EIWEISS, 5 g FETT, 1,0 g BALLASTSTOFFE

MARINIERTE GARNELEN

(FÜR 4 PERSONEN)

500 g	Garnelen, geschält und ohne Darm
2	Knoblauchzehen, gehackt
2 EL	Teriyaki Sauce
2 EL	Olivenöl
1	große Schalotte, in Scheiben
1	große Zucchini, mit Schale in Scheiben geschnitten
1	grüne Paprikaschote, entkernt und in Streifen
1/4 TS	Mandelsplitter
	Prise zerstoßene Chilischote
	Saft von 1 Zitrone
	Salz und Pfeffer

■ Garnelen, Knoblauch, Chili, Teriyaki Sauce und Zitronensaft in eine Schüssel geben und 30 Minuten marinieren.

■ Die Hälfte des Öls in einer Bratpfanne erhitzen. Gemüse dazugeben und würzen; 6 Minuten braten. Gemüse herausnehmen und beiseite stellen.

■ Das restliche Öl in die Pfanne geben und erhitzen. Die Garnelen darin 2 Minuten auf jeder Seite bei großer Hitze braten.

■ Das Gemüse wieder in die Pfanne geben. Die Marinade aufgießen und gut abschmecken. Die Mandeln dazugeben, umrühren und 2 Minuten garen.

■ Mit Reis servieren.

PRO PORTION: 298 KALORIEN 12 g KOHLENHYDRATE 34 g EIWEISS 13 g FETT 1,4 g BALLASTSTOFFE

KABELJAU MIT TOMATEN-FONDUE

(FÜR 4 BIS 6 PERSONEN)

Tomaten-Fondue

1 EL	Olivenöl
1	Zwiebel, gehackt
1	Stange Staudensellerie, gewürfelt
3	Knoblauchzehen, gehackt
800 ml	Tomaten aus der Dose, abgetropft und gehackt oder 4 große, frische Tomaten, gehäutet und gehackt
1 TL	Basilikum
1/2 TL	Thymian
1/4 TL	Cayennepfeffer
	Salz und Pfeffer

■ Das Öl erhitzen. Darin Zwiebel, Knoblauch und Sellerie bei schwacher Hitze 6 Minuten dünsten.

■ Die restlichen Fonduezutaten dazugeben und gut mischen. Bei mittlerer Hitze zum Kochen bringen. Temperatur reduzieren und 18 Minuten köcheln. Beiseite stellen.

(weiter nächste Seite)

Kabeljau

1	Stange Staudensellerie, gewürfelt
1	Karotte, geschält und gewürfelt
1	Zwiebel, geschält und gewürfelt
3	Petersilienzweige
2	Lorbeerblätter
1 l	kaltes Wasser
900 g	frischer Kabeljau, in 4 Stücken
500 ml	Tomaten-Fondue
	Salz und Pfeffer

■ Den Ofen auf 180°C vorheizen. Gemüse und Gewürze in eine Pfanne geben. Das Wasser aufgießen und schnell zum Kochen bringen.

■ Den Fisch hineingeben und 6 Minuten ziehen lassen. Der Fisch muß vollständig mit Flüssigkeit bedeckt sein.

■ Den Fisch herausnehmen und abtropfen. In eine gebutterte, feuerfeste Form geben; gut würzen. Mit Tomaten-Fondue übergießen und 6 Minuten im Ofen backen. Servieren.

PRO PORTION: 361 KALORIEN, 9 g KOHLENHYDRATE, 53 g EIWEISS, 13 g FETT, 2,4 g BALLASTSTOFFE

GEGRILLTE PICKEREL

(FÜR 4 PERSONEN)

1/4 TL	zerstoßene Lorbeerblätter
1/4 TL	schwarzer Pfeffer
1/4 TL	Paprika
1/4 TL	Selleriesamen
2 EL	Olivenöl
4	mittelgroße Pickerelfilets
	Saft von 2 Limonen
	Salz

■ Den Ofen zum Grillen vorheizen.

■ Alle Gewürze im Mörser zerreiben. Das Öl und den Zitronensaft dazugeben und vermengen.

■ Die Mischung auf beiden Seiten der Filets auftragen.

■ Die Filets mit der Hautseite nach unten auf eine feuerfeste Platte legen. 15 cm von der Hitzequelle entfernt in den Ofen stellen und 7 bis 8 Minuten grillen - nicht wenden.

■ Mit Gemüse servieren.

PRO PORTION: 154 KALORIEN, 2 g KOHLENHYDRATE, 19 g EIWEISS, 8 g FETT, 0 g BALLASTSTOFFE

FISCHBRÜHE

(FÜR 6 PERSONEN)

900 g	Fischgräten
2 EL	Butter
2	Stangen Staudensellerie mit Grün, gehackt
1/2	Zwiebel, geviertelt
1	Karotte, in groben Stücken
1	Thymianzweig
3 bis 4	Petersilienzweige
1	Lorbeerblatt
1 EL	Pfefferkörner
250 ml	trockener Weißwein
1,2 l	Wasser
	Salz und Pfeffer

■ Fischgräten und Butter in einen Topf geben. Zugedeckt 6 Minuten bei mittlerer Hitze braten, 1mal wenden.

■ Gemüse und Gewürze dazugeben und zugedeckt 6 Minuten dünsten.

■ Wein und Wasser aufgießen, salzen und pfeffern. Langsam zum Kochen bringen, dann 18 Minuten köcheln.

■ Die Flüssigkeit durch ein Sieb abgießen und abkühlen lassen. Die Brühe mit Frischhaltefolie, die die Oberfläche der Brühe berührt, abdecken. Die Brühe hält sich 4 bis 5 Tage im Kühlschrank.

PRO PORTION: 72 KALORIEN, 2 g KOHLENHYDRATE, 0 g EIWEISS, 4 g FETT, 0 g BALLASTSTOFFE

FRISCHE MIESMUSCHELN

(FÜR 4 PERSONEN)

4 kg	**Miesmuscheln, gut gebürstet und gewaschen**
250 ml	**trockener Weißwein**
2	**Petersilienzweige**
2	**Schalotten, gehackt**
1 TL	**Fenchelsamen**
125 ml	**Fischbrühe (siehe Seite 182), oder Wasser**
1 EL	**Beurre Manié (siehe Seite 155)**
1 EL	**frische Petersilie, gehackt**
	Salz und Pfeffer

■ Die Muscheln in einen großen Topf geben. Wein, Pfeffer, Petersilienzweige, Schalotten, Fenchelsamen und Fischbrühe dazugeben. Zugedeckt 10 bis 12 Minuten bei mittlerer Hitze kochen, oder bis die Schalen geöffnet sind. Den Topf 2 bis 3mal schütteln.

■ Wenn die Muscheln geöffnet sind herausnehmen und in eine Schüssel geben, beiseite stellen. (Alle ungeöffneten Muscheln wegwerfen.)

■ Die Kochflüssigkeit durch ein mit dünnem Stoff ausgelegtes Sieb in einen sauberen Topf abgießen. Salzen und pfeffern. Die Beurre Manié einrühren, die gehackte Petersilie dazugeben. Unter ständigem Rühren 3 Minuten kochen.

■ Die Sauce über die Muscheln gießen und servieren.

PRO PORTION: 461 KALORIEN, 21 g KOHLENHYDRATE, 73 g EIWEISS, 5 g FETT, 0 g BALLASTSTOFFE

ROTER SCHNÄPPER MIT PEKANNÜSSEN

(FÜR 4 PERSONEN)

1/4 TL	**schwarzer Pfeffer**
1/4 TL	**Paprika**
1/2 TL	**Fenchelsamen**
4	**große rote Schnäpperfilets**
3 EL	**Butter**
1/3 TS	**geröstete Pekannüsse**
1 EL	**frische Petersilie, gehackt**
	Zitronensaft
	Salz

■ Pfeffer, Salz, Paprika und Fenchelsamen im Mörser zerstoßen. Die Mischung auf beide Seiten der Filets streuen.

■ 2 EL Butter in einer großen Pfanne leicht erhitzen. Den Fisch darin 4 Minuten braten.

■ Die Filets wenden und weitere 3 bis 4 Minuten braten, je nach Dicke der Filets. Den Fisch aus der Pfanne nehmen und warm halten.

■ Die restliche Butter in der Pfanne zerlassen. Die Nüsse darin 1 Minute rösten. Zitronensaft dazugeben und mischen. Über den Fisch geben, mit Petersilie bestreut servieren.

PRO PORTION: 282 KALORIEN, 20 g FETT, 6 g KOHLENHYDRATE, 0 g BALLASTSTOFFE, 19 g EIWEISS

1

Frische große Schnäpperfilets auswählen.

2

Die Gewürze im Mörser zerstoßen.

3

Die Mischung auf beide Seiten der Filets streuen.

Den Fisch in die heiße Butter geben und 4 Minuten bei mittlerer Hitze braten.

Die Filets wenden und weiterbraten.

Den gebratenen Fisch aus der Pfanne nehmen und die restliche Butter zerlassen. Die Nüsse 1 Minute darin rösten.

SAUTIERTE HEILBUTTSTEAKS

(FÜR 4 PERSONEN)

4	**Heilbuttsteaks**
1 TS	**gewürztes Mehl**
2 EL	**Butter**
1 EL	**Pflanzenöl**
1	**Karotte, geschält, in dünnen Scheiben**
1	**grüne Paprikaschote, in feinen Streifen**
1	**Stange Staudensellerie, fein geschnitten**
250 ml	**Fischbrühe, erhitzt**
1/2 TL	**Stärkemehl**
2 EL	**kaltes Wasser**
	Salz und Pfeffer
	Zitronensaft

■ Den Ofen auf 190°C vorheizen.

■ Den Fisch würzen und in dem Mehl wenden. Die Butter in einer feuerfesten Pfanne erhitzen. Den Heilbutt hineingeben und ungefähr 8 Minuten braten, je nach Dicke der Steaks. 2 bis 3mal wenden.

■ Die Pfanne in den Ofen stellen und 6 Minuten fertigbraten. Den Fisch aus der Pfanne nehmen und auf einer Platte warmhalten.

■ Alles Gemüse in die Bratpfanne geben, würzen und zugedeckt 4 Minuten bei mittlerer Hitze braten.

■ Die Fischbrühe aufgießen und zum Kochen bringen; 1 Minute kochen lassen.

■ Das Stärkemehl mit dem Wasser verrühren und zum Gemüse geben. Rühren, bis die Mischung glatt ist und 1 Minute köcheln.

■ Das Gemüse neben dem Fisch anrichten, mit Zitronensaft beträufeln und sofort servieren.

PRO PORTION: 325 KALORIEN, 16 g KOHLENHYDRATE, 34 g EIWEISS, 14 g FETT, 1,0 g BALLASTSTOFFE

SEEZUNGENFILETS AMANDINE

(FÜR 4 PERSONEN)

4	**große Seezungenfilets**
1 TS	**Mehl**
2 EL	**Butter**
1 TL	**Pflanzenöl**
3 EL	**Mandelsplitter**
1 EL	**frische Petersilie, gehackt**
	Salz und Pfeffer
	Paprika
	Saft von 1 Zitrone

■ Die Filets mit Salz, Pfeffer und Paprika würzen. In dem Mehl wenden.

■ Butter und Öl in einer Pfanne erhitzen. Den Fisch darin 2 Minuten braten. Wenden und weitere 2 Minuten braten. Auf eine vorgewärmte Platte legen.

■ Mandeln, Petersilie und Zitronensaft in die Pfanne geben. Bei großer Hitze 1 Minuten rösten. Über die Seezungenfilets geben und sofort servieren.

PRO PORTION: 264 KALORIEN 15 g KOHLENHYDRATE 20 g EIWEISS
14 g FETT 1,0 g BALLASTSTOFFE

SEEBARSCH IN FOLIE

(FÜR 4 PERSONEN)

4	**ganze Seebarsche à 375 bis 500 g, gesäubert**
3 EL	**zerlassene Butter**
2	**Schalotten, fein gehackt**
250 g	**frische Champignons, geputzt und gehackt**
1 EL	**frische Petersilie, gehackt**
1	**rote Paprika, gewürfelt**
	Saft von 1 Zitrone
	Salz und Pfeffer

■ Den Ofen auf 220°C vorheizen.

■ Die Fische innen salzen, pfeffern und mit Zitronensaft beträufeln. Jeden Fisch auf ein großes Stück Aluminiumfolie legen. Beiseite stellen.

■ Die Hälfte der Butter leicht erhitzen. Die Schalotten darin 2 Minuten braten.

■ Pilze, Petersilie und Paprika dazugeben. Würzen und 6 Minuten dünsten.

■ Die Fische mit der Mischung füllen, die Haut mit der restlichen Butter bestreichen. Die Folie verschließen und in einen Bräter legen. Im Ofen 16 bis 18 Minuten garen.

■ Mit Zitronensaft servieren.

PRO PORTION: 646 KALORIEN, 30 g KOHLENHYDRATE, 83 g EIWEISS, 22 g FETT, 2,0 g BALLASTSTOFFE

BARSCH BATON ROUGE

(FÜR 4 PERSONEN)

1 TL	**schwarzer Pfeffer**
1 TL	**Chilipulver**
1 TL	**Thymian**
1/4 TL	**Ingwer**
1 TL	**Paprika**
1 TL	**Cayennepfeffer**
4	**Barschfilets**
	Olivenöl

■ Die Gewürze mischen. Beiseite stellen.

■ Den Ofen auf 180°C vorheizen.

■ Den Fisch waschen und trockentupfen. Etwas Öl in einen Teller geben und jedes Fischstück mit Öl benetzen. Beiseite stellen.

■ Wenig Öl in eine gußeiserne Pfanne geben, mit Küchenpapier gleichmäßig verteilen. Die Pfanne bei hoher Temperatur erhitzen. Wenn sie heiß ist, die Gewürze hineingeben und 2 Minuten anschwitzen, gelegentlich rühren.

■ Den Fisch in die Pfanne legen. Bei mittlerer Hitze 3 bis 4 Minuten auf jeder Seite braten, je nach Dicke.

■ Die Pfanne in den vorgeheizten Ofen stellen und 7 bis 8 Minuten fertigbraten.

PRO PORTION: 212 KALORIEN, 8 g FETT, 0 g KOHLENHYDRATE, 0 g BALLASTSTOFFE, 35 g EIWEISS

MÖNCHSFISCH MIT TOMATEN-BASILIKUM-SAUCE

(FÜR 4 PERSONEN)

2 EL	**Olivenöl**
1	**Zwiebel, fein gehackt**
1	**Knoblauchzehe, gehackt**
4	**große Tomaten, ohne Strunk, in 6 Spalten geschnitten**
3 EL	**frisches Basilikum, gehackt**
50 ml	**Fischbrühe, erhitzt**
2 EL	**Tomatenmark**
4	**mittelgroße Mönchsfischfilets**
	Prise brauner Zucker
	Salz und Pfeffer

■ Den Ofen auf 180°C vorheizen.

■ 1 EL Olivenöl in einer Pfanne erhitzen. Zwiebel und Knoblauch darin 6 Minuten bei schwacher Hitze dünsten.

■ Tomaten und Basilikum dazugeben. Abschmekken und 10 Minuten köcheln, gelegentlich umrühren.

■ Fischbrühe, Tomatenmark und Zucker dazugeben und weitere 6 bis 7 Minuten köcheln.

■ Das restliche Öl in einer anderen Pfanne erhitzen. Den Fisch darin 2 Minuten pro Seite braten.

■ Den Fisch in einen Bräter legen und mit der Tomatensauce übergießen. 10 Minuten im Ofen backen, abhängig von der Dicke der Filets.

■ Die Tomatensauce nach Belieben vor dem Servieren durch ein Sieb passieren und mit 2 EL saurer Sahne verfeinern.

PRO PORTION: 342 KALORIEN, 9 g KOHLENHYDRATE, 42 g EIWEISS, 15 g FETT, 2,0 g BALLASTSTOFFE

Frischen Mönchsfisch auswählen.

Das Öl erhitzen, die Zwiebel und den Knoblauch bei schwacher Hitze darin 6 Minuten braten.

Tomaten und Basilikum dazugeben. Würzen und 10 Minuten dünsten, gelegentlich umrühren.

Die Fischbrühe, das Tomatenmark und den braunen Zucker einrühren.

Den Fisch 2 Minuten auf jeder Seite anbraten.

Den Fisch in einen Bräter legen und mit der Tomatensauce bedecken. Im Ofen fertiggaren.

GEBRATENE PICKEREL

(FÜR 4 PERSONEN)

1 EL	**Butter**
1 EL	**Olivenöl**
4	**Pickerelfilets**
1	**rote Paprikaschote, Julienne geschnitten**
1	**Zucchini, Julienne geschnitten**
1/2 TS	**Pinienkerne**
2 EL	**geriebene Orangenschale**
	Zitronensaft
	Salz und Pfeffer

■ Den Ofen auf 190°C vorheizen.

■ Butter und Öl in einer feuerfesten Pfanne erhitzen. Den Fisch hineinlegen und gut würzen, 3 Minuten braten.

■ Die Filets wenden. Die Pfanne in den Ofen stellen und 6 bis 8 Minuten braten, oder je nach Dicke der Filets.

■ Den Fisch aus der Pfanne nehmen und warm halten.

■ Den Bräter auf den Herd stellen. Paprika und Zucchini hineingeben, bei starker Hitze 4 Minuten braten.

■ Die restlichen Zutaten dazugeben, würzen und 3 Minuten garen. Das Gemüse und den Bratensaft über den Fisch geben und servieren.

PRO PORTION:	236 KALORIEN	6 g KOHLENHYDRATE	25 g EIWEISS
	12 g FETT	0 g BALLASTSTOFFE	

GEBRATENE SHRIMPS RICHMOND

(FÜR 4 PERSONEN)

1 EL	**Olivenöl**
625 g	**frische Shrimps, geschält, ohne Darm**
2	**mittelgroße rote Bete, gekocht und geviertelt**
1 TS	**gekochte Maiskörner**
2	**Knoblauchzehen, gehackt**
1 EL	**frischer Estragon, gehackt**
1	**Avocado, geschält, in Spalten geschnitten**
1 TL	**frische Petersilie, gehackt**
	Saft von 1 Zitrone
	Salz und Pfeffer

■ Das Öl bei hoher Temperatur erhitzen. Die Shrimps hineingeben, würzen und 2 Minuten braten.

■ Wenden und 2 bis 3 Minuten braten. Aus der Pfanne nehmen und beiseite stellen.

■ Gemüse und Knoblauch in die heiße Pfanne geben und 1 Minute anbraten. Die Shrimps wieder dazugeben und würzen. Den Estragon hineingeben und 2 Minuten braten.

■ Die Shrimps und das Gemüse mit Avocado garniert servieren. Mit Zitronensaft beträufeln und mit Petersilie bestreuen.

PRO PORTION: 343 KALORIEN 20 g KOHLENHYDRATE 40 g EIWEISS
10 g FETT 3,7 g BALLASTSTOFFE

Gratinierte Muscheln

GRATINIERTE MUSCHELN

(FÜR 4 PERSONEN)

4 kg	**Miesmuscheln, gebürstet und gewaschen**
125 ml	**trockener Weißwein**
3	**Scheiben Weißbrot, ohne Kruste**
125 ml	**Milch**
2 EL	**Butter**
1/2 TS	**gehackte Schalotten**
4	**Knoblauchzehen, gehackt**
4 EL	**frische Petersilie, gehackt**
2 EL	**frischer Schnittlauch, gehackt**
	Prise Cayennepfeffer
	Salz und Pfeffer

■ Die Muscheln in einen sehr großen Topf geben. Den Wein dazugießen und zugedeckt bei mittlerer Hitze kochen, bis sich die Schalen öffnen. Den Topf 2 bis 3mal während des Kochens schütteln. Alle geschlossenen Muscheln wegwerfen.

■ Das Muschelfleisch aus den Schalen nehmen, gut abtropfen und hacken; beiseite stellen. Die Flüssigkeit aus den Schalen in den Topf zurückgießen. Schalen zur Seite stellen.

■ Die Flüssigkeit durch ein Tuch in einen anderen Topf abgießen. Auf den Herd stellen und 5 Minuten stark kochen; beiseite stellen.

■ Brot in eine Schüssel geben und mit Milch bedecken. Beiseite stellen, damit die Milch einziehen kann.

■ Die Butter leicht erhitzen. Schalotten und Knoblauch darin 4 Minuten anbraten.

■ Petersilie, Schnittlauch und Cayennepfeffer dazugeben; 1 Minute braten.

■ Das Muschelfleisch hinzufügen, würzen, mischen und vom Herd nehmen.

■ Die überschüssige Milch aus dem Brot pressen und zur Muschelmischung geben. Die reduzierte Kochflüssigkeit aufgießen und gut vermengen.

■ Die Schalen mit der Mischung füllen und im Ofen 3 Minuten grillen.

PRO PORTION:	560 KALORIEN	39 g KOHLENHYDRATE	76 g EIWEISS
	9 g FETT	1,0 g BALLASTSTOFFE	

GEFÜLLTE VENUSMUSCHELN

(FÜR 4 PERSONEN)

24	**Venusmuscheln, gebürstet und gewaschen**
125 ml	**Wasser**
4	**Scheiben Weißbrot, ohne Kruste**
125 ml	**Milch**
2 EL	**Butter**
1	**Zwiebel, fein gehackt**
1	**Knoblauchzehe, gehackt**
1 TL	**frische Petersilie, gehackt**
1 TL	**Oregano**
	einige Tropfen Worcestershire-Sauce
	Salz, Pfeffer, Paprika

■ Die Muscheln in einen großen Topf geben. Das Wasser hinzufügen, zugedeckt zum Kochen bringen und 5 Minuten kochen. Kontrollieren, ob die Schalen weit geöffnet sind. Alle geschlossenen Muscheln wegwerfen.

■ Das Muschelfleisch aus der Schale nehmen und hacken; in eine Schüssel geben. 24 halbe Schalen aufheben.

■ Das Brot in einer Schüssel 5 Minuten in der Milch einweichen.

■ Die Butter leicht erhitzen. Zwiebel und Knoblauch darin 4 Minuten braten, die Pfanne vom Herd nehmen.

■ Die überschüssige Milch aus dem Brot pressen. Zur Zwiebelmischung in der Pfanne geben. Die Muscheln hinzufügen und gut vermengen. Salzen, pfeffern und die restlichen Gewürze einstreuen; mischen.

■ Die Pfanne auf den Herd stellen und alles bei großer Hitze 2 bis 3 Minuten garen.

■ Die Schalen mit der Mischung füllen. Eine Lage grobes Salz in einen Bräter streuen. Die Muscheln daraufsetzen und andrücken. 5 Minuten im Ofen grillen.

PRO PORTION: 238 KALORIEN 24 g KOHLENHYDRATE 15 g EIWEISS 9 g FETT 1,1 g BALLASTSTOFFE

1

Nur ganz frische Muscheln verwenden. Die Muscheln vor dem Kochen gut bürsten und waschen.

2

In einen großen Topf geben. Das Wasser hinzufügen, zudecken und kochen.

3

Die Muscheln aus der Schale nehmen. Nicht geöffnete Muscheln wegwerfen.

Das Muschelfleisch hacken.

Das Brot in der Milch einweichen.

Die Schalen mit der Mischung füllen.

POCHIERTER HEILBUTT IN FISCHCREMESAUCE

(FÜR 4 PERSONEN)

4	**Heilbuttsteaks, 2,5 cm dick**
1,5 l	**Fischbrühe, erhitzt (siehe Seite 182)**
2 EL	**Butter**
3 EL	**Mehl**
375 ml	**Fischbrühe, erhitzt**
2 EL	**Sahne**
1 EL	**frische Petersilie, gehackt**
	Salz und Pfeffer
	Paprika

■ Den Fisch in eine große Bratpfanne legen, 1,5 l Fischbrühe aufgießen. Den Fisch bei schwacher Hitze 8 bis 10 Minuten ziehen lassen, abhängig von der Größe der Steaks. 1mal wenden.

■ Währenddessen die Butter leicht erhitzen. Das Mehl dazugeben und mischen. Bei schwacher Hitze 1 Minute rühren. 375 ml Fischbrühe dazugeben und 6 Minuten kochen.

■ Die Sahne hinzufügen und gut abschmecken; 2 Minuten kochen.

■ Den Fisch auf Tellern anrichten, die Sauce darübergießen. Mit Petersilie und Paprika bestreuen. Nach Belieben mit Pilzen servieren.

PRO PORTION: 321 KALORIEN, 6 g KOHLENHYDRATE, 33 g EIWEISS, 18 g FETT, 0 g BALLASTSTOFFE

GESCHMORTES RINDFLEISCH

(FÜR 4 BIS 6 PERSONEN)

2 EL	**Olivenöl**
1,8 kg	**Rinderrollbraten aus der Hüfte**
3	**große Zwiebeln, in 6 Stücke geschnitten**
2	**Knoblauchzehen, gehackt**
250 ml	**Preiselbeersauce**
800 ml	**Dosentomaten, abgetropft, gehackt**
125 ml	**Sherry**
750 ml	**Rinderbrühe, erhitzt**
1 TL	**Basilikum**
$^1/_2$ TL	**Thymian**
1 TL	**Oregano**
	Salz und Pfeffer

■ Den Ofen auf 180°C vorheizen.

■ Das Öl in einer feuerfesten Form stark erhitzen. Das Fleisch darin auf allen Seiten anbraten. Salzen und pfeffern.

■ Zwiebeln und Knoblauch dazugeben und 8 Minuten mitbraten; 1 bis 2mal wenden.

■ Die restlichen Zutaten dazugeben, würzen und zum Kochen bringen. Zudecken und $2^1/_2$ bis 3 Stunden im Ofen schmoren.

■ Mit frischem Gemüse servieren.

Hinweis: Um die Sauce am Ende der Garzeit anzudicken 500 ml Bratensaft in einen Topf füllen. 1 EL Stärkemehl mit 3 EL kaltem Wasser verrühren und in die Sauce mischen. 1 Minute stark kochen lassen.

PRO PORTION: 634 KALORIEN, 17 g KOHLENHYDRATE, 87 g EIWEISS, 23 g FETT, 2,0 g BALLASTSTOFFE

SCHWEINEBRATEN MIT SHERRY

(FÜR 4 PERSONEN)

1,6 kg	**Schweinebraten, zusammengebunden**
2	**Knoblauchzehen, in Stifte geschnitten**
1 EL	**Olivenöl**
2	**große Zwiebeln, in 6 Stücke geschnitten**
2	**ganze Knoblauchzehen, geschält**
1/2 TL	**Rosmarin**
1/2 TL	**Thymian**
125 ml	**Sherry**
375 ml	**Hühnerbrühe, erhitzt**
1 EL	**Stärkemehl**
3 EL	**kaltes Wasser**
	Salz und Pfeffer

■ Den Ofen auf 180°C vorheizen.

■ Das Fleisch mit den Knoblauchstiften spicken. Das Öl in einer feuerfesten Kasserolle stark erhitzen. Das Fleisch von allen Seiten darin anbraten.

■ Zwiebeln, Knoblauch und Gewürze dazugeben. Unbedeckt im Ofen 1 Stunde 15 Minuten schmoren.

■ Das gegarte Fleisch herausnehmen und mit Aluminiumfolie bedeckt 10 Minuten ruhen lassen.

■ Die Kasserolle bei großer Hitze auf den Herd stellen; 2 Minuten kochen. Den Sherry dazugeben, 2 Minuten kochen. Die Hühnerbrühe aufgießen und weitere 3 Minuten kochen.

■ Das Stärkemehl mit Wasser verrühren, in die Sauce mischen und zum Kochen bringen. Die Sauce nicht durch ein Sieb gießen.

■ Das Fleisch schneiden und mit der Sauce servieren. Kartoffeln dazu reichen.

PRO PORTION: 822 KALORIEN 6 g KOHLENHYDRATE 84 g EIWEISS
49 g FETT 1,0 g BALLASTSTOFFE

Kasserolle mit Meeresfrüchten

MEERESFRÜCHTE-KASSEROLLE

(FÜR 4 PERSONEN)

375 g	**große Jakobsmuscheln**
375 g	**Shrimps, geschält, ohne Darm**
1/2 TL	**Fenchelsamen**
1 EL	**frische Petersilie, gehackt**
125 ml	**trockener Weißwein**
375 ml	**Venusmuschel Saft**
4 EL	**Butter**
250 g	**frische Champignons, geputzt und gehackt**
2	**Schalotten, geputzt und gehackt**
3 EL	**Mehl**
3 EL	**Semmelbrösel**
	Salz und Pfeffer

■ Jakobsmuscheln und Shrimps in eine Pfanne geben. Fenchel, Petersilie, Wein und Muschelsaft dazugeben, salzen und pfeffern. Mit Pergamentpapier abdecken. Bei mittlerer Hitze zum Siedepunkt bringen. Die Flüssigkeit darf nicht kochen. Vom Herd nehmen und 4 Minuten ziehen lassen.

■ Die Meeresfrüchte herausnehmen und beiseite stellen. Die Flüssigkeit bei mittlerer Hitze reduzieren.

■ 3 EL Butter in einer anderen Pfanne zerlassen. Pilze und Schalotten dazugeben, würzen und 4 Minuten braten. Das Mehl einstreuen und 1 Minute anschwitzen.

■ Die restliche Flüssigkeit aufgießen und gut mischen. 4 Minuten kochen.

■ Die Meeresfrüchte schräg aufschneiden. In eine feuerfeste Form geben und mit Pilzsauce übergießen.

■ Den Ofen zum Grillen vorheizen.

■ Die restliche Butter mit den Semmelbröseln mischen; über die Kasserolle geben. Im Ofen 3 Minuten grillen, dann servieren.

PRO PORTION: 416 KALORIEN, 19 g KOHLENHYDRATE, 48 g EIWEISS, 15 g FETT, 2,1 g BALLASTSTOFFE

BOEUF BOURGUIGNON

(FÜR 4 BIS 6 PERSONEN)

2 EL	**Olivenöl**
1,6 kg	**Hüftsteak, in 2 cm großen Würfeln**
3	**Schalotten, geschält und gehackt**
3	**Knoblauchzehen, gehackt**
4 EL	**Mehl**
750 ml	**Rotwein**
1	**Lorbeerblatt**
500 ml	**Rinderbrühe, erhitzt**
1 TL	**Basilikum**
1 TL	**frische Petersilie, gehackt**
3 EL	**Butter**
24	**Perlzwiebeln, geschält**
500 g	**frische Champignons, geputzt und halbiert**
	Salz und Pfeffer

■ Den Ofen auf 180°C vorheizen.

■ Die Hälfte des Öls in einer feuerfesten Pfanne bei mittlerer Hitze erhitzen. Die Hälfte des Fleisches darin von allen Seiten anbraten. Gut würzen, herausnehmen und beiseite stellen.

■ Das restliche Öl in der Pfanne erhitzen. Das restliche Fleisch, Schalotten und Knoblauch dazugeben. Von allen Seiten anbraten, dann das bereits gebratene Fleisch dazugeben. Salzen und pfeffern. Mit Mehl bestäuben und gut mischen. 4 bis 5 Minuten braten.

■ Wein und Lorbeerblatt in eine Pfanne geben und zum Kochen bringen. Auf 1/3 der Flüssigkeitsmenge einkochen und in die Pfanne mit dem Fleisch gießen.

■ Rinderbrühe und Kräuter hinzufügen und zum Kochen bringen. Im Ofen zugedeckt 2 Stunden schmoren.

■ 30 Minuten vor Ende der Garzeit die Butter zerlassen. Perlzwiebeln und Kräuter dazugeben, würzen und 5 Minuten braten. Die Pilze hinzufügen, abschmecken und 4 Minuten braten.

■ Das Gemüse zum Eintopf geben und im Ofen mitschmoren. Mit geröstetem Brot servieren.

PRO PORTION: 788 KALORIEN 31 g KOHLENHYDRATE 78 g EIWEISS 32 g FETT 4,7 g BALLASTSTOFFE

1

Das Fleisch zusammen mit Schalotten und Knoblauch im heißen Öl anbraten.

2

Das Mehl über das Fleisch streuen, gut mischen und 4 bis 5 Minuten bei mittlerer Hitze anschwitzen.

3

Den Wein in einem Topf zum Kochen bringen. In ungefähr 4 bis 5 Minuten auf 1/3 der Flüssigkeitsmenge einkochen.

4

Den Wein in die Pfanne mit dem Fleisch gießen.

5

Die Rinderbrühe und die Kräuter dazugeben.

6

30 Minuten vor Ende der Garzeit die Perlzwiebeln und die Pilze in der heißen Butter anbraten.

GEMÜSE-KASSEROLLE

(FÜR 6 PERSONEN)

1	große Aubergine, längs halbiert
2 EL	Olivenöl
1/2	Zucchini, mittelgroß gewürfelt
1	grüne Paprikaschote, mittelgroß gewürfelt
1	gelbe Zucchini, mittelgroß gewürfelt
3	Schalotten, geschält und gehackt
2	Knoblauchzehen, gehackt
1/4 TL	Paprika
3	Tomaten, gehäutet und gewürfelt
125 ml	Sherry
1 TS	weiße Bohnen, gekocht
1 1/2 TS	geriebener Gruyère
	Salz und Pfeffer

■ Den Ofen auf 200°C vorheizen.

■ Das Auberginenfleisch kreuzweise einschneiden. Mit Öl bepinseln und mit der Hautseite nach oben in einem Bräter 40 Minuten im Ofen backen. Das Fleisch von der Haut lösen, hacken und beiseite stellen.

■ Das restliche Öl erhitzen, alles Gemüse, außer Tomaten und Bohnen, hineingeben. Knoblauch und Paprika dazugeben, gut würzen. Mischen und 10 Minuten braten, gelegentlich umrühren.

■ Die Auberginen und Tomaten hinzufügen, vermengen und würzen. Zugedeckt 12 Minuten köcheln. Sherry und Bohnen dazugeben.

■ Den Ofen auf 190°C stellen.

■ Die Mischung in eine gebutterte Form füllen. Mit Käse bestreuen und 12 Minuten überbacken.

PRO PORTION: 231 KALORIEN 19 g KOHLENHYDRATE 11 g EIWEISS 12 g FETT 5,1 g BALLASTSTOFFE

GEBACKENER LAUCH

(FÜR 4 BIS 6 PERSONEN)

1 EL	**Butter**
4	**Stangen Lauch, gekocht, nur das Weiße, abgetropft und gehackt**
4	**Eier, geschlagen**
$2/3$ TS	**Mehl**
$1/4$ TL	**Muskat**
375 ml	**Milch**
	Prise Paprika
	Salz und Pfeffer

■ Den Ofen auf 190°C vorheizen.

■ Eine Auflaufform ausbuttern.

■ Lauch und Eier in einer Schüssel mischen. Das Mehl einarbeiten. Paprika, Muskat und Milch dazugeben, kräftig würzen. Mit einem Schneebesen mischen.

■ Die Mischung in die Auflaufform füllen und 40 Minuten im Ofen backen. Aufschneiden und servieren.

PRO PORTION: 244 KALORIEN 31 g KOHLENHYDRATE 11 g EIWEISS 9 g FETT 3,6 g BALLASTSTOFFE

RINDERGULASCH

(FÜR 4 BIS 6 PERSONEN)

30 ml	**Olivenöl**
1,6 kg	**Hüftsteak, in 2 cm großen Würfeln**
3	**Zwiebeln, in Scheiben**
3 EL	**Paprika**
3	**Knoblauchzehen, gehackt**
4 EL	**Mehl**
1 l	**Rinderbrühe, erhitzt**
1 EL	**Basilikum**
1 TL	**Kümmel**
1/2 TL	**Thymian**
	Salz und Pfeffer

■ Den Ofen auf 160°C vorheizen.

■ Die Hälfte des Öls in einer feuerfesten Pfanne erhitzen. Die Hälfte des Fleisches darin von allen Seiten anbraten. Salzen und pfeffern. Herausnehmen und beiseite stellen. Das restliche Öl erhitzen und die andere Hälfte des Fleisches genauso anbraten. Alles Fleisch beiseite stellen.

■ Die Zwiebeln in der heißen Pfanne bei mittlerer Hitze 8 Minuten braten, gelegentlich wenden. Paprika und Knoblauch dazugeben, mischen und weitere 8 Minuten braten.

■ Das Fleisch wieder in die Pfanne geben. Mit Mehl bestäuben und gut mischen. Bei schwacher Hitze 4 Minuten anschwitzen. Die restlichen Zutaten dazugeben, abschmecken und mischen. Zum Kochen bringen, zugedeckt 3 Stunden im Ofen schmoren.

■ Mit saurer Sahne und Salzkartoffeln servieren.

PRO PORTION: 576 KALORIEN · 15 g KOHLENHYDRATE · 75 g EIWEISS · 24 g FETT · 1,2 g BALLASTSTOFFE

Das Fleisch in heißem Öl braten.

Das Fleisch aus der Pfanne nehmen und beiseite stellen.

Die Zwiebeln in der heißen Pfanne braten.

Paprika und Knoblauch dazugeben. Mischen und 8 Minuten bei mittlerer Hitze braten.

Das angebratene Fleisch wieder in die Pfanne geben, mit Mehl bestäuben und gut mischen.

Die Rinderbrühe und die restlichen Zutaten dazugeben.

WÜRZIGES GEMÜSECHILI

(FÜR 6 BIS 8 PERSONEN)

1 EL	**Olivenöl**
1	**große Zwiebel, fein gehackt**
3	**Knoblauchzehen, gehackt**
2	**Stangen Staudensellerie, gewürfelt**
2	**Karotten, geschält und gewürfelt**
2	**Zucchini, gewürfelt**
1	**grüne Paprikaschote, gewürfelt**
1	**rote Paprikaschote, gewürfelt**
2 EL	**Chilipulver**
1/2 TL	**gemahlene Nelken**
1 1/2 EL	**Oregano**
1	**Lorbeerblatt**
800 ml	**Tomaten aus der Dose, gehackt, mit Saft**
2 EL	**Tomatenmark**
250 g	**frische Champignons, geputzt und halbiert**
	Prise Paprika
	Prise Zucker
	Salz und Pfeffer
	Cheddar, gerieben

■ Den Ofen auf 160°C vorheizen.

■ Das Öl in einer großen feuerfesten Auflaufform erhitzen. Zwiebel, Knoblauch und Sellerie darin 8 Minuten bei mittlerer Hitze braten, gelegentlich umrühren.

■ Karotten, Zucchini, Paprika, Gewürze und Kräuter dazugeben und gut vermengen. Zugedeckt 8 Minuten köcheln.

■ Die Tomaten mit Saft, Tomatenmark und Zucker dazugeben, zugedeckt 40 Minuten im Ofen schmoren.

■ Die Pilze hinzufügen und weitere 20 Minuten garen - nicht zudecken.

■ Mit geriebenem Käse und geröstetem Brot servieren.

PRO PORTION: 116 KALORIEN 14 g KOHLENHYDRATE 5 g EIWEISS
5 g FETT 3,6 g BALLASTSTOFFE

GEBACKENE KNOBLAUCHBOHNEN

(FÜR 4 BIS 6 PERSONEN)

500 g	weiße Bohnen, getrocknet
1	Bouquet Garni*
12	ganze Knoblauchzehen, geschält
2 EL	frische Petersilie, gehackt
500 ml	trockener Weißwein
1 EL	Basilikum
	Salz und Pfeffer

■ Die Bohnen in einer Schüssel vollständig mit Wasser bedecken. 12 Stunden quellen lassen.

■ Die Bohnen abtropfen und in eine feuerfeste Auflaufform geben. Mit frischem Wasser vollständig bedecken, salzen und pfeffern. Das Bouquet Garni dazugeben und 1 1/2 Stunden bei mittlerer Hitze kochen – nicht zudecken.

■ Den Ofen auf 150°C vorheizen.

■ Die Bohnen gut abtropfen und wieder in die Form geben. Knoblauch, Petersilie, Wein und Basilikum hinzufügen und gut würzen. Mit Wasser bedecken und zum Kochen bringen. Zugedeckt 1 1/2 Stunden im Ofen backen.

■ 30 Minuten vor Ende der Garzeit den Deckel abnehmen.

* Petersilienzweige, Thymian, Basilikum und 1 Lorbeerblatt zusammenbinden.

PRO PORTION: 174 KALORIEN, 0 g FETT, 18 g KOHLENHYDRATE, 7,5 g BALLASTSTOFFE, 8 g EIWEISS

SÜSSE GEBACKENE BOHNEN

(FÜR 4 BIS 6 PERSONEN)

500 g	**weiße Bohnen, getrocknet**
125 g	**Speck, gewürfelt**
1 EL	**Senfpulver**
1 1/2	**Zwiebeln, fein gehackt**
150 ml	**Ketchup**
2	**Knoblauchzehen, gehackt**
50 ml	**Melasse**
1,2 l	**heißes Wasser**
	Salz und Pfeffer

■ Die Bohnen in einer Schüssel vollständig mit Wasser bedecken. 12 Stunden quellen lassen.

■ Die Bohnen abtropfen und in einen großen Topf geben. Mit frischem Wasser bedecken und zum Kochen bringen. Salzen, pfeffern und bei mittlerer Hitze 30 Minuten kochen.

■ Den Ofen auf 150°C vorheizen.

■ Die Bohnen abtropfen und in eine Auflaufform geben. Die restlichen Zutaten und das heiße Wasser dazugeben; gut abschmecken. Zugedeckt 3 Stunden im Ofen backen.

■ 30 Minuten vor Ende der Garzeit den Deckel abnehmen.

PRO PORTION: 296 KALORIEN 34 g KOHLENHYDRATE 8 g EIWEISS
15 g FETT 7,7 g BALLASTSTOFFE

CREMIGES KARTOFFEL-LAUCH-GRATIN

(FÜR 4 PERSONEN)

4	**Stangen Lauch, nur das Weiße**
1/4 TS	**Zwiebelringe, gebraten**
4	**große Kartoffeln, geschält, in Scheiben**
1/4 TL	**Muskat**
500 ml	**leichte weiße Sauce, erhitzt**
1 TS	**geriebener Gruyère**
	Prise Paprika
	Salz und weißer Pfeffer

■ Den Lauch vierteln, vom Strunk her 2 cm stehen lassen. Den Lauch fächern und unter kaltem Wasser Sand und Erde gut ausspülen. 35 Minuten in kochendem Salzwasser kochen. Gut abtropfen.

■ Den Ofen auf 180°C vorheizen.

■ Den Lauch in eine gebutterte Auflaufform legen. Die gebratenen Zwiebeln daraufgeben, die Kartoffelscheiben obenauflegen. Salzen und pfeffern.

■ Muskat und Paprika mit der weißen Sauce verrühren. Über die Kartoffeln gießen, mit Käse bestreuen. 40 Minuten im Ofen backen. Servieren.

PRO PORTION: 481 KALORIEN, 64 g KOHLENHYDRATE, 16 g EIWEISS, 18 g FETT, 3,9 g BALLASTSTOFFE

LAMMEINTOPF MIT CURRY

(FÜR 4 PERSONEN)

2 EL	**Olivenöl**
1,4 kg	**Lammschulter, in großen Stücken**
1	**große Zwiebel, gehackt**
2	**Knoblauchzehen, gehackt**
3 EL	**Curry**
3 EL	**Mehl**
750 ml	**Hühnerbrühe, erhitzt**
2	**Kochbananen, in Scheiben**
	Salz und Pfeffer

■ Den Ofen auf 180°C vorheizen.

■ Das Öl in einer feuerfesten Pfanne erhitzen. Das Fleisch von allen Seiten darin 6 Minuten scharf anbraten, salzen und pfeffern.

■ Zwiebel und Knoblauch dazugeben. Mischen und 4 Minuten bei großer Hitze anbraten. Den Curry dazugeben, mischen und 3 Minuten braten.

■ Das Mehl einstreuen und bei mittlerer Hitze 3 Minuten anschwitzen.

■ Die Hühnerbrühe aufgießen, gut abschmecken und zum Kochen bringen. Zugedeckt 2 Stunden im Ofen schmoren.

■ 15 Minuten vor Ende der Garzeit die Bananen dazugeben.

■ Mit Nudeln servieren.

PRO PORTION: 673 KALORIEN 21 g KOHLENHYDRATE 73 g EIWEISS 33 g FETT 1,2 g BALLASTSTOFFE

1 Das Fleisch im heißen Öl anbraten.

2 Die Zwiebeln und den Knoblauch dazugeben. Mischen und 4 Minuten bei großer Hitze braten.

3 Den Curry dazugeben, gut vermengen und 3 Minuten braten.

Das Mehl einstreuen, gut vermischen und 3 Minuten bei mittlerer Hitze anschwitzen.

Die Hühnerbrühe aufgießen.

15 Minuten vor Ende der Garzeit die Bananen dazugeben.

CRÊPE TEIG

1 TS	**Mehl**
½ TL	**Salz**
4	**Eier**
250 ml	**Mineralwasser**
300 ml	**Milch**
3 EL	**zerlassene Butter, lauwarm**

■ Mehl und Salz in eine Schüssel sieben. Die Eier dazugeben und gut vermengen. Das Mineralwasser dazugießen und mit dem Schneebesen gut einarbeiten. Die Milch hinzufügen und gut einarbeiten. Die zerlassene Butter einrühren.

■ Den Teig durch ein Sieb in eine Schüssel passieren. Vor der Weiterverarbeitung 1 Stunde in den Kühlschrank stellen.

Hinweis: Ist der Teig zu dick, etwas Wasser dazugeben. Sicherstellen, daß der Teig vor der Weiterverarbeitung sehr gut verrührt ist.

PRO PORTION: 1273 KALORIEN 122 g KOHLENHYDRATE 50 g EIWEISS
65 g FETT 4,7 g BALLASTSTOFFE

CRÊPES MIT AUBERGINENFÜLLUNG

(FÜR 4 PERSONEN)

1	**große Aubergine, längs halbiert**
1 EL	**Olivenöl**
2 EL	**Butter**
3	**Schalotten, geschält und gehackt**
2	**Knoblauchzehen, gehackt**
2	**große Tomaten, gehäutet und gehackt**
1 TL	**Basilikum**
1 TL	**frische Petersilie, gehackt**
8	**Crêpes (siehe Seite 216)**
500 ml	**leichte weiße Sauce**
$1^1/_4$ TS	**geriebener Gruyère**
	Salz und Pfeffer

■ Den Ofen auf 190°C vorheizen.

■ Das Auberginenfleisch kreuzweise einschneiden. Mit Öl bepinseln und mit der Hautseite nach oben in einen Bräter legen. 40 Minuten im Ofen backen. Das Fleisch von der Haut lösen, hacken und beiseite stellen.

■ Die Hitze des Ofens auf 180°C reduzieren.

■ Die Butter in einer Pfanne leicht erhitzen. Knoblauch und Schalotten darin 5 Minuten bei schwacher Hitze braten.

■ Die Aubergine dazugeben und gut mischen. Tomaten und Kräuter hinzufügen; salzen, pfeffern und 12 Minuten dünsten.

■ Die Mischung auf den Crêpes verteilen und zusammenrollen. In eine gebutterte Auflaufform legen. Mit der weißen Sauce übergießen und mit Käse bestreuen. 12 Minuten im Ofen backen, dann servieren.

PRO PORTION: 715 KALORIEN, 51 g KOHLENHYDRATE, 27 g EIWEISS, 45 g FETT, 3,0 g BALLASTSTOFFE

LAMM-GEMÜSE-EINTOPF

(FÜR 4 PERSONEN)

1 TL	**Basilikum**
$^{1}/_{4}$ TL	**Thymian**
4 EL	**Mehl**
1,2 kg	**Lammschulter, entfettet, in großen Würfeln**
2 EL	**Olivenöl**
50 ml	**Sherry**
500 ml	**Hühnerbrühe, erhitzt**
1 EL	**Butter**
24	**weiße Perlzwiebeln, geschält**
6	**ganze Schalotten, geschält**
1	**Stange Staudensellerie, in großen Stücken, blanchiert**
4	**Karotten, geschält, in großen Stücken, blanchiert**
1	**gelbe Paprikaschote, grob gewürfelt**
1	**rote Paprikaschote, grob gewürfelt**
	Salz und Pfeffer

■ Den Ofen auf 180°C vorheizen.

■ Basilikum und Thymian mit dem Mehl mischen. Das Fleisch darin wenden, gründlich salzen und pfeffern.

■ Das Öl in einer feuerfesten Pfanne erhitzen. Das Fleisch darin von allen Seiten 8 Minuten scharf anbraten. Den Sherry zugeben und 3 Minuten kochen.

■ Die Brühe aufgießen, abschmecken und zum Kochen bringen. Zugedeckt im Ofen 2 bis $2^{1}/_{2}$ Stunden schmoren, je nach Größe der Fleischstücke.

■ Währenddessen die Butter in einer Pfanne leicht erhitzen. Die Perlzwiebeln und Schalotten hineingeben. 8 Minuten braten, gelegentlich umrühren.

■ $1^{1}/_{2}$ Stunden vor Ende der Garzeit die Zwiebeln zum Fleisch geben.

■ 15 Minuten vor Ende das andere Gemüse hinzufügen. Salzen, pfeffern und fertiggaren.

■ Mit Kartoffelbrei servieren.

PRO PORTION: 709 KALORIEN 37 g KOHLENHYDRATE 66 g EIWEISS 33 g FETT 4,5 g BALLASTSTOFFE

1

Die Fleischstücke in dem gewürzten Mehl wenden.

2

Das Fleisch im heißen Öl scharf anbraten.

3

Den Sherry dazugeben.

Die Perlzwiebeln und Schalotten in der heißen Butter sautieren.

1$^1/_2$ Stunden vor Ende der Garzeit die Zwiebeln zum Fleisch geben.

15 Minuten vor Ende der Garzeit Gemüse zum Fleisch geben.

KASSELER MIT SAUERKRAUT

(FÜR 4 PERSONEN)

30 g	**Bratspeck, gewürfelt**
2	**Zwiebeln, in Scheiben**
1	**große Dose Sauerkraut**
250 ml	**trockener Weißwein**
250 ml	**Hühnerbrühe, erhitzt**
1	**Bouquet Garni***
4	**Scheiben oder Kasselerrippchen**
	Salz und Pfeffer

■ Den Ofen auf 180°C vorheizen.

■ Den Speck in einer feuerfesten Kasserolle bei mittlerer Temperatur anbraten. Die Zwiebeln dazugeben und bei schwacher Hitze 7 Minuten dünsten.

■ Das Sauerkraut 3 Minuten unter kaltem Wasser abspülen. Abtropfen und die überschüssige Flüssigkeit auspressen.

■ Das Sauerkraut in die Kasserolle geben. Wein, Hühnerbrühe und das Bouquet Garni dazugeben. Mischen und zum Kochen bringen. Zugedeckt im Ofen 2 Stunden schmoren, 2mal mischen.

■ 30 Minuten vor Ende der Garzeit die Rippchen dazugeben. Zudecken und fertig garen.

■ Mit Salzkartoffeln und Karotten servieren.

* Petersilienzweige, Thymian, Basilikum und 1 Lorbeerblatt zusammenbinden.

PRO PORTION: 403 KALORIEN · 10 g KOHLENHYDRATE · 22 g EIWEISS · 26 g FETT · 1,0 g BALLASTSTOFFE

GEMÜSE MIT RINDFLEISCH

(FÜR 4 BIS 6 PERSONEN)

2,7 kg	**Hochrippe vom Rind in 5 cm großen Würfeln**
4	**Stangen Lauch, nur das Weiße**
4	**große Karotten, geschält**
2	**rote Zwiebeln, geschält**
2	**kleine, weiße Steckrüben, geschält**
2	**Stangen Staudensellerie**
2	**Gewürznelken**
1	**Bouquet Garni***
375 ml	**trockener Weißwein**
	Salz und Pfeffer

■ Das Fett vom Fleisch abschneiden. Die Stücke in einen Topf geben, mit Wasser bedecken und bei mittlerer Hitze zum Kochen bringen. 250 ml Wasser aufgießen und wieder zum Kochen bringen. Den Schaum abschöpfen.

■ Den Lauch vierteln, vom Strunk her 2 cm stehen lassen. Unter fließendem Wasser Erde und Sand herausspülen.

■ Den Lauch und die anderen Zutaten in den Topf geben. Zum Kochen bringen. Unbedeckt 3 Stunden köcheln lassen.

■ Das Gemüse herausnehmen, sobald es weich ist. 5 Minuten vor Ende der Garzeit zum Aufwärmen wieder in den Topf geben. Mit scharfem Senf servieren.

* Petersilienzweige, Thymian, Basilikum und 1 Lorbeerblatt zusammenbinden.

PRO PORTION: 1003 KALORIEN 29 g KOHLENHYDRATE 119 g EIWEISS 40 g FETT 8,1 g BALLASTSTOFFE

LAMM-KARTOFFEL-EINTOPF

(FÜR 4 PERSONEN)

1,2 kg	**Lammschulter, entfettet, in 2,5 cm großen Würfeln**
1/4 TS	**gewürztes Mehl**
2 EL	**Olivenöl**
1	**große Zwiebel, in Ringen**
2	**Knoblauchzehen, gehackt**
750 ml	**Rinderbrühe**
4	**Tomaten, geviertelt**
3	**Kartoffeln, geschält, geviertelt**
1/2 TS	**schwarze Oliven, ohne Stein**
1	**große rote Paprikaschote, gewürfelt**
	Salz und Pfeffer

■ Den Ofen auf 180°C vorheizen.

■ Das Fleisch in dem Mehl wenden. Beiseite stellen.

■ Das Öl in einer feuerfesten Pfanne erhitzen. Zwiebel und Knoblauch darin 6 Minuten bei schwacher Hitze dünsten, 1mal wenden. Die Zwiebeln mit einem Schaumlöffel aus der Pfanne nehmen.

■ Das Fleisch in der heißen Pfanne von allen Seiten 6 bis 8 Minuten anbraten; gut würzen. Die Zwiebeln dazugeben und mischen.

■ Rinderbrühe und Tomaten hinzufügen, vermengen, salzen und pfeffern. Zum Kochen bringen. Zugedeckt 1 Stunde im Ofen garen.

■ Kartoffeln und Oliven zum Eintopf geben, 1 Stunde weitergaren.

■ Paprika hineingeben, zudecken und 15 bis 20 Minuten schmoren. Servieren.

PRO PORTION 680 KALORIEN 34 g KOHLENHYDRATE 65 g EIWEISS 32 g FETT 3,9 g BALLASTSTOFFE

1

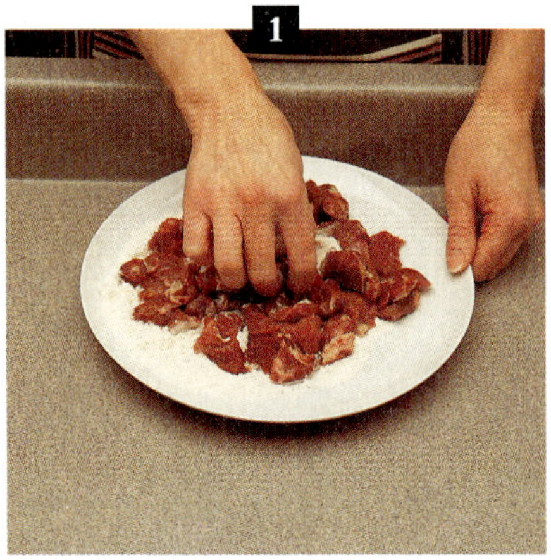

Das Fleisch im Mehl wenden.

2

Die Zwiebeln in dem heißen Öl braten.

3

Die Zwiebeln mit einem Schaumlöffel herausnehmen.

Das Fleisch anbraten.

Die gebratenen Zwiebeln wieder in die Pfanne geben.

Die Rinderbrühe aufgießen.

KALBFLEISCHRÖLLCHEN

(FÜR 4 PERSONEN)

3 EL	**Butter**
2	**Schalotten, geschält und fein gehackt**
125 g	**frische Champignons, geputzt, gehackt**
2	**Schweinswürste**
4	**große Kalbsschnitzel**
4	**große Tomaten, quer halbiert**
1/2 TL	**Basilikum**
375 ml	**trockener Weißwein**
	Salz und Pfeffer

■ 2 EL Butter in einer feuerfesten Pfanne zerlassen. Die Schalotten darin 2 Minuten braten. Pilze dazugeben, würzen und 3 Minuten braten.

■ Die Wursthaut abziehen, das Fleisch in kleinen Stücken in die Pfanne geben. Gut mischen und 3 Minuten braten. Die Pfanne vom Herd nehmen.

■ Die Füllung abkühlen, dann auf die Schnitzel streichen. Würzen, rollen und verschließen.

■ Den Ofen auf 190°C vorheizen.

■ Die Tomaten in eine Auflaufform geben, mit Salz, Pfeffer und Basilikum bestreuen. Im Ofen 8 Minuten backen. Herausnehmen, den Tomatensaft abtropfen und aufheben; beiseite stellen. Die Tomaten zum Warmhalten mit Aluminiumfolie abdecken.

■ Die Hitze auf 180°C reduzieren.

■ Die restliche Butter leicht erhitzen. Die gefüllten Schnitzel darin 8 bis 10 Minuten von allen Seiten anbraten.

■ Den Wein aufgießen und zum Kochen bringen. Den Tomatensaft dazugeben, zudecken und 15 Minuten im Ofen backen.

■ Die Fleischrollen aufschneiden und auf den Tomaten mit der Sauce servieren.

PRO PORTION: 507 KALORIEN, 12 g KOHLENHYDRATE, 36 g EIWEISS, 28 g FETT, 2,7 g BALLASTSTOFFE

MAIS-LIMABOHNEN-EINTOPF

(FÜR 4 PERSONEN)

1 EL	Butter
1	Schalotte, geschält und gehackt
1	Zwiebel, gehackt
2	Knoblauchzehen, gehackt
1/4 TL	schwarzer Pfeffer
1 TL	Herbes de Provence*
1 TL	Basilikum
250 ml	Limabohnen, gekocht
375 ml	Maiskörner, gekocht
50 ml	saure Sahne
	Salz

■ Die Butter leicht erhitzen. Schalotte, Zwiebel und Knoblauch darin bei schwacher Hitze 4 Minuten braten.

■ Die Gewürze dazugeben und gut mischen. 2 Minuten braten.

■ Die Limabohnen und den Mais dazugeben. 4 Minuten köcheln. Die saure Sahne einrühren, 2 Minuten köcheln. Servieren.

* Eine Mischung aus Thymian, Rosmarin, Lorbeer, Basilikum und Salbei.

PRO PORTION: 197 KALORIEN, 31 g KOHLENHYDRATE, 6 g EIWEISS, 6 g FETT, 5,3 g BALLASTSTOFFE

HÜHNEREINTOPF MIT SCHINKEN

(FÜR 4 PERSONEN)

1,6 kg	**Hühnchen, in 8 Stücken**
2 EL	**Olivenöl**
3	**Knoblauchzehen, blanchiert und püriert**
3	**Schalotten, geschält und gehackt**
1	**dicke Scheibe gekochter Schinken, grob gewürfelt**
125 ml	**trockener Weißwein**
500 ml	**Hühnerbrühe, erhitzt**
$^{1}/_{2}$ TL	**schwarzer Pfeffer**
$^{1}/_{4}$ TL	**Thymian**
1 EL	**frisches Basilikum, gehackt**
250 g	**Champignonköpfe, gesäubert**
2	**gelbe Paprikaschoten, gewürfelt**
2 EL	**Stärkemehl**
3 EL	**kaltes Wasser**
	Salz und Pfeffer

■ Den Ofen auf 160°C vorheizen.

■ Die Haut des Hühnchens entfernen.

■ Die Hälfte des Öls in einer feuerfesten Pfanne erhitzen. Die Hühnerteile darin von allen Seiten anbraten. Knoblauch, Schalotten und Schinken dazugeben. Mischen und bei mittlerer Hitze 6 Minuten braten.

■ Den Wein aufgießen und 3 Minuten kochen. Hühnerbrühe und Kräuter dazugeben. Zugedeckt 30 Minuten im Ofen schmoren.

■ Das restliche Öl erhitzen. Pilze und Paprika darin 5 Minuten dünsten, würzen.

■ Das Fleisch aus dem Ofen nehmen, das Gemüse dazugeben.

■ Das Stärkemehl mit Wasser vermengen und in den Eintopf rühren; 4 Minuten köcheln. Servieren.

PRO PORTION: 707 KALORIEN 13 g KOHLENHYDRATE 91g EIWEISS
30 g FETT 2,2 g BALLASTSTOFFE

Das Hühnchen im heißen Öl anbraten.

Knoblauch, Zwiebeln und Schinken dazugeben und 6 Minuten bei mittlerer Hitze braten.

Den Wein aufgießen und 3 Minuten kochen lassen.

Die Hühnerbrühe und Kräuter dazugeben.

Die Pilze und die Paprika im heißen Öl sautieren.

Das Stärkemehl mit dem Wasser vermengen und in den Eintopf rühren.

SCHINKENCRÊPES MIT PILZFÜLLUNG

(FÜR 4 BIS 6 PERSONEN)

2 EL	**Butter**
2	**Schalotten, geschält und gehackt**
1 EL	**frische Petersilie, gehackt**
250 g	**frische Champignons, geputzt, blättrig geschnitten**
3 EL	**Sherry**
500 ml	**leichte weiße Sauce, erhitzt**
8	**dünne Scheiben roher Schinken**
8	**Crêpes (siehe Seite 216)**
$1^1/_4$ TS	**Gruyère, gerieben**
	Salz und Pfeffer

■ Den Ofen auf 190°C vorheizen.

■ Die Butter leicht erhitzen. Schalotten und Petersilie darin 3 Minuten braten. Die Pilze dazugeben, würzen und 3 Minuten sautieren.

■ Den Sherry und 125 ml der weißen Sauce hinzufügen, gut mischen.

■ Den Schinken auf die Crêpes legen, mit der Pilzfüllung bestreichen, gründlich pfeffern und auf Viertel zusammenlegen. Die gefüllten Crêpes in eine gebutterte Auflaufform legen.

■ Die restliche weiße Sauce darübergießen, mit Käse bestreuen und 12 Minuten im Ofen überbacken.

PRO PORTION: 575 KALORIEN | 36 g KOHLENHYDRATE | 23 g EIWEISS | 37 g FETT | 2,4 g BALLASTSTOFFE

HÜHNCHEN-KASSEROLLE

(FÜR 4 PERSONEN)

1,6 kg	**Hühnchen, in 8 Stücken**
3	**Karotten, geschält, halbiert**
2	**Stangen Staudensellerie, in 2,5 cm langen Stücken**
4	**mittelgroße Kartoffeln, geschält**
1 EL	**frische Petersilie, gehackt**
1 TL	**Basilikum**
24	**frische Champignons, geputzt, gewürfelt (nach Belieben)**
3 EL	**Butter**
4 EL	**Mehl**
$^1/_2$ TL	**Paprika**
	Salz und Pfeffer

■ Die Hühnerhaut entfernen. Die Stücke in einen Topf geben, mit kaltem Wasser bedecken und zum Kochen bringen. Den Schaum abschöpfen.

■ Karotten, Sellerie und Kartoffeln dazugeben, würzen; Petersilie und Basilikum einstreuen. Zum Kochen bringen und bei mittlerer Hitze 30 Minuten garen.

■ Die Pilze dazugeben und nochmals 7 Minuten kochen. Den Topf vom Herd nehmen. Fleisch und Gemüse aus der Flüssigkeit nehmen; beiseite stellen. Die Flüssigkeit aufheben.

■ Die Butter leicht erhitzen. Das Mehl einstreuen, verrühren und 3 Minuten bei mittlerer Hitze anschwitzen.

■ 750 ml Kochflüssigkeit aufgießen. Gut mischen und 12 Minuten köcheln; gut abschmecken.

■ Das Hühnchen und das Gemüse in die Sauce geben. Mit Paprika bestreuen und abschmecken. Vor dem Servieren 5 Minuten ziehen lassen.

PRO PORTION: 856 KALORIEN 48 g KOHLENHYDRATE 94 g EIWEISS 32 g FETT 6,0 g BALLASTSTOFFE

PILZ-REIS-KASSEROLLE

(FÜR 4 PERSONEN)

1	große Aubergine, längshalbiert
550 ml	Wasser
1/2 TL	Salz
1 TS	Reis, abgespült
3 EL	Butter
500 g	frische Champignons, geputzt, blättrig geschnitten
2	Schalotten, geschält, gehackt
1	Knoblauchzehe, gehackt
1/4 TL	schwarzer Pfeffer
1/2 TL	Basilikum
1 TS	Gruyère, gerieben
	Olivenöl
	Salz und Pfeffer

■ Den Ofen auf 200°C vorheizen.

■ Das Auberginenfleisch kreuzweise einschneiden. Mit Öl bepinseln und mit der Hautseite nach oben in einem Bräter 40 Minuten im Ofen backen. Das Fleisch aus der Haut lösen, hacken und beiseite stellen.

■ Das Wasser bei mittlerer Hitze in eine Pfanne geben. Salz zugeben und zum Kochen bringen. Den Reis hineingeben und zugedeckt 12 Minuten kochen, oder bis alle Flüssigkeit aufgesogen ist.
1 EL Butter einrühren, zudecken und 15 Minuten bei sehr schwacher Hitze ziehen lassen.

■ 2 EL Butter leicht erhitzen. Pilze, Schalotten, Knoblauch und Kräuter darin 6 Minuten braten.

■ Die Aubergine dazugeben, vermengen und abschmecken. 3 Minuten dünsten. Den Reis gut untermischen.

■ Den Ofen zum Grillen vorheizen.

■ Die Mischung in eine Auflaufform geben, mit Käse bestreuen und 5 Minuten überbacken. Servieren.

PRO PORTION: 325 KALORIEN, 34 g KOHLENHYDRATE, 12 g EIWEISS, 16 g FETT, 4,7 g BALLASTSTOFFE

KASSEROLLE MIT SÜSSKARTOFFELN

(FÜR 6 PERSONEN)

4	**große Süßkartoffeln, mit Schale**
4	**Scheiben Frühstücksspeck**
3 EL	**Butter**
1/2 TL	**Zimt**
1/4 TL	**Muskat**
125 ml	**Sahne**
50 ml	**Milch**
	Salz und weißer Pfeffer

■ Die Kartoffeln in Salzwasser kochen, bis sie weich sind. Herausnehmen, schälen und pürieren.

■ Den Ofen auf 190°C vorheizen.

■ Den Speck knusprig braten, dann grob hacken. Beiseite stellen.

■ Alle restlichen Zutaten, außer dem Speck, zu den Kartoffeln geben. Verrühren und gut abschmecken.

■ Die Mischung in eine feuerfeste Form geben und 18 Minuten im Ofen backen. Den Speck darüberstreuen und nochmals 5 Minuten backen. Servieren.

PRO PORTION: 187 KALORIEN 20 g KOHLENHYDRATE 5 g EIWEISS 10 g FETT 1,7 g BALLASTSTOFFE

HÜHNCHEN MIT EIERTOMATEN

(FÜR 4 PERSONEN)

1,6 kg	**Hühnchen, in 8 Stücken**
2 EL	**Olivenöl**
1	**Zwiebel, in Ringen**
2	**Knoblauchzehen, gehackt**
2	**gelbe Paprikaschoten, gewürfelt**
6	**Eiertomaten, geviertelt**
1/4 TL	**Safran**
250 ml	**trockener Weißwein**
1 EL	**Butter**
	Prise zerstoßene Chilischote
	Salz und Pfeffer

■ Die Hühnerhaut abziehen.

■ Die Hälfte des Öls erhitzen. Zwiebel und Knoblauch darin 4 Minuten braten. Paprika, Tomaten, Chili und Safran dazugeben. Abschmecken, mischen und 5 Minuten dünsten.

■ Den Wein aufgießen und 6 Minuten köcheln.

■ Währenddessen das restliche Öl und die Butter erhitzen. Die Hühnerteile darin 8 Minuten anbraten. Wenden und 6 Minuten braten.

■ Das Hühnerbrüstchen herausnehmen und im Ofen warm halten. Die anderen Teile weitere 8 Minuten braten.

■ Das Hühnchen mit der Tomatenmischung servieren.

PRO PORTION: 729 KALORIEN, 13 g KOHLENHYDRATE, 89 g EIWEISS, 33 g FETT, 3,3 g BALLASTSTOFFE

Die Zwiebel und den Knoblauch in dem heißen Öl anbraten.

Die Paprikaschoten dazugeben.

Die Eiertomaten, den Chili und den Safran hinzufügen.

Den Wein aufgießen.

Die Hühnerteile 8 Minuten anbraten.

Das Fleisch wenden und weiterbraten.

NUDEL-PILZ-KASSEROLLE

(FÜR 4 PERSONEN)

2 EL	Butter
2	Schalotten, geschält, gehackt
375 g	frische Champignons, geputzt, blättrig geschnitten
3 EL	Sherry
4 EL	Mehl
750 ml	Milch, erhitzt
1/2 TL	weißer Pfeffer
3 TS	heiße Nudeln, al dente (bißfest) gekocht
1 TS	Mozzarella, fein gewürfelt
	Prise Muskat
	Salz und Pfeffer

■ Den Ofen auf 190°C vorheizen.

■ Die Butter leicht erhitzen; Schalotten und Pilze dazugeben, würzen und 5 Minuten anbraten. Den Sherry aufgießen und 3 Minuten dünsten.

■ Das Mehl einstreuen, gut mischen und 2 Minuten bei schwacher Hitze anschwitzen. Die heiße Milch aufgießen, mit Salz, Muskat und weißem Pfeffer abschmecken. 12 Minuten köcheln, gelegentlich umrühren.

■ Die Nudeln in die Sauce geben und gut mischen. In eine gebutterte Auflaufform geben. Mit Mozzarella bestreuen und 10 Minuten im Ofen überbacken.

PRO PORTION: 441 KALORIEN 57 g KOHLENHYDRATE 20 g EIWEISS 14 g FETT 3,1 g BALLASTSTOFFE

LACHS IN CURRYCREME

(FÜR 4 PERSONEN)

2	**Lachssteaks, gekocht**
3 EL	**Butter**
1	**Zwiebel, fein gehackt**
1	**Stange Staudensellerie, in Scheiben**
250 g	**frische Champignons, geputzt und gedrittelt**
2 EL	**Curry**
3 EL	**Mehl**
625 ml	**leichte Hühnerbrühe, erhitzt**
3 EL	**Sahne**
2 EL	**Sherry**
	einige Tropfen Zitronensaft
	Salz und Pfeffer

- Die Gräten aus dem Lachs entfernen, den Fisch zerpflücken und beiseite stellen.
- Die Butter leicht erhitzen, Zwiebel und Sellerie darin 3 Minuten dünsten.
- Die Pilze dazugeben, würzen, den Curry einstreuen. Bei schwacher Hitze 4 Minuten braten. Das Mehl dazugeben, mischen und 2 Minuten anschwitzen.
- Die Hühnerbrühe aufgießen und abschmecken. 8 bis 10 Minuten köcheln. Sahne und Sherry dazugeben. Den Lachs und einige Tropfen Zitronensaft in die Pfanne geben. Mischen und 6 Minuten leicht köcheln.
- Mit Nudeln oder Reis servieren.

PRO PORTION: 283 KALORIEN, 7 g KOHLENHYDRATE, 22 g EIWEISS, 18 g FETT, 2,0 g BALLASTSTOFFE

GESCHMORTE HOCHRIPPE

(FÜR 4 PERSONEN)

2,3 kg	**Hochrippe, in 5 cm großen Würfeln**
1 EL	**Olivenöl**
2	**Zwiebeln, geviertelt**
2	**Knoblauchzehen, gehackt**
3	**ganze Schalotten, geschält**
250 ml	**trockener Rotwein**
1 TL	**Basilikum**
$^1/_2$ TL	**Thymian**
800 ml	**Tomaten aus der Dose, gehackt, mit Saft**
500 ml	**Rinderbrühe, erhitzt**
1 EL	**Tomatenmark**
	Salz und Pfeffer

■ Den Ofen auf 180°C vorheizen.

■ Das Fleisch von Fett befreien. Das Öl in einer feuerfesten Pfanne stark erhitzen. Das Fleisch 8 bis 10 Minuten von allen Seiten scharf anbraten. Salzen und pfeffern.

■ Zwiebeln, Knoblauch und Schalotten dazugeben. Bei mittlerer Hitze 5 bis 6 Minuten braten. Den Rotwein aufgießen und 3 Minuten kochen.

■ Die restlichen Zutaten dazugeben; abschmecken und gut mischen. Zum Kochen bringen; zugedeckt 3 Stunden im Ofen schmoren. Falls nötig, während des Schmorens etwas mehr Brühe aufgießen.

■ Mit gekochten Kartoffeln und Karotten servieren.

PRO PORTION: 1049 KALORIEN 20 g KOHLENHYDRATE 126 g EIWEISS 47 g FETT 2,7 g BALLASTSTOFFE

Die Hochrippe im heißen Öl anbraten. Salzen und pfeffern.

Die Zwiebeln und den Knoblauch dazugeben.

Die Schalotten hineingeben. 5 bis 6 Minuten bei mittlerer Hitze anbraten.

Den Rotwein aufgießen und 3 Minuten kochen.

Die gehackten Tomaten mit ihrem Saft dazugeben.

Die Rinderbrühe und das Tomatenmark einrühren.

TOMATEN-AUBERGINEN-KASSEROLLE

(FÜR 4 PERSONEN)

1	**große Aubergine, längs halbiert**
2 EL	**Olivenöl**
1	**Zwiebel, gehackt**
1	**Knoblauchzehe, gehackt**
2	**große Tomaten, gehäutet, in Scheiben**
1	**kleine Zucchini, längs halbiert, in Scheiben**
1/2 TL	**Basilikum**
1/2 TS	**Gruyère, gerieben**
	Prise Zucker
	Salz und Pfeffer

■ Den Ofen auf 200°C vorheizen.

■ Das Auberginenfleisch kreuzweise einschneiden. Mit Öl bepinseln und mit der Hautseite nach oben auf einem Backblech 40 Minuten im Ofen backen.

■ Das Fleisch aus der Haut lösen und hacken, beiseite stellen.

■ Das restliche Öl stark erhitzen. Zwiebel und Knoblauch dazugeben, mischen und 6 Minuten braten. Tomaten, Zucchini und Basilikum hinzufügen, abschmecken und 20 Minuten bei mittlerer Hitze dünsten, gelegentlich umrühren.

■ Die gehackte Aubergine dazugeben, gut mischen. Die Hälfte vom Käse und 1 Prise Zucker dazugeben. Mischen und abschmecken.

■ Die Hitze auf 190°C reduzieren.

■ Die Mischung in eine Auflaufform geben, den restlichen Käse darüberstreuen und 20 Minuten überbacken. Servieren.

PRO PORTION: 138 KALORIEN, 7 g KOHLENHYDRATE, 4 g EIWEISS, 10 g FETT, 2,5 g BALLASTSTOFFE

GESCHMORTES HÜHNCHEN MIT TOMATEN

(FÜR 4 PERSONEN)

1,7 kg	Hühnchen, gewaschen
$1/2$ TS	Mehl
3 EL	Butter
2	Schalotten, geschält und gehackt
2	Knoblauchzehen, gehackt
250 g	frische Champignons, geputzt und halbiert
3	Eiertomaten, geviertelt
250 ml	trockener Weißwein
125 ml	Hühnerbrühe
$1\,1/2$ TL	Basilikum
	Salz und Pfeffer

■ Den Ofen auf 180°C vorheizen.

■ Das Hühnchen in 8 Teile tranchieren, die Haut entfernen. Die Stücke in Mehl wenden.

■ Die Butter in einer feuerfesten Pfanne leicht erhitzen. Die Hühnerteile darin 8 bis 10 Minuten auf allen Seiten anbraten.

■ Schalotten, Knoblauch, Pilze und Tomaten dazugeben. Würzen und 6 Minuten bei mittlerer Hitze dünsten.

■ Wein, Hühnerbrühe und Basilikum einrühren. Zum Kochen bringen, zudecken und 25 Minuten im Ofen schmoren.

PRO PORTION: 706 KALORIEN 25 g KOHLENHYDRATE 96 g EIWEISS
20 g FETT 3,6 g BALLASTSTOFFE

Geschmorte Kalbsschulter

GESCHMORTE KALBSSCHULTER

(FÜR 4 BIS 6 PERSONEN)

Kalbsbrühe

1,4 kg	Kalbsknochen in Stücken
2	ungeschälte Zwiebeln, geviertelt
2	Karotten, geschält, in dicken Stücken
125 ml	Weißwein
2	Lorbeerblätter
1 TL	Thymian
2	Gewürznelken
6	Pfefferkörner
2	Knoblauchzehen, gehackt
	Salz und Pfeffer

Kalbsschulter

2 EL	Butter
1,6 bis 1,8 kg	Kalbsschulter, gerollt und gebunden
1	große Zwiebel, gewürfelt
4	ganze Karotten, geschält
2	Knoblauchzehen, geschält
125 ml	trockener Weißwein
$^1/_2$	Weißkohl, halbiert
1	Bouquet Garni*
1 EL	Stärkemehl
3 EL	kaltes Wasser
	Salz und Pfeffer
	gehackte Petersilie

■ Den Ofen auf 220°C vorheizen.

■ Knochen und Gemüse in einen Bräter geben und 30 Minuten im Ofen braten.

■ Den Bräter bei mittlerer Hitze auf den Herd stellen. 375 ml Wasser aufgießen und 6 Minuten kochen. Alles in einen großen Topf geben.

■ Wein, Kräuter, Gewürze und Knoblauch dazugeben. Vollständig mit kaltem Wasser bedecken. Salzen und zum Kochen bringen. Sobald alles kocht, den Schaum abschöpfen. $1^1/_2$ Stunden köcheln lassen.

■ Den Topf vom Herd nehmen, die Brühe durch ein Sieb in eine saubere Schüssel abgießen und abkühlen lassen. Die Brühe hält sich 3 bis 4 Tage im Kühlschrank.

■ Den Ofen auf 150°C vorheizen.

■ Einen großen Bräter auswählen. Die Butter darin leicht erhitzen. Das Fleisch von allen Seiten anbraten, salzen und pfeffern.

■ Herausnehmen und beiseite stellen.

■ Das Gemüse, außer dem Kohl, in den heißen Bräter geben, Knoblauch dazugeben und 7 Minuten bei mittlerer Hitze braten. Das Fleisch wieder dazugeben. Wein und Kohl hinzufügen, 4 Minuten kochen. Das Fleisch vollständig mit Kalbsbrühe bedecken. Das Bouquet Garni dazugeben und zum Kochen bringen. Zugedeckt 1 $^1/_2$ Stunden im Ofen schmoren.

■ Das geschmorte Fleisch und Gemüse herausnehmen. Die Flüssigkeit durch ein Sieb gießen, die Hälfte in einen Topf füllen.

■ Das Stärkemehl mit Wasser verrühren, zur Brühe geben und 2 Minuten bei mittlerer Hitze kochen.

■ Das geschmorten Fleisch und Gemüse mit Petersilie bestreuen und mit der Sauce servieren.

* Petersilienzweige, Thymian, Basilikum und Lorbeer zusammenbinden.

PRO PORTION: 700 KALORIEN 14 g KOHLENHYDRATE 69 g EIWEISS 36 g FETT 3,2 g BALLASTSTOFFE

RINDFLEISCH MIROTON

(FÜR 4 PERSONEN)

375 g	gekochte Rindfleischreste
2 EL	Butter
2	Zwiebeln, gehackt
2 EL	Mehl
250 ml	trockener Weißwein
250 ml	leichte Rinderbrühe, erhitzt
1 EL	frische Petersilie, gehackt
4 TS	Kartoffelbrei
	zerlassene Butter
	Salz und Pfeffer

■ Den Ofen auf 190°C vorheizen.

■ Das Fleisch hacken und beiseite stellen. Die Butter in einer Pfanne zerlassen. Die Zwiebeln darin 4 Minuten braten.

■ Das Fleisch dazugeben und gut würzen; 4 Minuten braten. Das Mehl einstreuen und vermischen; 1 Minute anschwitzen.

■ Wein, Brühe und Petersilie, umrühren und 15 Minuten köcheln.

■ Die Mischung in eine Auflaufform geben. Mit Kartoffelbrei bedecken und mit zerlassener Butter beträufeln. Im Ofen 20 Minuten überbacken.

PRO PORTION: 520 KALORIEN, 40 g KOHLENHYDRATE, 35 g EIWEISS, 20 g FETT, 2,9 g BALLASTSTOFFE

RINDFLEISCH UND TOMATEN MIT KARTOFFELBREI

(FÜR 4 PERSONEN)

1 EL	Öl
1	Zwiebel, fein gehackt
1	Stange Staudensellerie, gehackt
1	grüne Paprikaschote, gehackt
3	Knoblauchzehen, gehackt
1 TL	Basilikum
1/2 TL	Thymian
500 g	mageres Rinderhack
1 TL	Senfpulver
800 ml	Tomaten aus der Dose, abgetropft und gehackt
175 ml	Tomatensaft
3 TS	Kartoffelbrei
	zerlassene Butter
	Salz und Pfeffer

■ Den Ofen auf 190°C vorheizen.

■ Das Öl in einer Pfanne erhitzen. Zwiebeln, Sellerie, Paprika und Knoblauch darin 3 Minuten braten.

■ Kräuter, Fleisch und Senfpulver dazugeben. Salzen, pfeffern und bei mittlerer Hitze 8 Minuten braten.

■ Tomaten und Tomatensaft dazugeben. Weitere 3 Minuten kochen.

■ Die Mischung in eine Auflaufform geben. Mit Kartoffelbrei bedecken und leicht mit zerlassener Butter beträufeln. 20 Minuten im Ofen überbacken.

PRO PORTION: 456 KALORIEN 36 g KOHLENHYDRATE 32 g EIWEISS 21 g FETT 3,8 g BALLASTSTOFFE

COQ AU VIN

(FÜR 4 PERSONEN)

1,7 kg	Hühnchen, gewaschen
3 EL	Mehl
125 g	Räucherspeck, gewürfelt
24	Perlzwiebeln, geschält
250 g	Champignonköpfe, geputzt
3	Schalotten, geschält und gehackt
2	Knoblauchzehen, gehackt
3 EL	Butter
1 l	trockener Rotwein
1	Bouquet Garni *
	Salz und Pfeffer

■ Den Ofen auf 180°C vorheizen.

■ Das Hühnchen in 8 Teile tranchieren, die Haut abziehen. Die Stücke im Mehl wenden und beiseite stellen.

■ Den Speck in einer feuerfesten Pfanne bei mittlerer Temperatur kurz anbraten. Die Zwiebeln dazugeben, würzen und 5 Minuten braten. Die Zwiebeln herausnehmen und beiseite stellen.

■ Pilze, Schalotten und Knoblauch in die heiße Pfanne geben. Würzen und 5 Minuten braten. Dann herausnehmen und beiseite stellen.

■ Die Butter in der Pfanne zerlassen. Die Hühnerstücke darin 8 bis 10 Minuten von allen Seiten anbraten.

■ Den Wein und das Bouquet Garni dazugeben, abschmecken und zum Kochen bringen. Zugedeckt im Ofen 30 Minuten schmoren.

■ Perlzwiebeln und Pilze hinzufügen. Wieder in den Ofen schieben und unbedeckt 15 bis 18 Minuten fertiggaren.

*Petersilienzweige, Thymian, Basilikum und Lorbeer zusammenbinden.

PRO PORTION: 957 KALORIEN, 30 g KOHLENHYDRATE, 99 g EIWEISS, 29 g FETT, 4,0 g BALLASTSTOFFE

1

Das Hühnchen tranchieren und die Haut entfernen.

2

Die Stücke in Mehl wenden.

3

Die Perlzwiebeln mit dem Speck 5 Minuten braten. Herausnehmen und beiseite stellen.

Pilze, Schalotten und Knoblauch in die heiße Pfanne geben. Braten und dann aus der Pfanne nehmen und beiseite stellen.

Das Hühnchen in der Butter anbraten.

Das Fleisch wenden und auf der anderen Seite braten.

Kasserolle Mont-Blanc

KASSEROLLE MONT-BLANC

(FÜR 6 PERSONEN)

300 g	**getrocknete Kidneybohnen**
2 l	**Wasser**
1	**Fleischknochen**
2	**Lorbeerblätter**
1/2 TL	**Thymian**
2	**Knoblauchzehen, halbiert**
1 TL	**Basilikum**
2 EL	**Olivenöl**
1	**Zwiebel, gehackt**
1	**Stange Staudensellerie, gewürfelt**
1	**grüne Paprikaschote, gewürfelt**
2	**würzige Würste, in 1,2 cm dicken Scheiben**
3 EL	**Weinessig**
2 TS	**gekochter weißer Reis oder Vollwertreis, heiß**
	einige Tropfen scharfe Pfeffersauce
	Salz und Pfeffer

■ Die Bohnen 8 Stunden in kaltem Wasser quellen lassen. Abtropfen.

■ Dann in einem großen Topf mit soviel Wasser übergießen, daß es 2,5 cm über den Bohnen steht. Zum Kochen bringen, den Schaum abschöpfen.

■ Fleischknochen, Lorbeerblätter, Thymian, Knoblauch und Basilikum dazugeben, salzen und pfeffern. Zugedeckt 1 Stunde bei mittlerer Hitze kochen.

■ Die Hälfte des Öls erhitzen. Zwiebel, Sellerie und Paprika hineingeben, würzen und 4 Minuten braten. Die Mischung zu den Bohnen geben, umrühren und unbedeckt 15 Minuten garen.

■ Das restliche Öl erhitzen. Die Würstchen darin 7 Minuten braten, 1mal wenden.

■ Die Würste zu den Bohnen geben und mit der Pfeffersauce abschmecken. Weitere 15 Minuten kochen, oder bis die Bohnen weich sind.

■ 5 Minuten vor Ende der Garzeit mit dem Essig nochmals pikant abschmecken.

■ Auf dem heißen Reis servieren.

PRO PORTION: 284 KALORIEN, 14 g FETT, 28 g KOHLENHYDRATE, 5,3 g BALLASTSTOFFE, 12 g EIWEISS

Gemüse Lasagne

GEMÜSELASAGNE

(FÜR 4 BIS 6 PERSONEN)

2 EL	Olivenöl
2	Zwiebeln, fein gehackt
3	Schalotten, geschält und fein gehackt
3	Knoblauchzehen, gehackt
125 ml	trockener Weißwein
2	Stangen Staudensellerie, in Scheiben
2	Zucchini, mit Schale gewürfelt
3	Karotten, geschält, in Scheiben
2 EL	frischer Estragon, gehackt
2 EL	Basilikum
2 EL	frische Petersilie, gehackt
1 TL	gemahlene Nelken
1/2 TL	Majoran
1/2 TL	Chilipulver
2	grüne Paprikaschoten, in Streifen
1	rote Paprikaschote, in Streifen
500 g	frische Champignons, geputzt, blättrig geschnitten
3	Tomaten, gehäutet und gewürfelt
1/2 TS	Romano Käse, gerieben
1 TS	Parmesan, gerieben
1,2 l	weiße Sauce
1 TS	Gruyère, gerieben
	Lasagneblätter, gekocht
	Salz und Pfeffer

■ Den Ofen auf 180°C vorheizen.

■ Das Öl leicht erhitzen. Zwiebeln, Schalotten und Knoblauch darin 6 Minuten braten.

■ Den Wein aufgießen und 3 Minuten kochen.

■ Sellerie, Zucchini und Karotten hinzufügen, salzen und pfeffern. Alle Gewürze dazugeben, umrühren und zugedeckt bei mittlerer Hitze 10 Minuten kochen.

■ Das restliche Gemüse dazugeben, abschmecken und mischen. Unbedeckt 15 Minuten garen, bis die meiste Flüssigkeit verdampft ist.

■ Eine Auflaufform buttern. Den Boden mit Lasagneblättern belegen. 1 Schicht Gemüse daraufgeben, mit Romano und Parmesan bestreuen und 1 Schicht weiße Sauce darübergießen.

■ Die Form mit abwechselnden Schichten auffüllen. Am Ende 1 Schicht Lasagne auflegen und mit Sauce überdecken. Zuletzt den Gruyère darüberstreuen.

■ Im Ofen 40 Minuten backen.

PRO PORTION: 887 KALORIEN 87 g KOHLENHYDRATE 37 g EIWEISS
42 g FETT 6,8 g BALLASTSTOFFE

APFELAUFLAUF

(FÜR 4 BIS 6 PERSONEN)

4	**ganze Eier**
1/2 TS	**Mehl**
1 TL	**Backpulver**
1/4 TL	**Salz**
125 ml	**Milch**
2 EL	**Rum**
2 EL	**zerlassene Butter**
3	**Äpfel, geschält, entkernt und in Scheiben**
2 EL	**Zucker**
1 EL	**Zimt**
2	**Eiweiß, steif geschlagen**
1 EL	**brauner Zucker**

■ Die ganzen Eier in einer Schüssel schaumig rühren.

■ Mehl, Salz und Backpulver über die geschlagenen Eiern sieben und gut mit einem Schneebesen unterheben. Milch und Rum einarbeiten. 1 Stunde kalt stellen.

■ Den Ofen auf 190°C vorheizen.

■ Die Butter leicht erhitzen. Äpfel, Zucker und Zimt darin 12 Minuten dünsten.

■ Den Teig aus dem Kühlschrank nehmen, das Eiweiß mit einer Palette unterheben. Den Teig in eine gebutterte Auflaufform geben. Die Äpfel in der Mitte anrichten, mit braunem Zucker bestreuen und 45 Minuten im Ofen backen.

PRO PORTION: 255 KALORIEN 30 g KOHLENHYDRATE 9 g EIWEISS 10 g FETT 2,2 g BALLASTSTOFFE

GEMISCHTER REIS MIT FRÜHLINGSZWIEBELN

(FÜR 4 PERSONEN)

625 ml	**Gemüsebrühe, erhitzt**
1 TS	**Langkornreis und Wildreis gemischt**
1 EL	**Butter**
4	**Frühlingszwiebeln, gewürfelt**
	Salz und Pfeffer

■ Die Gemüsebrühe in einen Topf gießen. Bei mittlerer Hitze zum Kochen bringen. Reis, Salz und Pfeffer hineingeben. Zugedeckt 45 Minuten köcheln.

■ Vom Herd nehmen und 6 Minuten ziehen lassen.

■ Die Butter zerlassen. Die Frühlingszwiebeln darin 4 Minuten dünsten.

■ Die Zwiebeln unter den Reis rühren. Servieren.

PRO PORTION: 131 KALORIEN 23 g KOHLENHYDRATE 3 g EIWEISS 3 g FETT 1,1 g BALLASTSTOFFE

TORTELLINI-SALAT MIT SAHNEDRESSING

(FÜR 4 PERSONEN)

Sahnedressing

1/2 TL	Salz
1/2 TL	Pfeffer
2 EL	Weinessig
90 ml	Olivenöl
3 EL	saure Sahne

Salat

500 g	Käsetortellini, gekocht
1/2 TS	schwarze Oliven, entsteint, in Scheiben
3	Frühlingszwiebeln, gehackt
1	gelbe Paprikaschote, in Streifen
1	rote Paprikaschote, in Streifen
1/4 TS	Walnüsse oder Pekannüsse, halbiert
75 ml	Sahnedressing
	Salz, Pfeffer und Paprika

■ Für das Dressing Salz, Pfeffer und Essig in eine Schüssel geben und gut verrühren. Das Öl einrühren. Die saure Sahne dazugeben, vermengen und beiseite stellen.

■ Alle Salatzutaten, außer dem Dressing, in eine Schüssel geben. Abschmecken und mischen.

■ Das Dressing darübergießen und wieder vermengen. Servieren.

PRO PORTION: 285 KALORIEN 20 g KOHLENHYDRATE 6 g EIWEISS 20 g FETT 1,7 g BALLASTSTOFFE

Tortellini Primavera

TORTELLINI PRIMAVERA

(FÜR 4 PERSONEN)

1 EL	Olivenöl
1	Karotte, geschält, in Scheiben
4	Frühlingszwiebeln, in 2,5 cm langen Stücken
1	Stange Staudensellerie, in Scheiben
250 g	frische Champignons, geputzt, blättrig geschnitten
1	gelbe Paprika, in Streifen
2	Knoblauchzehen, gehackt
1 EL	frisches Basilikum, gehackt
375 ml	Hühnerbrühe, erhitzt
1 EL	Stärkemehl
3 EL	kaltes Wasser
4	Portionen Tortellini, gekocht, mit Kalbfleischfüllung, heiß
3/4 TS	grüne Erbsen, gekocht
2 EL	Parmesan, gerieben
2 EL	Romano Käse, gerieben
	Salz und Pfeffer

■ Das Öl erhitzen. Karotten, Zwiebeln und Sellerie darin zugedeckt 4 Minuten dünsten.

■ Das restliche Gemüse, außer den grünen Erbsen, dazugeben; salzen und pfeffern. Knoblauch und Basilikum hineingeben. Umrühren, zudecken und 3 Minuten bei mittlerer Hitze dünsten.

■ Die Hühnerbrühe aufgießen und zum Kochen bringen.

■ Das Stärkemehl mit dem Wasser vermengen und in die Brühe rühren; 1 Minute kochen.

■ Die Tortellini dazugeben und mischen. Erbsen und Käse einrühren, umrühren und vor dem Servieren 1 Minute sieden lassen.

PRO PORTION:	330 KALORIEN	33 g KOHLENHYDRATE	14 g EIWEISS
	16 g FETT	4,1 g BALLASTSTOFFE	

GEBRATENER EIERREIS MIT SCHINKEN

(FÜR 4 PERSONEN)

1 TL	Butter
2	Eier, geschlagen
1 EL	Olivenöl
1	Blatt Chinakohl, in Streifen
1	Knoblauchzehe, gehackt
1	gelbe Paprikaschote, in Streifen
1	Scheibe gekochter oder roher Schinken, in Streifen
3 TS	gekochter Reis
1 EL	frische Petersilie, gehackt
	Salz und Pfeffer

■ Die Butter leicht erhitzen. Die Eier darin 15 Sekunden anbraten, schnell rühren, weitere 30 Sekunden braten.

■ Das Omelett wenden und nochmals 30 Sekunden backen. Vom Herd nehmen und abkühlen lassen.

■ Das kalte Omelett Julienne schneiden und beiseite stellen.

■ Das Öl erhitzen. Chinakohl, Knoblauch und Paprika bei mittlerer Hitze darin 4 Minuten anbraten.

■ Den Schinken dazugeben, umrühren und 4 Minuten braten.

■ Reis und Petersilie in die Pfanne geben; salzen und pfeffern. 8 Minuten braten, oder bis der Reis gerade bräunt.

■ Das Omelett dazugeben, gut mischen und 3 Minuten braten. Servieren.

PRO PORTION: 239 KALORIEN 34 g KOHLENHYDRATE 8 g EIWEISS 8 g FETT 1,7 g BALLASTSTOFFE

1

Die geschlagenen Eier in die heiße Butter geben und 15 Sekunden braten.

2

Schnell rühren und weitere 30 Sekunden braten.

3

Das Omelett wenden und nochmals 30 Sekunden braten.

Das Omelett in Streifen schneiden.

Chinakohl, Knoblauch und gelbe Paprika im heißen Öl braten.

Den Schinken hinzufügen, mischen und weitere 4 Minuten braten. Den Reis in die Pfanne geben.

FRISCHE TOMATENSAUCE

(FÜR 6 BIS 8 PERSONEN)

2 EL	**Olivenöl**
1	**große Zwiebel, gehackt**
1	**Karotte, geschält und gewürfelt**
1	**Stange Staudensellerie, gewürfelt**
3	**Knoblauchzehen, gehackt**
12	**große, reife Tomaten, gehäutet und gehackt**
2 EL	**Tomatenmark**
1 EL	**frisches Basilikum, gehackt**
1/2 TL	**Thymian**
1 EL	**frische Petersilie, gehackt**
1 EL	**Oregano**
1	**Lorbeerblatt**
	Salz und Pfeffer

■ Das Öl erhitzen. Zwiebel, Karotte und Sellerie darin 8 Minuten bei schwacher Hitze dünsten.

■ Den Knoblauch einrühren und weitere 3 Minuten braten.

■ Die restlichen Zutaten hineingeben und zum Kochen bringen. Halb zugedeckt 70 Minuten köcheln. 2 bis 3 mal umrühren.

■ Über heißen Nudeln servieren.

PRO PORTION: 101 KALORIEN, 12 g KOHLENHYDRATE, 2 g EIWEISS, 5 g FETT, 3,4 g BALLASTSTOFFE

PANZEROTTI MIT ANCHOVIS-PESTO

(FÜR 4 PERSONEN)

5	**Knoblauchzehen, geschält**
3/4 TS	**Pinienkerne**
6 bis 8	**Anchovisfilets, abgetropft**
1 TS	**frisches Basilikum**
50 ml	**Olivenöl**
1/2 TS	**Parmesan, gerieben**
4	**Portionen gekochte Panzerotti, heiß**
	Pfeffer, frisch gemahlen

■ Knoblauch, Pinienkerne, Anchovis und Basilikum im Mixer 30 Sekunden pürieren.

■ Öl und Käse dazugeben, nochmals mixen.

■ Die Sauce über die heißen Nudeln gießen und mit frischem Pfeffer bestreuen. Vermengen und servieren.

PRO PORTION: 382 KALORIEN, 38 g KOHLENHYDRATE, 13 g EIWEISS, 20 g FETT, 1,4 g BALLASTSTOFFE

SPAGHETTI MIT WEISSWEIN-FLEISCH-SAUCE

(FÜR 4 PERSONEN)

2 EL	Olivenöl
1	Knoblauchzehe, gehackt
1	mittelgroße Zwiebel, gehackt
1	Stange Staudensellerie, gewürfelt
500 g	mageres Rinderhack
250 ml	trockener Weißwein
625 ml	Tomatensauce
1/2 TL	Basilikum
1/2 TL	Thymian
1 EL	frische Petersilie, gehackt
4	Portionen gekochte Spaghetti, heiß
	Salz und Pfeffer

■ Das Öl in einer Pfanne erhitzen. Knoblauch, Zwiebel und Sellerie bei mittlerer Hitze darin anbraten.

■ Das Fleisch dazugeben; salzen und pfeffern. Mischen und 4 Minuten braten, währenddessen 2mal umrühren.

■ Den Wein aufgießen, umrühren und 4 Minuten kochen.

■ Die Tomatensauce dazugeben, abschmecken. Mischen und 6 Minuten köcheln.

■ Über heißen Spaghetti servieren.

PRO PORTION: 527 KALORIEN 48 g KOHLENHYDRATE 33 g EIWEISS
18 g FETT 0 g BALLASTSTOFFE

LINGUINE MIT MEERESFRÜCHTEN UND FRISCHEM GEMÜSE

(FÜR 4 PERSONEN)

32	**frische Venusmuscheln, gebürstet und gewaschen**
250 ml	**Wasser**
1 EL	**Olivenöl**
3	**Schalotten, geschält und gehackt**
2	**Knoblauchzehen, gehackt**
2	**Frühlingszwiebeln, gehackt**
1	**rote Paprikaschote, gewürfelt**
2	**große Tomaten, gehäutet und gehackt**
1 EL	**frischer Estragon, gehackt**
4	**Portionen gekochte Linguine, heiß**
	Saft von 1 Zitrone
	Salz und Pfeffer

■ Die Muscheln in einen Topf geben. Wasser und Zitronensaft aufgießen und zugedeckt 5 Minuten kochen, 1mal umrühren. Den Topf vom Herd nehmen. Alle Muschelschalen sollten weit geöffnet sein. Nicht geöffnete Muscheln wegwerfen. Die Muscheln in der Kochflüssigkeit warm halten.

■ Das Öl in einer Pfanne erhitzen. Schalotten, Knoblauch und Frühlingszwiebeln hineingeben und bei schwacher Hitze 4 Minuten dünsten.

■ Paprika und Tomaten dazugeben. Würzen, Estragon einstreuen und 12 Minuten bei mittlerer Hitze kochen.

■ Die Linguine auf Teller verteilen. Die Muscheln mit Schale darauflegen. Die Sauce darübergießen und servieren.

PRO PORTION: 308 KALORIEN 47 g KOHLENHYDRATE 17 g EIWEISS 6 g FETT 1,5 g BALLASTSTOFFE

TOMATEN-FLEISCHSAUCE

(FÜR 4 BIS 6 PERSONEN)

2 EL	Olivenöl
1	Zwiebel, gehackt
1	Stange Staudensellerie, gewürfelt
2	Knoblauchzehen, gehackt
3	Frühlingszwiebeln, gehackt
900 g	große Tomaten, gehäutet, entkernt und gewürfelt
2 EL	Tomatenmark
1 EL	frische Petersilie, gehackt
1 EL	frischer Thymian, gehackt
2 EL	frisches Basilikum, gehackt
1 TL	frischer Oregano, gehackt
250 g	mageres Rinderhack
250 g	Kalbshack
250 ml	Tomatensauce
4 bis 6	Portionen gekochte Nudeln, heiß
	einige Tropfen Tabasco
	einige rote Chilischoten, zerstoßen
	Prise Zucker
	Salz und Pfeffer

■ Die Hälfte des Öls in einer Pfanne erhitzen. Zwiebel, Sellerie, Knoblauch und Frühlingszwiebeln bei schwacher Hitze darin 4 Minuten braten.

■ Tomaten, Tomatenmark, alle Kräuter und Zucker dazugeben. Mischen und zum Kochen bringen. 18 Minuten köcheln, gelegentlich umrühren.

■ Das restliche Öl bei hoher Temperatur erhitzen. Alles Fleisch hineingeben und gut würzen. Bei mittlerer Hitze 7 Minuten braten.

■ Das Fett vom gebratenen Fleisch abgießen, das Fleisch dann zur Tomatenmischung geben; Tomatensauce dazugeben, gut verrühren und nochmals 35 Minuten köcheln. Gelegentlich umrühren.

■ Auf heißen Nudeln servieren.

PRO PORTION: 454 KALORIEN, 17 g FETT, 50 g KOHLENHYDRATE, 3,6 g BALLASTSTOFFE, 26 g EIWEISS

1 Zwiebel, Sellerie, Knoblauch und Frühlingszwiebeln im heißen Öl braten.

2 Die Tomaten dazugeben.

3 Das Tomatenmark einrühren.

4

Alle Gewürze und Zucker hinzufügen.

5

Das Fleisch in einer separaten Pfanne zubereiten.

6

Überflüssiges Fett entfernen bevor die Tomatenmischung zugegeben wird.

RIGATONI MIT SHRIMPS

(FÜR 4 PERSONEN)

1 EL	**Olivenöl**
375 g	**Shrimps, geschält, ohne Darm, gewaschen und halbiert**
3	**Schalotten, geschält und gehackt**
250 g	**frische Champignons, geputzt und halbiert**
1 EL	**frischer Ingwer, gehackt**
3	**Tomaten, gehäutet, entkernt und gehackt**
1 EL	**frisches Basilikum, gehackt**
4	**Portionen gekochte Rigatoni, heiß**
	einige zerstoßene Chilischoten
	Salz und Pfeffer

■ Das Öl in einer Pfanne erhitzen. Die Shrimps darin 2 Minuten bei großer Hitze anbraten. Wenden und nochmals 1 Minute braten. Aus der Pfanne nehmen und beiseite stellen.

■ Schalotten, Pilze und Ingwer in die Pfanne geben, würzen und 8 Minuten braten.

■ Tomaten, Basilikum und Chili hinzufügen, abschmecken und 8 Minuten kochen.

■ Die Shrimps wieder dazugeben; 3 Minuten köcheln.

■ Die heißen Rigatoni einrühren, mischen und noch 3 Minuten ziehen lassen.

■ Servieren.

PRO PORTION: 357 KALORIEN, 48 g KOHLENHYDRATE, 31 g EIWEISS, 5 g FETT, 3,0 g BALLASTSTOFFE

NUDELN MIT AUBERGINEN UND TOMATEN

(FÜR 4 PERSONEN)

1	**Aubergine, längs halbiert**
1 EL	**Olivenöl**
1 1/2	**Zwiebeln, fein gehackt**
2	**Knoblauchzehen, gehackt**
250 g	**frische Champignons, geputzt, gewürfelt**
1/2 TL	**Basilikum**
1/2 TL	**Thymian**
250 ml	**trockener Weißwein**
2	**große Tomaten, gehäutet und gewürfelt**
2	**Portionen gekochte Penne, heiß**
2	**Portionen gekochte Tortellini, heiß**
	geriebener Parmesan
	Salz und Pfeffer

■ Die Schnittfläche der Auberginen mit Salz bestreuen. Bei Raumtemperatur 1 Stunde ziehen lassen. Unter kaltem Wasser abspülen, trockentupfen und schälen. Das Fleisch würfeln und beiseite stellen.

■ Das Öl erhitzen. Zwiebeln und Knoblauch darin bei schwacher Hitze 8 Minuten dünsten.

■ Pilze, Auberginen und Kräuter dazugeben und bei mittlerer Hitze 8 Minuten braten.

■ Den Wein aufgießen und 3 Minuten kochen. Tomaten dazugeben, gut abschmecken und 12 Minuten köcheln.

■ Beide Nudelsorten in eine Schüssel geben, die Sauce darübergießen und gut mischen. Mit geriebenem Käse servieren.

PRO PORTION: 310 KALORIEN, 45 g KOHLENHYDRATE, 9 g EIWEISS, 6 g FETT, 3,5 g BALLASTSTOFFE

Fettuccine mit frischen Muscheln

FETTUCCINE MIT FRISCHEN MUSCHELN

(FÜR 4 PERSONEN)

900 g	**frische Miesmuscheln, gut gebürstet und gewaschen**
50 ml	**Wasser**
1 EL	**Olivenöl**
2	**Knoblauchzehen, gehackt**
50 ml	**trockener Weißwein**
2 EL	**Beurre Manié (siehe Seite 155)**
1 EL	**frische Petersilie, gehackt**
4	**Portionen gekochte Fettuccine, heiß**
	Saft von 1 Zitrone
	Kochflüssigkeit der Muscheln
	Salz und Pfeffer

■ Die Muscheln in einen großen Topf geben und mit Zitronensaft, Wasser und Pfeffer bei mittlerer Hitze zugedeckt kochen, bis die Schalen geöffnet sind.

■ Den Topf vom Herd nehmen. Alle geschlossenen Muscheln wegwerfen. Das Muschelfleisch aus der Schale nehmen und beiseite stellen. Die Flüssigkeit aus den Schalen zurück in den Topf gießen.

■ Den Sud durch ein mit dünnem Stoff ausgelegtes Sieb gießen und beiseite stellen.

■ Das Öl erhitzen, den Knoblauch darin 2 Minuten braten.

■ Den Wein aufgießen und 2 Minuten stark kochen.

■ Die Muschelflüssigkeit einrühren und gut abschmecken. 2 Minuten kochen, dann vom Herd nehmen.

■ Die Beurre Manié mit einem Schneebesen einrühren. Mit Petersilie bestreuen und pfeffern. Die heißen Nudeln und Muscheln zur Sauce geben, mischen und servieren.

PRO PORTION: 358 KALORIEN 39 g KOHLENHYDRATE 21 g EIWEISS 12 g FETT 0 g BALLASTSTOFFE

SPAGHETTI-OMELETT

(FÜR 4 PERSONEN)

4	**Portionen gekochte Spaghetti, heiß**
1 EL	**frische Petersilie, gehackt**
3 EL	**Butter**
1 TS	**Parmesan, gerieben**
4	**Eier, geschlagen**
	Salz und Pfeffer

■ Die Spaghetti salzen, pfeffern und mit Petersilie bestreuen. 2 EL Butter dazugeben, mischen und den Käse einrühren.

■ Die Spaghetti beiseite stellen und abkühlen lassen. Währenddessen 2mal umrühren.

■ Die Eier gut würzen und über die Spaghetti gießen, gut mischen.

■ Die restliche Butter zerlassen. Die Nudeln umrühren und in die Pfanne geben. Bei mittlerer Hitze 2 bis 3 Minuten braten.

■ Das Omelett wenden und nochmals 3 Minuten garen. Servieren.

PRO PORTION:	413 KALORIEN	35 g KOHLENHYDRATE	20 g EIWEISS
	21 g FETT	0 g BALLASTSTOFFE	

1

Die heißen Spaghetti in einer Schale pfeffern, salzen und mit Petersilie bestreuen.

2

2 EL Butter dazugeben und umrühren.

3

Den Käse untermischen.

Die geschlagenen Eier über die abgekühlten Spaghetti gießen; gut mischen.

Die Spaghettimischung in die heiße Pfanne zur Butter geben.

Das Omelett wenden und auf der Unterseite braten.

GEBRATENES HÜHNCHEN MIT SOJASAUCE

(FÜR 4 PERSONEN)

1 EL	Olivenöl
1	ganzes Hühnerbrüstchen, ohne Knochen, gehäutet und in Streifen
4	Frühlingszwiebeln, in 2,5 cm langen Stücken
1	Stange Staudensellerie, in Stiften
1	rote Paprika, gebraten, in großen Stücken
2 EL	Sojasauce
375 ml	Hühnerbrühe, erhitzt
1 TL	Stärkemehl
2 TL	Wasser
4	Portionen gekochte Muschelnudeln, heiß
	Salz und Pfeffer
	Romano Käse, gerieben

■ Das Öl erhitzen. Das Hühnchen hineinlegen, würzen und 3 Minuten braten. Frühlingszwiebeln, Sellerie und Paprika dazugeben, würzen und 4 Minuten braten.

■ Sojasauce einrühren und 2 Minuten dünsten.

■ Die Hühnerbrühe aufgießen und 2 Minuten köcheln.

■ Das Stärkemehl mit dem Wasser verrühren und in die Sauce mischen. 1 Minute kochen.

■ Die Sauce über die heißen Nudeln gießen, mit Käse bestreuen und servieren.

PRO PORTION: 292 KALORIEN 37 g KOHLENHYDRATE 21 g EIWEISS 7 g FETT 0 g BALLASTSTOFFE

KICHERERBSEN REISGERICHT

(FÜR 4 PERSONEN)

1 EL	Olivenöl
1	Zwiebel, fein gehackt
1	Knoblauchzehe, gehackt
1/2	Stange Staudensellerie, gewürfelt
1	grüne Paprikaschote, gewürfelt
3	Tomaten, gehäutet und gewürfelt
1/2 TL	Basilikum
1/4 TL	Thymian
1 EL	frische Petersilie, gehackt
540 ml	Kichererbsen aus der Dose, abgetropft
4	Portionen gekochter Reis
	Salz und Pfeffer

■ Das Öl erhitzen. Zwiebel, Knoblauch und Sellerie darin 5 Minuten bei schwacher Hitze braten.

■ Paprika, Tomaten und Kräuter dazugeben; 12 Minuten bei mittlerer Hitze dünsten.

■ Die Kichererbsen hinzufügen, mischen und 4 Minuten sieden.

■ Mit Reis servieren.

PRO PORTION: 350 KALORIEN 61 g KOHLENHYDRATE 14 g EIWEISS 6 g FETT 10,5 g BALLASTSTOFFE

RAVIOLI IN SPINATSAUCE

(FÜR 4 PERSONEN)

2	**Bund frischer Spinat**
250 ml	**Wasser**
1 EL	**Butter**
1	**Knoblauchzehe, gehackt**
625 ml	**weiße Sauce, erhitzt**
4	**Portionen gekochte Ravioli**
	Parmesan, gerieben
	Salz und Pfeffer

■ Die Stiele am Spinat abschneiden. Behutsam in viel kaltem Wasser waschen.

■ Wasser und Salz in einem Topf zum Kochen bringen. Den Spinat zugedeckt 3 bis 4 Minuten bei mittlerer Hitze blanchieren. Den Topf vom Herd nehmen.

■ Den Spinat abtropfen, die restliche Flüssigkeit auspressen, hacken und beiseite stellen.

■ Die Butter leicht erhitzen, Spinat und Knoblauch darin 3 Minuten sautieren.

■ Salzen und pfeffern. Die weiße Sauce aufgießen und 3 Minuten kochen.

■ Die Nudeln zur Sauce geben; umrühren und 3 Minuten köcheln.

■ Mit Käse bestreuen und servieren.

PRO PORTION: 417 KALORIEN · 49 g KOHLENHYDRATE · 15 g EIWEISS · 18 g FETT · 2,9 g BALLASTSTOFFE

SPAGHETTINI MIT FRISCHEN TOMATEN UND BASILIKUM

(FÜR 4 PERSONEN)

1 EL	**Olivenöl**
1	**mittelgroße Zwiebel, gehackt**
2	**Knoblauchzehen, gehackt**
3 EL	**frisches Basilikum, gehackt**
4	**Tomaten, gehäutet, entkernt und gehackt**
1 EL	**Chilischote, gehackt**
1/4 TL	**Thymian**
1/4 TS	**Sardo Käse, gerieben**
4	**Portionen Spaghettini, gekocht, heiß**
	Prise Zucker
	Salz und Pfeffer, frisch gemahlen

■ Das Öl erhitzen; Knoblauch und Zwiebel darin 4 Minuten bei schwacher Hitze dünsten.

■ Basilikum, Tomaten, Zucker, Chili und Thymian dazugeben. Salzen, pfeffern, umrühren und 25 bis 30 Minuten unbedeckt köcheln. Gelegentlich umrühren.

■ Den Käse einrühren. Die heißen Nudeln zur Sauce geben und mischen. Servieren.

PRO PORTION: 245 KALORIEN 42 g KOHLENHYDRATE 8 g EIWEISS 5 g FETT 2,2 g BALLASTSTOFFE

FETTUCCINE CARBONARA

(FÜR 4 PERSONEN)

1 EL	**Olivenöl**
2	**Knoblauchzehen, gehackt**
5	**Scheiben roher Schinken, in Streifen**
125 ml	**trockener Weißwein**
2	**Eier**
1/4 TS	**Pecorino Käse, gerieben**
2/3 TS	**Parmesan, gerieben**
4	**Portionen Fettuccine, gekocht, heiß**
	frische Petersilie, gehackt
	Pfeffer, frisch gemahlen

■ Das Öl erhitzen. Knoblauch und Schinken darin bei schwacher Hitze braten.

■ Den Wein aufgießen und 2 bis 3 Minuten kochen. Die Pfanne vom Herd nehmen und beiseite stellen.

■ Die Eier in einer Schüssel verschlagen, den Pfeffer und allen Käse einrühren. Die Mischung über die abgetropften, heißen Nudeln gießen, schnell rühren. Nochmals pfeffern.

■ Die Schinkenmischung darübergeben, mit Petersilie bestreuen und mischen. Servieren.

PRO PORTION: 351 KALORIEN, 36 g KOHLENHYDRATE, 15 g EIWEISS, 14 g FETT, 0 g BALLASTSTOFFE

Knoblauch und Schinken im heißen Öl braten.

Den Wein aufgießen und kochen.

Die Eier verschlagen.

Beide Käsesorten dazugeben und mischen.

Die Eiermischung über die heißen Nudeln gießen.

Den Schinken dazugeben und gut mischen.

EIERNUDELN MIT CURRY

(FÜR 4 PERSONEN)

1 EL	Olivenöl
1	mittelgroße Zwiebel, gehackt
1	Knoblauchzehe, gehackt
1	Stange Staudensellerie, gewürfelt
2 EL	Curry
3 EL	Mehl
500 ml	Hühnerbrühe, erhitzt
1 EL	Tomatenmark
1	Apfel, entkernt, geschält und gewürfelt
4	Portionen extrabreite Eiernudeln, heiß
	Salz und Pfeffer

■ Das Öl in einer Pfanne erhitzen. Zwiebeln, Knoblauch und Sellerie darin 3 bis 4 Minuten braten. Den Curry dazugeben und 3 bis 4 Minuten bei schwacher Hitze anschwitzen.

■ Das Mehl gut einrühren; zugedeckt 3 Minuten anschwitzen.

■ Die Hühnerbrühe aufgießen, gut mischen und abschmecken. Tomatenmark und Äpfel dazugeben, mischen und 6 bis 7 Minuten unbedeckt bei mittlerer Hitze kochen.

■ Über die Nudeln geben und servieren.

PRO PORTION: 271 KALORIEN 52 g KOHLENHYDRATE 7 g EIWEISS 4 g FETT 1,5 g BALLASTSTOFFE

FETTUCCINE NEW-STYLE

(FÜR 4 PERSONEN)

1 EL	**Olivenöl**
1	**Zucchini, in dünnen Scheiben**
1	**gelbe Paprikaschote, in feinen Streifen**
3 EL	**Mehl**
500 ml	**Hühnerbrühe, erhitzt**
50 ml	**Sahne, geschlagen**
1 TS	**Gruyère, gerieben**
4	**Portionen gekochte Fettuccine, heiß**
	Salz und Pfeffer

■ Das Öl in einer Pfanne erhitzen. Zucchini und Paprika dazugeben, würzen und 4 Minuten braten.

■ Das Mehl gut einrühren. Zugedeckt bei schwacher Hitze 3 bis 4 Minuten anschwitzen.

■ Die Hühnerbrühe aufgießen, würzen und sehr gut mischen. Die Sahne unterziehen und 2 bis 3 Minuten bei mittlerer Hitze unbedeckt kochen.

■ Den Käse einrühren und weitere 2 Minuten kochen.

■ Die Nudeln dazugeben, umrühren und 1 Minute aufwärmen. Servieren.

PRO PORTION: 356 KALORIEN 47 g KOHLENHYDRATE 13 g EIWEISS 13 g FETT 1,2 g BALLASTSTOFFE

WEISSER REIS ZU MEERESFRÜCHTEN ODER GEMÜSE

(FÜR 4 PERSONEN)

500 ml	**kaltes Wasser**
1 TS	**Reis, abgespült und abgetropft**
1 EL	**Butter**
	Salz

■ Wasser, Reis und Salz in einem zugedeckten Topf zum Kochen bringen.

■ Die Hitze reduzieren und 16 Minuten köcheln.

■ Die Butter mit einer Gabel untermischen. Zugedeckt bei schwacher Hitze 3 Minuten ziehen lassen.

■ Mit Meeresfrüchten oder Gemüse servieren.

PRO PORTION: 124 KALORIEN 22 g KOHLENHYDRATE 2 g EIWEISS 3 g FETT 1,0 g BALLASTSTOFFE

SPAGHETTI MIT PECORINO

(FÜR 4 PERSONEN)

4	**Portionen Spaghetti**
1 TS	**Pecorino, gerieben**
	Salz und Pfeffer, frisch gemahlen

■ Die Nudeln in viel kochendem Salzwasser al dente garen. Die gekochten Spaghetti abtropfen, 125 ml der Kochflüssigkeit aufheben.

■ Die Nudeln in einen großen Topf geben. Käse und Pfeffer dazugeben. Das Nudelwasser aufgießen und gut mischen. Sofort servieren.

PRO PORTION: 257 KALORIEN 35 g KOHLENHYDRATE 14 g EIWEISS 7 g FETT 0 g BALLASTSTOFFE

RISOTTO

(FÜR 4 PERSONEN)

2 EL	**Butter**
1/2	**Zwiebel, fein gehackt**
125 ml	**trockener Weißwein**
1 l	**Wasser**
1 TS	**Risottoreis**
1/4 TS	**Parmesan, gerieben**
	Salz und Pfeffer

■ Die Hälfte der Butter zerlassen. Die Zwiebel bei schwacher Hitze darin 3 Minuten dünsten.

■ Den Wein aufgießen und 3 Minuten kochen.

■ Die Hälfte des Wassers dazugeben, würzen und zum Kochen bringen.

■ Den Reis einrühren und bei mittlerer Hitze kochen, bis alle Flüssigkeit aufgesogen ist.

■ Das restliche Wasser aufgießen, rühren und bei schwacher Hitze ziehen lassen, bis das Wasser absorbiert ist.

■ Den Käse mit einer Gabel unterziehen. Die restliche Butter dazugeben, mischen und abschmecken. Vor dem Servieren zugedeckt 5 Minuten ziehen lassen.

PRO PORTION: 194 KALORIEN, 7 g FETT, 23 g KOHLENHYDRATE, 1,0 g BALLASTSTOFFE, 4 g EIWEISS

PETERSILIEN-PESTO MIT NUDELN

(FÜR 4 PERSONEN)

1 TS	**frische Petersilie, gewaschen und abgetropft**
1 TS	**frisches Basilikum, gewaschen und abgetropft**
3	**Knoblauchzehen, geschält**
50 ml	**Olivenöl**
$^1/_3$ TS	**Parmesan, gerieben**
4	**Portionen gekochte Nudeln, heiß**
$^1/_4$ TS	**Pinienkerne**
	Salz und Pfeffer

■ Petersilie und Basilikum zusammen im Mixer pürieren.

■ Den Knoblauch dazugeben und nochmals mixen.

■ Öl und Käse dazugeben. Salzen, pfeffern und mixen, bis alles gut gebunden ist.

■ Die Sauce mit den heißen Nudeln mischen. Mit Pinienkernen bestreuen und servieren.

PRO PORTION: 313 KALORIEN | 38 g KOHLENHYDRATE | 8 g EIWEISS | 15 g FETT | 2,5 g BALLASTSTOFFE

1 Petersilie und Basilikum in den Mixer geben.

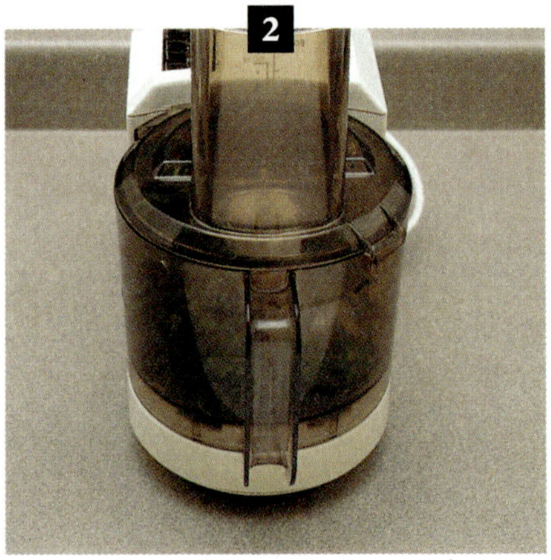

2 Gut pürieren.

3 Den Knoblauch dazugeben und wieder mischen.

4

Das Öl und den Käse dazugeben.

5

Mit Salz und Pfeffer abschmecken. Mischen, bis alles gut gebunden ist.

6

Die Sauce mit den heißen Nudeln mischen.

SPAGHETTI MIT FLEISCHBÄLLCHEN

(FÜR 4 PERSONEN)

375 g	**mageres Rinderhack**
1	**Ei**
3 EL	**gehackte Zwiebeln, gebraten**
1 EL	**frische Petersilie, gehackt**
2 EL	**Olivenöl**
1	**gelbe Paprikaschote, gewürfelt**
500 ml	**würzige Tomatensauce**
4	**Portionen gekochte Spaghetti, heiß**
1/2 TS	**Romano Käse oder Parmesan, gerieben**
	Salz, Pfeffer und Paprika

■ Fleisch, Ei, Zwiebel und Petersilie in eine Schüssel geben. Salzen und pfeffern, mit Paprika bestreuen und gut mischen. Zu Bällchen formen und beiseite stellen.

■ Das Öl erhitzen. Die Fleischbällchen darin 6 Minuten von allen Seiten braun braten.

■ Die gewürfelte Paprika dazugeben und 3 Minuten braten.

■ Die Tomatensauce aufgießen, würzen und umrühren; 8 Minuten köcheln.

■ Die Spaghetti auf Teller geben. Die Fleischbällchen darauf verteilen und mit Sauce übergießen.

■ Mit geriebenem Käse servieren.

PRO PORTION: 480 KALORIEN, 45 g KOHLENHYDRATE, 31 g EIWEISS, 20 g FETT, 0 g BALLASTSTOFFE

GRATINIERTE TORTELLINI

(FÜR 4 PERSONEN)

2 EL	**Butter**
1	**Zwiebel, fein gehackt**
$2^1/_2$ EL	**Mehl**
500 ml	**Milch**
1 TS	**Gruyère, gerieben**
4	**Portionen gekochte Tortellini, heiß**
	Prise Muskat
	Salz und Pfeffer

■ Den Ofen auf 200°C vorheizen.

■ Die Butter zerlassen, die Zwiebeln darin bei schwacher Hitze 5 Minuten dünsten.

■ Das Mehl dazugeben, gut vermischen und 1 Minute anschwitzen.

■ Die Milch mit einem Schneebesen einrühren. Muskat einstreuen, salzen und pfeffern. Die Sauce 10 Minuten köcheln, währenddessen 2 bis 3mal durchrühren.

■ Die Hälfte des Käses dazugeben, gut vermengen und 1 Minute kochen. Die heißen Tortellini hineingeben, mischen und die Pfanne vom Herd nehmen.

■ In eine gebutterte, feuerfeste Form geben. Den restlichen Käse darüberstreuen und 8 Minuten im Ofen überbacken.

PRO PORTION: 409 KALORIEN 50 g KOHLENHYDRATE 17 g EIWEISS 16 g FETT 1,0 g BALLASTSTOFFE

PASTA MIT FRÜHLINGSGEMÜSE

(FÜR 4 PERSONEN)

1 EL	Olivenöl
3	Frühlingszwiebeln, gehackt
2	Karotten, geschält und schräg geschnitten
1 EL	frischer Ingwer, gehackt
1/2 TL	Basilikum
1	grüne Paprikaschote, gewürfelt
125 ml	trockener Weißwein
375 ml	Hühnerbrühe, erhitzt
1	Broccoli, gewaschen, in Röschen zerteilt
1 EL	Stärkemehl
3 EL	kaltes Wasser
4	Portionen gekochte Nudeln, heiß
	Salz und Pfeffer

■ Das Öl erhitzen. Zwiebeln und Karotten darin 3 Minuten dünsten.

■ Ingwer, Basilikum, Paprika und Wein dazugeben, umrühren und 3 Minuten kochen.

■ Die Hühnerbrühe und den Broccoli hinzufügen, würzen und 4 Minuten kochen.

■ Das Stärkemehl mit dem Wasser verrühren, zur Sauce geben und 1 Minute kochen. Nochmals abschmecken.

■ Auf den heißen Nudeln servieren.

PRO PORTION: 250 KALORIEN 42 g KOHLENHYDRATE 7 g EIWEISS
4 g FETT 2,2 g BALLASTSTOFFE

NUDELSALAT MIT ARTISCHOCKEN

(FÜR 4 BIS 6 PERSONEN)

2 TS	**gekochte Spiralnudeln**
4	**Artischockenherzen, geviertelt**
1/2 TS	**schwarze Oliven, entsteint und in Scheiben**
1/2	**rote Chilischote, gehackt**
1/2	**Stange Staudensellerie, gehackt**
1 TL	**Dijon-Senf**
50 ml	**Mayonnaise**
2 EL	**Chilisauce**
	Salz und Pfeffer

■ Alle Zutaten in einer Schüssel gut vermengen, salzen und pfeffern. Den Salat 2 Stunden im Kühlschrank marinieren.

■ Vor dem Servieren nochmals mischen.

PRO PORTION: 182 KALORIEN 20 g KOHLENHYDRATE 3 g EIWEISS
10 g FETT 1,0 g BALLASTSTOFFE

REIS PILAF

(FÜR 4 PERSONEN)

1 EL	**Butter**
2	**Schalotten, geschält und gehackt**
1/2	**Stange Staudensellerie, gehackt**
1 EL	**frisches Basilikum, gehackt**
1 EL	**frische Petersilie, gehackt**
1/4 TL	**Cayennepfeffer**
1 TS	**Langkornreis, abgespült und abgetropft**
375 ml	**Hühnerbrühe, erhitzt**
	Salz und Pfeffer

■ Den Ofen auf 180°C vorheizen.

■ Die Butter in einer feuerfesten Form erhitzen. Schalotten, Sellerie und Kräuter darin 3 Minuten bei mittlerer Hitze dünsten.

■ Den Reis dazugeben, mischen, salzen und pfeffern. 3 Minuten kochen, bis der Reis am Boden der Form zu haften beginnt.

■ Die Brühe aufgießen, umrühren und zum Kochen bringen. Zugedeckt 18 Minuten im Ofen garen.

PRO PORTION: 145 KALORIEN, 26 g KOHLENHYDRATE, 3 g EIWEISS, 3 g FETT, 1,0 g BALLASTSTOFFE

Schalotten und Sellerie in die Form mit der erhitzten Butter geben.

Die Kräuter hinzufügen und bei mittlerer Hitze 3 Minuten dünsten.

Den Reis hineingeben und gut mischen. Mit Salz und Pfeffer würzen.

3 Minuten braten, oder bis der Reis am Boden der Form haften bleibt.

Die Hühnerbrühe aufgießen und umrühren.

Zum Kochen bringen und im Ofen fertiggaren.

SPAGHETTI AGLIO E OLIO

(FÜR 4 PERSONEN)

3 EL	**Olivenöl**
3	**Knoblauchzehen, gehackt**
1/4 TL	**Chilipulver**
4	**Portionen gekochte Spaghetti, heiß**
	Salz und Pfeffer

■ Das Öl erhitzen. Knoblauch und Chili dazugeben und 2 Minuten bei sehr schwacher Hitze dünsten.

■ Die heißen Spaghetti in eine Schüssel geben. Das heiße Öl mit Knoblauch und Chili dazugeben und kräftig würzen. Wenden, bis alles gleichmäßig bedeckt ist.

■ Je nach Belieben in Öl sautiertes Gemüse dazu reichen.

■ Mit Käse servieren.

PRO PORTION: 252 KALORIEN 35 g KOHLENHYDRATE 5 g EIWEISS 11 g FETT 0 g BALLASTSTOFFE

PENNE À LA PROVENÇALE

(FÜR 4 PERSONEN)

2 EL	**Olivenöl**
2	**Knoblauchzehen, gehackt**
1	**rote Paprikaschote, gehackt**
2 EL	**frische Petersilie, gehackt**
12	**ganze, griechische Oliven**
1 EL	**Kapern**
2	**Anchovisfilets, gehackt**
2	**große Tomaten, gehäutet und gewürfelt**
1/4 TL	**Cayennepfeffer**
4	**Portionen gekochte Penne, heiß**
1/2 TS	**Parmesan, gerieben**
	Salz und Pfeffer

■ Das Öl in einer Pfanne erhitzen. Knoblauch, Paprika und Petersilie darin 2 Minuten braten.

■ Oliven, Kapern und Anchovis dazugeben, mischen und 2 Minuten braten.

■ Die Tomaten und den Cayennepfeffer einrühren, abschmecken und 6 Minuten bei mittlerer Hitze dünsten.

■ Die heißen Nudeln und den Käse dazugeben; mischen und servieren.

PRO PORTION: 314 KALORIEN 39 g KOHLENHYDRATE 11 g EIWEISS 13 g FETT 2,0 g BALLASTSTOFFE

Jakobsmuscheln in Weißwein auf Nudeln

JAKOBSMUSCHELN IN WEISSWEIN AUF NUDELN

(FÜR 4 PERSONEN)

2	**Schalotten, geschält und gehackt**
250 g	**frische Champignons, geputzt und gedrittelt**
500 g	**frische Jakobsmuscheln, gewaschen**
1 EL	**frische Petersilie, gehackt**
125 ml	**trockener Weißwein**
375 ml	**Venusmuschelsaft**
2 EL	**Butter**
2 EL	**Mehl**
1/2 TS	**Gruyère, gerieben**
4	**Portionen Spiralnudeln, gekocht, heiß**
	Salz und Pfeffer
	Parmesan, gerieben

■ Jakobsmuscheln, Pilze, Schalotten, Petersilie, Wein und Venusmuschelsaft in einen Topf geben, salzen und pfeffern. Mit Pergamentpapier so bedecken, daß sie die Oberfläche berührt. Bei mittlerer Hitze zum Kochen bringen, dann sofort vom Herd nehmen und 3 Minuten ziehen lassen.

■ Die Muscheln mit einem Schaumlöffel in eine Schüssel geben; beiseite stellen.

■ Den Inhalt des Topfes 7 Minuten bei mittlerer Hitze kochen, dann beiseite stellen.

■ Die Butter in einer Pfanne leicht erhitzen. Das Mehl einstreuen, mischen und 2 Minuten bei schwacher Hitze anschwitzen.

■ Die Kochflüssigkeit und die Pilze zur Mehlmischung geben, umrühren und 5 Minuten köcheln.

■ Den Gruyère und die Muscheln dazugeben, mischen und bei sehr schwacher Hitze 3 Minuten ziehen lassen.

■ Die heißen Nudeln hineingeben, mischen, 3 Minuten ziehen lassen. Mit geriebenem Parmesan servieren.

PRO PORTION: 493 KALORIEN 51 g KOHLENHYDRATE 41 g EIWEISS
12 g FETT 2.0 g BALLASTSTOFFE

LASAGNE MIT KALBFLEISCH

(FÜR 4 BIS 6 PERSONEN)

1 EL	**Olivenöl**
1	**mittelgroße Zwiebel, gewürfelt**
1	**grüne Paprikaschote, gewürfelt**
1	**gelbe Paprikaschote, gewürfelt**
1	**Stange Staudensellerie, gewürfelt**
1	**Zucchini, mittelgroß gewürfelt**
1 TL	**Butter**
500 g	**Kalbshack**
1 l	**weiße Sauce, erhitzt**
$2^1/_2$ TS	**Mozzarella, gewürfelt**
	Prise gemahlene Nelke
	Salz, Pfeffer, Paprika
	Lasagneblätter, gekocht

■ Den Ofen auf 190°C vorheizen.

■ Das Öl erhitzen. Zwiebel, Paprika, Sellerie und Zucchini hineingeben. Salzen, pfeffern und bei schwacher Hitze 8 bis 10 Minuten dünsten.

■ Währenddessen die Butter in einer Bratpfanne erhitzen. Das Fleisch darin braun braten, abtropfen und zum Gemüse geben.

■ 250 ml weiße Sauce einrühren. Die Gewürze dazugeben und 3 bis 4 Minuten köcheln.

■ Eine Auflaufform buttern. Eine Lage Nudeln hineinlegen. Dann die Gemüse-Fleisch-Mischung daraufgeben, mit Käse bestreuen und mit weißer Sauce übergießen.

■ Die Form mit diesen Schichten auffüllen, zuletzt Lasagneblätter auflegen. Mit weißer Sauce begießen, mit Käse bestreuen und pfeffern.

■ 20 bis 30 Minuten im Ofen backen, bis die Lasagne schön braun ist. Servieren.

PRO PORTION: 835 KALORIEN, 62 g KOHLENHYDRATE, 45 g EIWEISS, 45 g FETT, 1,0 g BALLASTSTOFFE

Das Gemüse im heißen Öl dünsten.

Das Hackfleisch in einer Bratpfanne sautieren.

Das abgetropfte Fleisch zum Gemüse geben und 250 ml weiße Sauce einrühren. Die Gewürze dazugeben.

4

Auf den Boden der Form eine Lage Nudeln legen und eine Schicht Gemüse-Fleisch-Mischung darauf verteilen.

5

Die Lage mit Käse bestreuen.

6

Den Käse mit weißer Sauce übergießen.

LINGUINE SIZILIANISCHE ART

(FÜR 4 PERSONEN)

1 EL	**Olivenöl**
2	**Frühlingszwiebeln, in Scheiben**
1	**gelbe Paprikaschote, in Streifen**
1	**Schalotte, geschält, in Scheiben**
2 EL	**frisches Basilikum, gehackt**
2	**Kabanossi**
250 g	**frische Champignons, geputzt, blättrig geschnitten**
375 ml	**Hühnerbrühe, erhitzt**
1 EL	**Stärkemehl**
3 EL	**kaltes Wasser**
4	**Portionen Linguine, gekocht, heiß**
	Salz und Pfeffer

■ Das Öl erhitzen. Zwiebeln, Paprika, Schalotte, Basilikum und die Wurst darin bei mittlerer Hitze 3 Minuten braten.

■ Die Pilze dazugeben, würzen und 3 Minuten bei mittlerer Hitze braten.

■ Die Hühnerbrühe aufgießen und zum Kochen bringen.

■ Das Stärkemehl mit dem Wasser verrühren und in die Sauce geben; 2 Minuten köcheln.

■ Die Sauce über die heißen Nudeln gießen, mischen und servieren.

PRO PORTION: 295 KALORIEN, 43 g KOHLENHYDRATE, 11 g EIWEISS, 9 g FETT, 2,2 g BALLASTSTOFFE

NUDELN MIT TOMATEN-FLEISCHSAUCE II

(FÜR 4 PERSONEN)

1 EL	Olivenöl
1	Zwiebel, fein gehackt
2	Knoblauchzehen, gehackt
1	Stange Staudensellerie, gewürfelt
1 EL	frisches Basilikum, gehackt
1 EL	frische Petersilie, gehackt
125 ml	trockener Weißwein
250 g	mageres Schweinehack
750 g	mageres Kalbshack
5	große Tomaten, gehäutet und gehackt
2 EL	Tomatenmark
1/2 TL	Thymian
4	Portionen Spiralnudeln, gekocht, heiß
	Prise Zucker
	Salz und Pfeffer
	Parmesan, gerieben

■ Das Öl in einer Pfanne erhitzen. Zwiebel, Knoblauch und Sellerie darin 6 Minuten bei mittlerer Hitze braten.

■ Basilikum, Petersilie und Wein dazugeben und 3 Minuten kochen.

■ Das Fleisch hineingeben, würzen und 6 Minuten kochen. Währenddessen 2mal wenden.

■ Tomaten, Tomatenmark, Thymian und Zucker dazugeben, abschmecken und 18 Minuten köcheln lassen.

■ Die heißen Nudeln einmischen und mit geriebenem Käse servieren.

PRO PORTION 687 KALORIEN 45 g KOHLENHYDRATE 57 g EIWEISS 29 g FETT 2,5 g BALLASTSTOFFE

HÜHNCHENSTREIFEN MIT LAUCH AUF NUDELN

(FÜR 4 PERSONEN)

1 EL	**Butter**
2	**Stangen Lauch, nur das Weiße, gesäubert, gekocht und geschnitten**
1	**ganze Hühnchenbrust, ohne Haut und Knochen, in Streifen**
125 ml	**trockener Weißwein**
1 EL	**frischer Estragon, gehackt**
375 ml	**Hühnerbrühe, erhitzt**
1 EL	**Stärkemehl**
3 EL	**kaltes Wasser**
1 EL	**frische Petersilie, gehackt**
4	**Portionen gekochte Penne oder Rigatoni, heiß**
	Salz und Pfeffer

■ Die Butter leicht erhitzen. Lauch und Hühnchen hineingeben, würzen, zudecken und 5 Minuten bei schwacher Hitze dünsten.

■ Wein und Estragon dazugeben und 3 Minuten köcheln.

■ Die Hühnerbrühe aufgießen, kräftig abschmecken und 3 Minuten sieden lassen.

■ Das Stärkemehl mit dem Wasser verrühren, in die Sauce mischen und 1 Minute kochen. Die Sauce in eine Schüssel gießen; Petersilie und die heißen Nudeln dazugeben, gut vermengen und servieren.

PRO PORTION: 309 KALORIEN 41 g KOHLENHYDRATE 19 g EIWEISS
5 g FETT 0 g BALLASTSTOFFE

SAUTIERTES GEMÜSEALLERLEI MIT GEFÜLLTEN NUDELN

(FÜR 4 PERSONEN)

1 EL	**Olivenöl**
4	**Schweineschnitzel, in Streifen oder 2 ganze, gehäutete Hühnerbrüstchen, in Streifen**
1	**Stange Staudensellerie, in 2,5 cm langen Streifen**
1	**rote Paprikaschote, in Streifen**
20	**Zuckererbsenschoten, geputzt**
6	**Artischockenherzen aus der Dose, geviertelt**
2 EL	**Teriyaki Sauce**
375 ml	**Hühnerbrühe, erhitzt**
1 EL	**Stärkemehl**
2 EL	**kaltes Wasser**
4	**Portionen Ravioli, gekocht, heiß**
	Salz und Pfeffer

■ Das Öl in einer Pfanne erhitzen. Das Fleisch darin 3 Minuten braten, würzen, herausnehmen und beiseite stellen.

■ Alles Gemüse in die heiße Pfanne geben. Mischen und 3 Minuten bei mittlerer Hitze braten. Teriyaki Sauce und Brühe aufgießen, pfeffern und zum Kochen bringen.

■ Das Stärkemehl mit dem Wasser verrühren, zum Gemüse geben und 1 Minute kochen.

■ Das Fleisch wieder in die Pfanne geben und 1 Minute wärmen.

■ Auf heißen Nudeln servieren.

PRO PORTION: 458 KALORIEN 34 g KOHLENHYDRATE 40 g EIWEISS 18 g FETT 4,1 g BALLASTSTOFFE

RIGATONI MIT VENUSMUSCHELN UND TOMATEN

(FÜR 4 BIS 6 PERSONEN)

1,4 kg	**frische Venusmuscheln, gebürstet und gewaschen**
125 ml	**Wasser**
2 EL	**Olivenöl**
1	**Zwiebel, gehackt**
1	**Schalotte, geschält und gehackt**
3	**Knoblauchzehen, gehackt**
900 g	**Tomaten, gehäutet, entkernt und gewürfelt**
3 EL	**Tomatenmark**
1 TL	**Basilikum**
1 TL	**Oregano**
4 bis 6	**Portionen Rigatoni, gekocht, heiß**
	Saft von 1 Zitrone
	einige Tropfen scharfe Pfeffersauce
	Salz und Pfeffer

■ Wasser, Zitronensaft und Muscheln in einen großen Topf geben. Zugedeckt bei mittlerer Hitze kochen, bis sich die Muscheln öffnen. Alle geschlossenen Muscheln wegwerfen.

■ Das Muschelfleisch aus den Schalen nehmen, hacken und beiseite stellen.

■ Den Sud durch ein mit dünnem Stoff ausgelegtes Sieb gießen und beiseite stellen.

■ Das Öl erhitzen. Zwiebel, Schalotte und Knoblauch darin bei ganz schwacher Hitze 3 Minuten dünsten.

■ Tomaten, Tomatenmark und Kräuter dazugeben, zum Kochen bringen und 45 Minuten köcheln. Einige Male umrühren.

■ Die Kochflüssigkeit in einen kleinen Topf geben und 6 Minuten bei großer Hitze einkochen.

■ 125 ml der eingekochten Flüssigkeit zur Tomatensauce geben und bei mittlerer Hitze 15 Minuten kochen. Das gehackte Muschelfleisch in die Sauce geben und gut vermischen. 3 Minuten köcheln.

■ Die Nudeln dazugeben, mischen und servieren.

PRO PORTION 377 KALORIEN 50 g KOHLENHYDRATE 25 g EIWEISS 9 g FETT 3,0 g BALLASTSTOFFE

Die Muscheln in einen großen Topf geben. Wasser und Zitronensaft hinzufügen.

Die Muscheln zugedeckt bei mittlerer Hitze kochen, bis die Schalen sich öffnen. Alle geschlossenen Muscheln wegwerfen.

Das Muschelfleisch aus der Schale nehmen.

4

Zwiebel, Schalotte und Knoblauch im heißen Öl braten.

5

Tomaten, Tomatenmark und Kräuter dazugeben und 45 Minuten köcheln.

6

Das gehackte Muschelfleisch in die Tomatensauce geben.

NUDELN MIT WEISSER PILZSAUCE

(FÜR 4 PERSONEN)

3 EL	**Butter**
1	**Schalotte, geschält und fein gehackt**
500 g	**frische Champignons, geputzt und gedrittelt**
3 EL	**Mehl**
500 ml	**Hühnerbrühe, erhitzt**
250 ml	**heiße Milch**
1/4 TL	**Muskat**
1 EL	**frische Petersilie, gehackt**
4	**Portionen Spiralnudeln, gekocht, heiß**
	Salz und Pfeffer
	Paprika
	Parmesan, gerieben

■ Die Butter leicht erhitzen. Die Schalotten darin 2 Minuten braten. Die Pilze dazugeben, würzen und 5 Minuten braten.

■ Das Mehl gut einrühren und 2 Minuten bei reduzierter Hitze anschwitzen.

■ Gut abschmecken und die Brühe aufgießen, umrühren und zum Kochen bringen. Milch, Muskat, Petersilie und Paprika dazugeben. Gut mischen und 7 Minuten köcheln, gelegentlich umrühren.

■ Die Sauce auf den heißen Nudeln servieren und dazu Käse reichen.

PRO PORTION: 380 KALORIEN 55 g KOHLENHYDRATE 13 g EIWEISS 12 g FETT 3,6 g BALLASTSTOFFE

ARTISCHOCKEN MIT VINAIGRETTE

(FÜR 4 PERSONEN)

4	**große Artischocken, gewaschen**
4	**Zitronenscheiben**
375 ml	**Vinaigrette**

■ Den Stiel der Artischocken und die unteren Blätter entfernen. Die Zitronenscheiben an den Artischockenböden mit einem Faden festbinden.

■ In einen Topf mit mindestens 2 l kochendem Salzwasser geben. Halb zugedeckt bei mittlerer Hitze 40 bis 50 Minuten kochen, abhängig von der Größe.

■ Wenn sie gar sind (die Blätter in der Mitte sollten sich leicht abzupfen lassen), abtropfen und die restliche Flüssigkeit auspressen. Die Blätter einzeln auf Tellern anrichten, den "Heuboden" entfernen. Das Artischockenherz mit den Blättern servieren.

■ Mit Vinaigrette zum Dippen servieren.

PRO PORTION: 662 KALORIEN 17 g KOHLENHYDRATE 3 g EIWEISS
65 g FETT 0 g BALLASTSTOFFE

LAUCH MIT PARMESAN

(FÜR 4 PERSONEN)

6	**Stangen Lauch**
3 EL	**Honig**
3 EL	**geriebener Parmesan**
	Saft von 1/2 Zitrone
	Prise Muskat
	Salz und Pfeffer
	Zitronenscheiben

■ Den Ofen auf 200°C vorheizen.

■ Die dunkelgrünen Blätter am Lauch entfernen. Die hellgrünen und weißen Teile in 4 cm lange Stücke schneiden und die Stücke 20 Minuten in kaltes Wasser legen.

■ Herausnehmen und in eine flache, feuerfeste Form legen. Soviel kaltes Wasser aufgießen, daß es den Lauch knapp bedeckt. Honig, Zitronensaft, Muskat, Salz und Pfeffer dazugeben.

■ Bei mittlerer Hitze zum Kochen bringen. Nicht zugedeckt 5 Minuten kochen.

■ Die Form dann in den Ofen schieben und 30 Minuten unbedeckt garen. Den Lauch wenden und weitere 30 Minuten garen.

■ Auf eine Platte legen und mit Parmesan bestreuen. Mit Zitronenscheiben servieren.

PRO PORTION: 114 KALORIEN 25 g KOHLENHYDRATE 2 g EIWEISS 0 g FETT 1,0 g BALLASTSTOFFE

GESCHMORTER ROTKOHL

(FÜR 4 BIS 6 PERSONEN)

1	mittelgroßer Rotkohl
30 g	Räucherspeck, gewürfelt
2	Scheiben Frühstücksspeck, gewürfelt
1	große Zwiebel, in schmalen Spalten
2	Knoblauchzehen, geschält und halbiert
1 EL	grüne Chilischote, gehackt
500 ml	trockener Rotwein
	Salz und Pfeffer

■ Den Ofen auf 160°C vorheizen.

■ Den Strunk entfernen. Den Kohl vierteln und fein schneiden. 30 Minuten in einer Schüssel mit kaltem Wasser ziehen lassen, abtropfen und beiseite stellen.

■ Den Speck in eine feuerfeste, tiefe Form geben. Bei mittlerer Hitze 3 Minuten auslassen. Den Speck wegwerfen und den Frühstücksspeck in die heiße Form geben und 3 Minuten braten.

■ Kohl, Zwiebel, Knoblauch und Chili dazugeben. Salzen und pfeffern; 12 Minuten bei schwacher Hitze dünsten.

■ Den Wein aufgießen und zum Kochen bringen, zudecken und 2 Stunden im Ofen schmoren.

Hinweis: Falls nötig, während der Garzeit etwas Wasser zugeben.

PRO PORTION: 150 KALORIEN, 5 g KOHLENHYDRATE, 2 g EIWEISS, 6 g FETT, 1,3 g BALLASTSTOFFE

KURZGEBRATENES GEMÜSE

(FÜR 4 BIS 6 PERSONEN)

1 EL	**Olivenöl**
1/2	**Gemüsezwiebel, in Ringen**
3	**Babykarotten, geschält und schräg geschnitten**
1/2	**rote Paprikaschote, gewürfelt**
1	**Spitzpaprika, gewürfelt**
1	**gelbe Paprika, gewürfelt**
1/2	**Zucchini, längs halbiert und schräg geschnitten**
1/3	**gelbe Zucchini, längs halbiert und schräg geschnitten**
2 EL	**Pinienkerne**
1 EL	**frischer Ingwer, gehackt**
2	**Knoblauchzehen, gehackt**
	Salz und Pfeffer

■ Das Öl erhitzen. Zwiebel und Karotten darin 2 Minuten braten. Zudecken und weitere 2 Minuten braten.

■ Die restlichen Zutaten dazugeben und mischen; salzen und pfeffern. Bei großer Hitze unbedeckt 5 bis 6 Minuten braten.

■ Nach Belieben vor dem Servieren mit Zitronensaft beträufeln.

PRO PORTION: 68 KALORIEN · 7 g KOHLENHYDRATE · 1 g EIWEISS · 4 g FETT · 1,7 g BALLASTSTOFFE

GEBACKENE MAISKOLBEN VIRGINIA ART

(FÜR 4 BIS 6 PERSONEN)

10 bis 12 Maiskolben
Butter
Salz

■ Den Ofen auf 180°C vorheizen.

■ Die Blätter nach unten ziehen, aber nicht entfernen. Die Kolben mit den Blättern 12 Minuten in kaltes Wasser legen.

■ Herausnehmen und abtropfen. In einen Bräter legen, 375 ml Wasser aufgießen und 35 bis 40 Minuten im Ofen backen.

■ Den Mais schälen, salzen und mit der Butter servieren.

PRO PORTION: 273 KALORIEN 42 g KOHLENHYDRATE 6 g EIWEISS 9 g FETT 7,8 g BALLASTSTOFFE

MAISKOLBEN CAROLINA ART

(FÜR 4 PERSONEN)

8 Maiskolben
Prise Zucker
Salz
Butter

■ Die Maiskolben schälen und in kochendes Wasser legen. Nicht salzen. 1 Prise Zucker dazugeben und zudecken. 5 Minuten, abhängig von der Größe, kochen.

■ Salzen und mit Butter servieren.

PRO PORTION: 255 KALORIEN 39 g KOHLENHYDRATE 5 g EIWEISS 9 g FETT 7,2 g BALLASTSTOFFE

Gebackene Maiskolben Virginia Art

CHINAKOHL MIT INGWER

(FÜR 4 PERSONEN)

1	**Chinakohl**
1 EL	**Olivenöl**
1 EL	**frischer Ingwer, gehackt**
1	**Knoblauchzehe, gehackt**
2	**Tomaten, ohne Strunk, in Spalten**
1 EL	**Teriyaki Sauce**
	Salz und Pfeffer

■ Den weißen Strunk des Chinakohls abschneiden. Die einzelnen Blätter gründlich in kaltem Wasser waschen. Nur den grünen Teil der Blätter in schräge Streifen schneiden.

■ Das Öl erhitzen. Den Kohl dazugeben, zudecken und 3 Minuten dünsten.

■ Ingwer und Knoblauch hinzufügen; würzen. Die Tomaten dazugeben und 5 Minuten bei großer Hitze unbedeckt kochen.

■ Die Teriyaki Sauce einrühren und servieren.

PRO PORTION: 49 KALORIEN, 3 g FETT, 4 g KOHLENHYDRATE, 1,8 g BALLASTSTOFFE, 1 g EIWEISS

KNUSPRIGE KARTOFFELPLÄTZCHEN

(FÜR 4 BIS 6 PERSONEN)

2	**Eier, leicht geschlagen**
1 TL	**frische Petersilie, gehackt**
1/4 TL	**Paprika**
1/4 TL	**weißer Pfeffer**
1/3 TS	**Mehl**
4	**große Kartoffeln, geschält, in kaltem Wasser**
2	**Knoblauchzehen, geschält**
	Pflanzenöl
	Salz und Pfeffer

■ Eier, Petersilie, Paprika, weißer Pfeffer und Mehl in eine Schüssel geben und gut verrühren.

■ Die Kartoffeln aus dem Wasser nehmen und mit einem sauberen Handtuch trocknen. Raspeln und auf ein Tuch geben.

■ Die überschüssige Flüssigkeit durch das Tuch auspressen.

■ Die Kartoffeln zur Eimischung geben, würzen und mischen. Zugedeckt 15 Minuten kühlen.

■ 2 EL Öl in einer gußeisernen Pfanne stark erhitzen. Die Knoblauchzehen darin 2 Minuten braten, herausnehmen und wegwerfen.

■ Mit einem Löffel kleine Häufchen in die heiße Pfanne geben und mit einer Palette flachdrücken. Bei mittlerer Hitze 3 Minuten braten.

■ Wenden und weitere 3 Minuten braten. Die Plätzchen herausnehmen und auf Küchenpapier abtropfen. Im Ofen warmhalten.

■ Mit der restlichen Kartoffelmischung ebenso verfahren. Mit saurer Sahne servieren.

PRO PORTION: 228 KALORIEN 33 g KOHLENHYDRATE 6 g EIWEISS 8 g FETT 1,6 g BALLASTSTOFFE

1

Die Eier und die Petersilie in eine Schüssel geben.

2

Paprika, weißer Pfeffer und Mehl hinzufügen und gut mischen.

3

Die Kartoffeln aus dem Wasser nehmen und mit einem sauberen Tuch trocknen.

4

Die restliche Flüssigkeit durch ein Tuch aus den geraspelten Kartoffeln drücken.

5

Die Kartoffeln zur Eimischung geben.

6

Mit einer Palette die Kartoffelhäufchen zu Plätzchen drücken. Im heißen Öl braten.

TRADITIONELLER KARTOFFELBREI

(FÜR 4 PERSONEN)

5	**große Kartoffeln, geschält, gewaschen und geviertelt**
3 EL	**Butter**
50 ml	**heiße Milch oder Sahne**
	Prise Muskat
	Salz und weißer Pfeffer

■ Die Kartoffeln in einem Topf mit kaltem Wasser bedecken, salzen und zudecken. Zum Kochen bringen und bei mittlerer Hitze kochen.

■ Wenn sie weich sind, das Wasser abgießen. Die Kartoffeln noch 2 Minuten bei sehr schwacher Hitze dämpfen.

■ Den Topf vom Herd nehmen. Die Kartoffeln durch eine Kartoffelpresse drücken oder mit einem Kartoffelstampfer zerdrücken.

■ Heiße Milch oder Sahne und Butter dazugeben. Mit Salz, Pfeffer und Muskat abschmecken. Mit einem Schneebesen nochmals gut verrühren und servieren.

PRO PORTION: 229 KALORIEN 34 g KOHLENHYDRATE 3 g EIWEISS 9 g FETT 1,7 g BALLASTSTOFFE

KARTOFFELGRATIN

(FÜR 4 PERSONEN)

3	**große Kartoffeln, geschält, in Scheiben, in kaltem Wasser**
1/4 TL	**Bohnenkraut**
1/4 TL	**Cayennepfeffer**
1/4 TL	**weißer Pfeffer**
1 EL	**frische Petersilie, gehackt**
1	**Knoblauchzehe, geschält**
2	**Eier, geschlagen**
175 ml	**Milch**
125 ml	**Sahne**
	Salz
	Butter

■ Den Ofen auf 180°C vorheizen.

■ Die Kartoffeln abtropfen und die Scheiben gut trocknen. In eine Schüssel geben.

■ Bohnenkraut, Cayennepfeffer, weißer Pfeffer und Petersilie mischen und über die Kartoffeln geben.

■ Eine Auflaufform mit der Knoblauchzehe ausreiben; gründlich einbuttern und die Kartoffeln einschichten; salzen.

■ Eier, Milch und Sahne verrühren. Über die Kartoffeln gießen und 40 bis 50 Minuten im Ofen backen. Servieren.

PRO PORTION: 259 KALORIEN | 24 g KOHLENHYDRATE | 7 g EIWEISS | 15 g FETT | 1,1 g BALLASTSTOFFE

BOHNEN PROVENÇALE

(FÜR 8 PERSONEN)

2 TS	getrocknete weiße Bohnen
1	Zwiebel, mit 3 Nelken gespickt
1 EL	Olivenöl
1	Zwiebel, gehackt
3	Knoblauchzehen, gehackt
800 ml	Tomaten aus der Dose, abgetropft und gehackt
50 ml	Tomatenmark
2 TL	frisches Basilikum, gehackt
2 TL	frische Petersilie, gehackt
	Salz und Pfeffer

■ Die Bohnen in kochendes Salzwasser geben. Halb zugedeckt 10 Minuten bei mittlerer Hitze blanchieren. Den Topf vom Herd nehmen und 1 Stunde unbedeckt abkühlen lassen.

■ Die Bohnen abtropfen und in einen sauberen Topf geben. Mit kaltem Wasser bedecken, die Spickzwiebel dazugeben. Salzen, pfeffern und zugedeckt 3 Stunden köcheln. Falls nötig während des Kochens Wasser dazugeben.

■ Das Öl erhitzen. Zwiebel und Knoblauch darin bei schwacher Hitze 3 Minuten dünsten.

■ Tomaten, Tomatenmark und die frischen Kräuter dazugeben und gut abschmecken; 10 Minuten köcheln. Die Bohnen abgießen, die Brühe aufheben. Die Bohnen wieder in den Topf geben und die Tomaten einrühren. 250 ml Kochflüssigkeit dazugeben, kräftig würzen. Nochmals 35 Minuten köcheln. Zu Braten servieren.

PRO PORTION: 170 KALORIEN, 29 g KOHLENHYDRATE, 9 g EIWEISS, 2 g FETT, 8.6 g BALLASTSTOFFE

GEBACKENE ZWIEBELN

(FÜR 4 BIS 6 PERSONEN)

6	**Gemüsezwiebeln**
	Wasser
	Salz

■ Den Ofen auf 190°C vorheizen.

■ Die Zwiebeln nicht schälen, nur den Strunk ausschneiden.

■ Die Zwiebeln in eine Auflaufform stellen und soviel Wasser dazugeben, daß der Boden gerade bedeckt ist. Salzen und unbedeckt im Ofen ungefähr 70 Minuten, abhängig von der Größe der Zwiebeln, backen.

■ Wenn sie gar sind aus dem Ofen nehmen und vor dem Servieren schälen.

PRO PORTION:	41 KALORIEN	9 g KOHLENHYDRATE	1 g EIWEISS
	0 g FETT	1,5 g BALLASTSTOFFE	

SPANISCHES ZWIEBELPÜREE

(FÜR 4 BIS 6 PERSONEN)

4	**Gemüsezwiebeln, geschält und geviertelt**
1 EL	**Butter**
2 EL	**Sahne**
$1^{1}/_{2}$ TS	**Kartoffelbrei**
	Prise Muskat
	Prise Nelken
	Semmelbrösel
	Salz und Pfeffer
	Butter

■ Die Zwiebeln in kochendes Salzwasser geben und 40 Minuten kochen, oder bis sie weich sind.

■ Herausnehmen, gut abtropfen und pürieren.

■ Das Zwiebelpüree wieder in den Topf geben und unter ständigem Rühren 3 bis 4 Minuten bei großer Hitze kochen.

■ 1 EL Butter und die Sahne dazugeben; gut verrühren und nochmals 3 bis 4 Minuten kochen.

■ Den Kartoffelbrei und alle Gewürze einrühren. 3 bis 4 Minuten köcheln.

■ Die Mischung in eine Auflaufform füllen, mit Semmelbröseln bestreuen und Butterflöckchen obenauf setzen. 3 Minuten grillen.

PRO PORTION: 267 KALORIEN, 36 g KOHLENHYDRATE, 4 g EIWEISS, 12 g FETT, 2,5 g BALLASTSTOFFE

GESCHMORTER CHICORÉE MIT KÄSE

(FÜR 4 BIS 6 PERSONEN)

8	**Chicorée**
75 ml	**kaltes Wasser**
3 EL	**Butter**
500 ml	**Käsesauce, erhitzt**
1/2 TS	**Gruyère, gerieben**
	Saft von 1 Zitrone
	Salz und weißer Pfeffer

■ Die äußeren Blätter des Chicorée entfernen. Den Strunk keilförmig ausschneiden. Unter kaltem Wasser abspülen, aber nicht wässern: Chicorée wird braun, wenn er zulange im Wasser liegt.

■ Eine Pfanne einbuttern, den Chicorée hineinlegen. Mit Zitronensaft und Wasser beträufeln. Butterflöckchen daraufsetzen und mit Pergamentpapier abdecken. Zudecken und 40 Minuten köcheln oder, nach Belieben, im Ofen bei 150°C backen.

■ In eine Auflaufform legen. Würzen, mit Käsesauce übergießen und mit Käse bestreuen. Im vorgeheizten Ofen bei 190°C 15 Minuten überbacken.

PRO PORTION: 275 KALORIEN 18 g KOHLENHYDRATE 10 g EIWEISS 18 g FETT 1,8 g BALLASTSTOFFE

FRISCHER SPINAT MIT GERÖSTETEM KNOBLAUCHPÜREE

(FÜR 4 PERSONEN)

4	**Bund frischer Spinat**
1 EL	**Butter**
1 EL	**geröstetes Knoblauchpüree (siehe Seite 346)**
1	**Apfel, entkernt, geschält, in Scheiben**
2 EL	**grüne Chilischote, gehackt**
4 EL	**Mandelsplitter**
	Salz und Pfeffer

■ Die Spinatstiele abschneiden. Den Spinat 3 bis 4mal in stehendem, kalten Wasser waschen, um allen Sand und Schmutz auszuspülen; abtropfen. Den Spinat dämpfen oder in kochendem Salzwasser blanchieren. Gut abtropfen und beiseite stellen.

■ Die Butter leicht erhitzen. Knoblauchpüree, Apfel, Chili und Mandeln dazugeben. Mischen und 2 Minuten braten.

■ Den Spinat dazugeben und würzen. Zugedeckt bei schwacher Hitze 3 Minuten dünsten. Servieren.

PRO PORTION: 170 KALORIEN 12 g KOHLENHYDRATE 6 g EIWEISS
11 g FETT 6,3 g BALLASTSTOFFE

GESCHMORTER SELLERIE

(FÜR 4 BIS 6 PERSONEN)

6	**Staudensellerie, nur das innere Weiße, auf 13 cm geschnitten**
1 EL	**Butter**
1	**Zwiebel, klein gewürfelt**
1	**Karotte, geschält, klein gewürfelt**
1	**Knoblauchzehe, gehackt**
1	**Lorbeerblatt**
250 ml	**Hühnerbrühe, erhitzt**
1 EL	**frische Petersilie, gehackt**
	Salz und Pfeffer

■ Den Ofen auf 180°C vorheizen.

■ Die Selleriestauden in kochendes Salzwasser geben und halb zugedeckt 8 Minuten kochen. Abtropfen und beiseite stellen.

■ Die Butter in einer feuerfesten Pfanne zerlassen. Zwiebel, Karotte und Knoblauch darin 4 Minuten dünsten.

■ Den Sellerie auf die gebratene Zwiebelmischung legen, salzen, pfeffern und das Lorbeerblatt dazugeben. Die Hühnerbrühe aufgießen und 5 Minuten bei mittlerer Hitze kochen. Den Sellerie 1mal wenden.

■ Zugedeckt 1 Stunde im Ofen schmoren. Abtropfen, mit Petersilie bestreuen und servieren.

PRO PORTION: 62 KALORIEN, 10 g KOHLENHYDRATE, 2 g EIWEISS, 2 g FETT, 3,9 g BALLASTSTOFFE

MAISPUDDING ATLANTA

(FÜR 4 BIS 6 PERSONEN)

2 TS	**frische Maiskörner**
500 ml	**Milch, zum Siedepunkt erhitzt**
1 TL	**Butter**
3	**Eier, geschlagen**
2 EL	**grüne Chilischote, gehackt**
1	**rote Paprikaschote, gehackt**
1	**kleine Zwiebel, gehackt und gebraten**
	Salz und Pfeffer

■ Den Ofen auf 160°C vorheizen.

■ Den Mais im Mixer pürieren und in eine Pfanne geben.

■ 250 ml heiße Milch und Butter dazugeben, würzen und 12 Minuten köcheln.

■ Die Eier und die restliche Milch in einer Schüssel mit einem Schneebesen gut verschlagen.

■ Die Maismischung zur Eiermischung geben, die restlichen Zutaten hinzufügen und abschmecken.

■ Die Mischung in eine Souffléform (1 l) füllen und in ein 2,5 cm tiefes, heißes Wasserbad stellen.

■ 60 bis 70 Minuten im Ofen backen.

PRO PORTION: 211 KALORIEN 26 g KOHLENHYDRATE 11 g EIWEISS 7 g FETT 3,7 g BALLASTSTOFFE

Die Maiskörner im Mixer pürieren.

Den Mais in einen Topf geben. 250 ml heiße Milch und die Butter dazugeben, würzen und 12 Minuten bei schwacher Hitze köcheln.

Die restliche Milch und das Ei mit einem Schneebesen verschlagen.

Die Maismischung zu der Eiermischung geben.

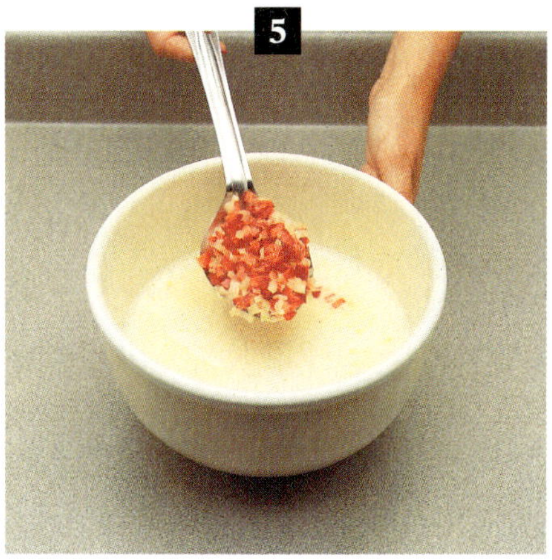

Die restlichen Zutaten einrühren.

Den Pudding in eine Souffléform (1 l) füllen und in ein 2,5 cm tiefes, heißes Wasserbad stellen.

GRATINIERTER SPARGEL

(FÜR 4 PERSONEN)

2	**Bund frischer Spargel**
$1/2$	**Zitrone**
500 ml	**Käsesauce, erhitzt**
$1/2$ TS	**Gruyère, gerieben**
	Salz, Pfeffer, Paprika

■ Den Spargel falls nötig schälen und die harten Enden abschneiden. Waschen und in einen Topf mit kochendem Salzwasser geben. Die halbe Zitrone hinzufügen und 12 bis 18 Minuten, je nach Größe, kochen. Nicht zu lange kochen!

■ Den Spargel mit einem scharfen Messer anstechen. Die Stangen sollten bißfest, aber nicht zu weich sein.

■ Den Ofen auf 200°C vorheizen.

■ Den Spargel gut abtropfen und halbieren. In eine gebutterte Auflaufform geben und mit Käsesauce übergießen. Mit Käse bestreuen und abschmecken.

■ Im Ofen 12 Minuten überbacken. Servieren.

PRO PORTION: 275 KALORIEN, 22 g KOHLENHYDRATE, 14 g EIWEISS, 15 g FETT, 3,1 g BALLASTSTOFFE

SCHALOTTEN UND PILZE MIT ESTRAGON

(FÜR 4 PERSONEN)

250 g	**Schalotten, geschält**
1 EL	**Butter**
250 g	**frische Champignons, geputzt und halbiert**
1 EL	**gehackte Zitronenschale**
1 TL	**Estragon**
1/4 TL	**Safran**
	Salz und Pfeffer

■ Die Schalotten 10 Minuten in kochendem Salzwasser blanchieren. Herausnehmen und gut abtropfen.

■ Die Butter leicht erhitzen. Schalotten und die restlichen Zutaten hineingeben, salzen und pfeffern. Zudecken und bei schwacher Hitze 6 Minuten dünsten.

■ Zu Braten oder gegrilltem Fleisch servieren.

PRO PORTION: 95 KALORIEN 14 g KOHLENHYDRATE 3 g EIWEISS 3 g FETT 1,5 g BALLASTSTOFFE

KARTOFFEL-CRÊPES

(FÜR 4 BIS 6 PERSONEN)

5	**große Kartoffeln, geschält, in kaltem Wasser**
1/4 TS	**Butter**
1	**Knoblauchzehe, geschält**
	Salz, Pfeffer, Paprika

■ Die Kartoffeln aus dem Wasser nehmen und mit einem sauberen Tuch trocknen. Fein raspeln und die überschüssige Flüssigkeit durch ein Tuch gut auspressen.

■ Die Hälfte der Butter in einer Pfanne zerlassen. Den Knoblauch darin 1 Minuten braten, herausnehmen und wegwerfen.

■ Die geraspelten Kartoffeln in die heiße Butter geben. Salzen, pfeffern und mit einer Palette flachdrücken. Die restliche Butter in kleinen Stücken auf den Kartoffeln verteilen. Abschmecken, zudecken und 17 Minuten bei mittlerer Hitze braten.

■ Den Deckel 2 bis 3 mal abheben, damit der Dampf entweichen kann.

■ Die Pfanne vom Herd nehmen. Die Kartoffelcrêpes wenden und weitere 17 Minuten bei mittlerer Hitze braten. Salzen und pfeffern.

■ Zu Braten servieren.

PRO PORTION: 322 KALORIEN, 8 g FETT, 27 g KOHLENHYDRATE, 1,4 g BALLASTSTOFFE, 2 g EIWEISS

FARMER-GEMÜSE

(FÜR 6 PERSONEN)

250 g	**grüne Bohnen, geputzt und halbiert**
1	**Karotte, geschält, in Scheiben**
1/2 TS	**frische grüne Erbsen**
1	**kleine gelbe Zucchini, längs halbiert und mittelgroß gewürfelt**
1	**gelbe Paprikaschote, mittelgroß gewürfelt**
1 EL	**Butter**
1	**Knoblauchzehe, gehackt**
1 TL	**Estragon**
	einige Tropfen Zitronensaft
	Salz und Pfeffer

■ 250 ml Wasser zum Kochen bringen. Bohnen, Karotten und Salz hineingeben und 10 Minuten kochen.

■ Den Topf vom Herd nehmen und das Gemüse 3 Minuten unter fließendem, kalten Wasser abschrecken. Gemüse abtropfen und beiseite stellen.

■ 125 ml Salzwasser zum Kochen bringen. Die Erbsen darin 4 Minuten kochen.

■ Gelbe Zucchini und Paprika dazugeben; weiter kochen. Wenn das Gemüse weich ist wie oben unter fließendem, kalten Wasser abschrecken. Gemüse dann gut abtropfen.

■ Die Butter zerlassen. Knoblauch, Estragon und alles Gemüse hineingeben, mischen, salzen und pfeffern, den Zitronensaft dazugießen. 4 Minuten köcheln und sofort servieren.

PRO PORTION: 52 KALORIEN, 2 g FETT, 7 g KOHLENHYDRATE, 4,4 g BALLASTSTOFFE, 2 g EIWEISS

AUBERGINEN-KARTOFFEL-KASSEROLLE

(FÜR 4 BIS 6 PERSONEN)

1	**große Aubergine, geschält und gewürfelt**
3	**große Kartoffeln, geschält, gedrittelt und gekocht**
50 ml	**Milch, erhitzt**
1 EL	**Butter**
1 EL	**Olivenöl**
1	**Zwiebel, fein gehackt**
1	**Knoblauchzehe, gehackt**
800 ml	**Tomaten aus der Dose, abgetropft und gehackt**
$^1/_2$ TL	**Oregano**
4 EL	**Gruyère, gerieben**
	Prise Muskat
	Salz und weißer Pfeffer
	grobes Meersalz

■ Die Auberginen in einer Schüssel mit Meersalz bestreuen und bei Raumtemperatur 1 Stunde ziehen lassen. Abspülen, gut abtropfen und beiseite stellen.

■ Die Kartoffeln durch ein feines Sieb in eine Schüssel passieren. Milch, Butter, Salz, weißer Pfeffer und Muskat dazugeben, verrühren und warm halten.

■ Das Öl erhitzen, die Zwiebel darin 3 Minuten braten. Den Knoblauch dazugeben und 2 Minuten mitbraten.

■ Die Aubergine hinzufügen, salzen, pfeffern und 20 Minuten bei mittlerer Hitze dünsten.

■ Tomaten und Oregano dazugeben; weitere 20 Minuten dünsten; abschmecken.

■ Den Ofen auf 180°C vorheizen.

■ Die Auberginenmischung in eine gebutterte Auflaufform geben. Mit dem Kartoffelbrei bestreichen, evtl. mit einem Spritzbeutel aufspritzen.

■ Mit Käse bestreuen und 25 Minuten im Ofen überbacken.

PRO PORTION: 178 KALORIEN 26 g KOHLENHYDRATE 5 g EIWEISS 6 g FETT 3,0 g BALLASTSTOFFE

Auberginen-
Kartoffel-Kasserolle

SÜSSKARTOFFELN CAROLINA

(FÜR 4 PERSONEN)

1 EL	**Olivenöl**
12	**Schalotten, geschält**
4	**Süßkartoffeln, geschält und gewürfelt**
1 EL	**frische Petersilie, gehackt**
	Salz und Pfeffer

■ Das Öl bei mittlerer Temperatur erhitzen. Schalotten und Kartoffeln hineingeben und würzen. Zugedeckt 18 bis 30 Minuten braten, 3 bis 4mal rühren.

■ Wenn die Kartoffeln weich sind, mit Petersilie bestreuen und servieren.

Hinweis: Die Süßkartoffeln haften am Pfannenboden an, wenn nicht gelegentlich umgerührt wird.

PRO PORTION:	193 KALORIEN	38 g KOHLENHYDRATE	4 g EIWEISS
	3 g FETT	2,6 g BALLASTSTOFFE	

KARTOFFELN IN WEISSER SAUCE

(FÜR 4 PERSONEN)

4	**große Kartoffeln, geschält und 1 Stunde in kaltes Wasser gelegt**
625 ml	**weiße Sauce**
	Salz und frisch gemahlener Pfeffer

■ Den Ofen auf 180°C vorheizen.

■ Die Kartoffeln abtrocknen und 0,75 cm dick schneiden. In Lagen in eine gebutterte Form einschichten. Zwischen den Schichten gründlich würzen.

■ Die weiße Sauce darübergießen. Im Ofen unbedeckt 1 Stunde 30 Minuten backen.

PRO PORTION: 316 KALORIEN 39 g KOHLENHYDRATE 8 g EIWEISS 14 g FETT 1,4 g BALLASTSTOFFE

GEBACKENE AUBERGINE MIT GEMÜSEFÜLLUNG

(FÜR 4 PERSONEN)

2	**große Auberginen**
2 EL	**Olivenöl**
2	**rote Zwiebeln, gehackt**
2	**Knoblauchzehen, gehackt**
1	**gelbe Zucchini, gehackt**
1 EL	**frische Petersilie, gehackt**
1 TL	**Thymian**
1 EL	**Oregano**
1 EL	**grüne Chilischote, gehackt**
800 ml	**Tomaten aus der Dose, abgetropft und gehackt**
1 TS	**Gruyère, gerieben**
	Meersalz, grob
	Salz und Pfeffer

■ Die Auberginen längs halbieren. Die Schnittflächen mit Meersalz bestreuen und 2 Stunden bei Raumtemperatur ziehen lassen. Unter kaltem Wasser abspülen, abtropfen und trockentupfen.

■ Das Fruchtfleisch mit einem Löffel herausnehmen, jedoch einen Rand stehen lassen. Das Fruchtfleisch hacken.

■ Das Öl erhitzen, Zwiebeln und Knoblauch darin 4 Minuten braten.

■ Das Auberginenfleisch dazugeben. Salzen und pfeffern und 15 Minuten dünsten.

■ Zucchini, alle Kräuter und Chili hinzufügen und bei mittlerer Hitze 15 Minuten garen.

■ Die Tomaten dazugeben, abschmecken und 5 Minuten kochen.

■ 4 EL Käse einrühren, weitere 5 Minuten kochen.

■ Den Ofen auf 190°C vorheizen.

■ Die Auberginenschalen mit der Mischung füllen. 20 Minuten im Ofen backen. Den restlichen Käse über die Auberginen streuen und nochmals 10 Minuten überbacken.

PRO PORTION: 228 KALORIEN 17 g KOHLENHYDRATE 9 g EIWEISS 14 g FETT 4,5 g BALLASTSTOFFE

1

Die Schnittflächen der Auberginen mit Meersalz bestreuen und 2 Stunden bei Raumtemperatur ziehen lassen.

2

Mit einem Löffel das meiste Fruchtfleisch herausnehmen. Einen Rand stehen lassen.

3

Das gehackte Auberginenfleisch zu den gebratenen Zwiebeln und dem Knoblauch geben. 15 Minuten dünsten.

4

Die Zucchini, alle Kräuter und den Chili dazugeben. Weitere 15 Minuten braten.

5

Die Tomaten einrühren, abschmekken und 5 Minuten kochen.

6

Die Auberginenschalen mit der Mischung füllen.

BLUMENKOHLPÜREE

(FÜR 4 BIS 6 PERSONEN)

1	**kleiner Blumenkohl**
$1^1/_2$ TS	**Kartoffelbrei, heiß**
3 EL	**Butter**
2 EL	**Sahne**
	Salz und Pfeffer

■ Die äußeren, grünen Blätter des Blumenkohls entfernen. Waschen und im Ganzen, mit dem Kopf nach unten, ungefähr 15 Minuten in kochendem Salzwasser garen.

■ Den Blumenkohl herausnehmen und gut abtropfen. In große Stücke teilen und durch ein Sieb in eine Schüssel passieren.

■ Das Püree in den Topf zurückgeben und 3 Minuten bei sehr schwacher Hitze kochen.

■ Kartoffelbrei, Sahne und Butter hinzufügen, gut abschmecken und verrühren. Servieren.

PRO PORTION: 272 KALORIEN, 29 g KOHLENHYDRATE, 3 g EIWEISS, 16 g FETT, 2,0 g BALLASTSTOFFE

ERBSEN, PILZE UND SCHALOTTEN

(FÜR 4 PERSONEN)

1,4 kg	**frische grüne Erbsen**
1 EL	**Butter**
250 g	**Schalotten, geschält und geviertelt**
250 g	**frische Champignonköpfe, geviertelt**
1 EL	**frische Petersilie, gehackt**
1 TL	**frisches Basilikum, gehackt**
	Salz und Pfeffer

■ Die Erbsen in kochendem Salzwasser unbedeckt 8 Minuten kochen. Abtropfen und unter fließendem, kalten Wasser abschrecken. Wieder abtropfen und beiseite stellen.

■ Die Butter zerlassen, die Schalotten darin bei mittlerer Hitze 4 Minuten braten.

■ Die Pilze dazugeben, gut würzen und 4 Minuten braten.

■ Petersilie, Basilikum, Salz und Pfeffer einrühren. Die Erbsen dazugeben und 4 Minuten bei schwacher Hitze garen.

■ Zu Braten oder gegrilltem Fleisch servieren.

PRO PORTION: 243 KALORIEN 40 g KOHLENHYDRATE 12 g EIWEISS 4 g FETT 19,8 g BALLASTSTOFFE

FRISCHE GRÜNE BOHNEN MIT SAUERRAHMSAUCE

(FÜR 4 PERSONEN)

500 g	**frische grüne Bohnen, gewaschen und geputzt**
2 EL	**Butter**
3 EL	**gehackte Zwiebel**
1 TL	**Essig**
1 TL	**Zucker**
2 EL	**Mehl**
250 ml	**Kochflüssigkeit**
125 ml	**saure Sahne**
	Salz, Pfeffer, Paprika

■ Die Bohnen 10 bis 12 Minuten in kochendem Salzwasser garen. Nicht zu weich kochen. Wenn sie gar sind 250 ml Kochflüssigkeit abnehmen und beiseite stellen. Die Bohnen unter fließendem, kalten Wasser abschrecken, abtropfen und beiseite stellen.

■ Die Butter zerlassen. Die Zwiebeln darin bei schwacher Hitze 3 Minuten dünsten.

■ Essig und Zucker dazugeben und 1 Minute bei mittlerer Hitze köcheln.

■ Das Mehl einrühren und 1 Minute anschwitzen.

■ Die Kochflüssigkeit aufgießen, salzen, pfeffern und 7 Minuten schwach köcheln.

■ Die Pfanne vom Herd nehmen und die saure Sahne unterziehen. Mit Paprika bestreuen. Die Bohnen dazugeben, behutsam mischen und 3 Minuten bei schwacher Hitze ziehen lassen. Servieren.

PRO PORTION: 171 KALORIEN, 18 g KOHLENHYDRATE, 4 g EIWEISS, 9 g FETT, 9,1 g BALLASTSTOFFE

GESCHMORTER CHICORÉE

(FÜR 4 PERSONEN)

8	**Chicorée, gewaschen**
3 EL	**Butter**
1 TL	**brauner Zucker**
125 ml	**trockener Weißwein**
2 EL	**frische Petersilie, gehackt**
	Saft von 1 Zitrone
	Salz und Pfeffer

■ Den Ofen auf 180°C vorheizen.

■ Den Chicorée längs halbieren, vom Strunk her 2,5 cm nicht aufschneiden. In viel kaltem Wasser waschen und gut abtropfen.

■ Eine Auflaufform mit etwas Butter einfetten. Den Chicorée hineinlegen, mit Zucker bestreuen und gut würzen. Zitronensaft und Wein dazugeben und mit Folie abdecken; 45 Minuten schmoren.

■ Die Folie entfernen und nochmals 15 Minuten backen.

■ Den Chicorée auf eine vorgewärmte Platte legen. 3 EL Flüssigkeit abnehmen.

■ Die restliche Butter zerlassen. Petersilie und die 3 EL Flüssigkeit dazugeben. Gut mischen, über den Chicorée gießen und servieren.

PRO PORTION: 156 KALORIEN 10 g KOHLENHYDRATE 4 g EIWEISS 9 g FETT 2.0 g BALLASTSTOFFE

KARTOFFELN ANNA

(FÜR 4 BIS 6 PERSONEN)

5	**große Kartoffeln, geschält, in Scheiben**
50 ml	**geklärte Butter***
	Salz und Pfeffer

■ Die Kartoffelscheiben 18 Minuten in kaltes Wasser legen. Abtropfen und mit einem sauberen Tuch trocknen.

■ Den Ofen auf 200°C vorheizen.

■ Eine gußeiserne Pfanne gründlich einbuttern. Die Kartoffeln vom äußeren Rand der Pfanne her kreisförmig, überlappend einschichten, bis der Boden bedeckt ist. Mit geklärter Butter bestreichen und kräftig würzen.

■ Mit der gleichen Technik eine neue Schicht auflegen. Die Scheiben müssen sich wie bei der ersten Schicht überlappen. Mit Butter bestreichen und würzen.

■ Wiederholen, bis alle Kartoffeln aufgebraucht sind. Sichergehen, daß alle Schichten mit Butter bestrichen und gewürzt sind.

■ Die Kartoffeln mit einer Palette zusammendrücken und mit einer Schicht Pergamentpapier bedecken. Die Pfanne zudecken und 3 Minuten bei mittlerer Hitze braten.

■ Die Pfanne in den Ofen stellen und 40 Minuten backen.

■ Die Kartoffeln wenden und servieren. Nach Belieben mit gehackter Petersilie bestreuen.

* Um die Butter zu klären, wird sie bei schwacher Hitze zerlassen, der Schaum abgeschöpft und dann die flüssige Butter abgegossen. Die kleinen, festen Bestandteile wegwerfen.

PRO PORTION:	178 KALORIEN	27 g KOHLENHYDRATE	2 g EIWEISS
	7 g FETT	1,4 g BALLASTSTOFFE	

KÄSESAUCE

(FÜR 4 BIS 6 PERSONEN)

4 EL	**Butter**
1	**kleine Zwiebel, gehackt**
4 EL	**Mehl**
750 ml	**Milch, erhitzt**
1/4 TL	**Muskat**
1/3 TS	**Gruyère oder Parmesan, gerieben**
	Prise Cayennepfeffer
	Salz und weißer Pfeffer

■ Die Butter leicht erhitzen. Die Zwiebel darin 2 Minuten dünsten.

■ Das Mehl gut einrühren und 2 Minuten bei schwacher Hitze anschwitzen.

■ Die Hälfte der Milch dazugeben und gründlich umrühren. Die restliche Milch aufgießen und wieder umrühren. Alle Gewürze einstreuen und die Sauce 12 Minuten köcheln, gelegentlich rühren.

■ Den Käse hinzufügen und gut abschmecken. Bei schwacher Hitze 3 Minuten köcheln.

PRO PORTION: 231 KALORIEN, 18 g KOHLENHYDRATE, 8 g EIWEISS, 14 g FETT, 0 g BALLASTSTOFFE

ZUCCHINI-SCHIFFCHEN MIT PILZFÜLLUNG

(FÜR 4 PERSONEN)

4	**große Zucchini, längs halbiert**
4	**Scheiben Baguette, ohne Kruste**
50 ml	**Milch**
2 EL	**Olivenöl**
250 g	**frische Champignons, geputzt und gehackt**
1	**Knoblauchzehe, gehackt**
1	**große Zwiebel, in Scheiben, gebraten**
1/4 TS	**Gruyère, gerieben**
	Salz und Pfeffer

■ Den Ofen auf 190°C vorheizen.

■ Das Innere der Zucchini mit einem Löffel aushölen. Das Fleisch hacken und beiseite stellen.

■ Die Zucchini in kochendem Salzwasser 4 Minuten blanchieren. Den Topf unter fließendes, kaltes Wasser stellen, um den Kochprozeß zu stoppen. Die Zucchini abtropfen und trockentupfen. In eine gefettete Auflaufform legen.

■ Das Brot 3 Minuten in der Milch einweichen. Herausnehmen, die restliche Flüssigkeit auspressen und beiseite stellen.

■ Das Olivenöl in einer Pfanne stark erhitzen. Das Zucchinifleisch gut würzen und im Öl bei mittlerer Hitze 6 Minuten dünsten.

■ Pilze und Knoblauch dazugeben. Abschmecken und 7 Minuten braten.

■ Brot und Zwiebeln dazugeben, mischen und 3 Minuten braten.

■ Die Mischung in die Zucchinischalen verteilen und mit Käse bestreuen. Im Ofen 18 Minuten überbacken. Servieren.

PRO PORTION: 184 KALORIEN, 20 g KOHLENHYDRATE, 6 g EIWEISS, 9 g FETT, 4,7 g BALLASTSTOFFE

SELLERIE MIT FRANZÖSISCHER VINAIGRETTE

(FÜR 4 BIS 6 PERSONEN)

8	**Selleriestauden, nur die inneren, weißen Stangen**
3 EL	**Weinessig**
1 EL	**Dijon-Senf**
2 EL	**Schalotten, geschält und gehackt**
135 ml	**Olivenöl**
1 EL	**frische Petersilie, gehackt**
	Saft von 1 Zitrone
	Salz und Pfeffer

■ Den Sellerie 20 Minuten in kochendem Salzwasser kochen. Gut abtropfen und auf einer Servierplatte anrichten.

■ Essig, Senf und Schalotten in einer Schüssel verrühren, salzen und pfeffern. Das Öl in stetigem, dünnen Strahl unter ständigem Schlagen mit einem Schneebesen einrühren.

■ Den Sellerie würzen und mit Zitronensaft beträufeln.

■ Die Vinaigrette über die noch warmen Selleriestangen gießen. Mit Petersilie bestreuen und servieren.

PRO PORTION: 275 KALORIEN, 25 g FETT, 11g KOHLENHYDRATE, 4,4 g BALLASTSTOFFE, 2 g EIWEISS

GEBACKENER LAUCH MIT KARTOFFELBREI

(FÜR 4 BIS 6 PERSONEN)

5	**Stangen Lauch, nur das Weiße**
1/4 TL	**Cayennepfeffer**
1 EL	**frische Petersilie, gehackt**
5	**große, gekochte Kartoffeln, püriert**
3 EL	**zerlassene Butter**
1/4 TS	**Gruyère, gerieben (nach Belieben)**
	Saft von 1/2 Zitrone
	Salz und weißer Pfeffer

■ Der Zubereitungstechnik für Lauch folgen. Die Blätter fächern und unter fließendem, kalten Wasser Sand und Schmutz auswaschen.

■ Den Lauch mit Zitronensaft und Salz in einen Topf mit kochendem Wasser geben; bei mittlerer Hitze 30 Minuten kochen.

■ Den Ofen auf 190°C vorheizen.

■ Den Topf vom Herd nehmen und kurz unter fließendes, kaltes Wasser stellen, um den Garprozeß zu stoppen. Den Lauch gut abtropfen, die überschüssige Flüssigkeit auspressen.

■ Den Lauch schneiden und in eine mittelgroße, gebutterte Auflaufform geben. Salzen und pfeffern.

■ Cayennepfeffer, Petersilie und Kartoffelbrei verrühren. Den Brei über den Lauch streichen und mit zerlassener Butter übergießen. Mit Käse bestreuen.

■ Im Ofen 30 Minuten backen. Den Ofengrill anstellen und vor dem Servieren einige Minuten bräunen.

PRO PORTION:	233 KALORIEN	37 g KOHLENHYDRATE	4 g EIWEISS
	8 g FETT	1,4 g BALLASTSTOFFE	

Die grünen Blatteile abschneiden und nur das Weiße verwenden. Die Stangen längs halbieren, vom Strunk her 2,5 cm nicht aufschneiden.

Die Stangen dann vierteln. Mit dieser Technik können die Blätter zum Waschen gefächert werden.

Den Lauch in kochendem Salzwasser mit Zitronensaft kochen.

4

Den heißen Lauch schneiden.

5

Den Lauch in eine gebutterte Auflaufform legen und gut würzen.

6

Den Kartoffelbrei auf den Lauch streichen und mit zerlassener Butter beträufeln. Mit Käse bestreuen.

DELIKATE GEBACKENE KARTOFFELN

(FÜR 4 PERSONEN)

7	**große Kartoffeln**
3 EL	**Butter**
1	**Eidotter**
4 EL	**geschlagene Sahne**
	Gruyère, gerieben
	Salz, Pfeffer, Muskat

■ Den Ofen auf 200°C vorheizen.

■ Die Kartoffeln mit einer Gabel anstechen, damit der Dampf während des Garens entweichen kann. Ungefähr 1 Stunde im Ofen backen, abhängig von der Größe.

■ Wenn sie weich sind, aus dem Ofen nehmen. Bei jeder Kartoffel oben längs eine dünne Scheibe abschneiden. Das Innere der Kartoffeln mit einem Löffel aushöhlen, dabei einen Rand stehen lassen; beiseite stellen.

■ Das Ausgehöhlte durch ein feines Sieb in eine Schüssel passieren. Butter, Ei und Muskat dazugeben, gut abschmecken und verrühren.
Die Sahne unterziehen und 4 Kartoffeln mit einem Spritzbeutel füllen. Mit Käse bestreuen und 5 Minuten im Ofen grillen.

PRO PORTION: 338 KALORIEN 47 g KOHLENHYDRATE 6 g EIWEISS 14 g FETT 2,4 g BALLASTSTOFFE

WEISSER RETTICH MIT HONIG

(FÜR 4 PERSONEN)

1	**weißer (chinesischer) Rettich, geschält**
1 EL	**Butter**
2 EL	**frischer Ingwer, gehackt**
125 ml	**Hühnerbrühe, erhitzt**
1 EL	**Honig**
1 EL	**frische Petersilie, gehackt**
$^1/_2$ TL	**Stärkemehl**
2 EL	**kaltes Wasser**
	Salz und Pfeffer

■ Den Rettich in 2,5 cm dicke Scheiben schneiden. In einen Topf mit kochendem Salzwasser geben und zugedeckt 18 bis 20 Minuten kochen. Abtropfen und beiseite stellen.

■ Die Butter leicht erhitzen. Rettich und Ingwer hineingeben, würzen und 4 Minuten braten.

■ Die Brühe aufgießen und zum Kochen bringen. 3 bis 4 Minuten kochen.

■ Honig und Petersilie dazugeben und 3 Minuten kochen.

■ Das Stärkemehl mit dem Wasser verrühren, zur Rettichmischung geben. 2 Minuten kochen und dann servieren.

PRO PORTION:	60 KALORIEN	8 g KOHLENHYDRATE	0 g EIWEISS
	3 g FETT	0 g BALLASTSTOFFE	

TOMATENPASTE FÜR FÜLLUNGEN

(FÜR 6 BIS 8 PERSONEN)

1 EL	**Olivenöl**
1	**Zwiebel, fein gehackt**
2	**Knoblauchzehen, gehackt**
1	**rote Paprikaschote, entkernt und fein gehackt**
2 TL	**rote Chilischote, fein gehackt**
800 ml	**Tomaten aus der Dose, abgetropft und gehackt**
2 EL	**Tomatenmark**
1/2 TL	**Basilikum**
1/2 TL	**Oregano**
	einige Tropfen Worcestershire-Sauce
	Salz und Pfeffer

■ Das Öl erhitzen. Zwiebel und Knoblauch darin bei schwacher Hitze 2 Minuten dünsten.

■ Paprika, Chili, Tomaten, Tomatenmark, Kräuter und Worcestershire-Sauce dazugeben, mischen, salzen und pfeffern. Zum Kochen bringen und bei schwacher Hitze 30 Minuten köcheln. 2 bis 3mal umrühren.

■ Vom Topf in eine Schüssel geben. Abkühlen lassen, dann mit Frischhaltefolie bedecken. Die Füllung hält sich 3 Tage im Kühlschrank.

■ Tomatenpaste zum Füllen von gelben Zucchini oder anderem Gemüse verwenden.

PRO PORTION: 53 KALORIEN, 2 g FETT, 8 g KOHLENHYDRATE, 1,3 g BALLASTSTOFFE, 1 g EIWEISS

ARTISCHOCKENBÖDEN MIT PILZFÜLLUNG

(FÜR 4 PERSONEN)

2 EL	**Butter**
2	**Schalotten, geschält und gehackt**
375 g	**frische Champignons, geputzt und gehackt**
3 EL	**Peperoni, gehackt**
1/2 TL	**Curry**
50 ml	**Sahne**
1 EL	**frische Petersilie, gehackt**
1 TS	**Gruyère, gerieben**
8	**Artischockenböden aus der Dose, erhitzt**
	Salz und Pfeffer

■ Den Ofen auf 200°C vorheizen.

■ Die Butter in einer feuerfesten Pfanne leicht erhitzen. Schalotten und Pilze hineingeben und würzen. Bei großer Hitze 8 Minuten braten.

■ Peperoni und Curry dazugeben; 3 Minuten braten.

■ Sahne und Petersilie einrühren und weitere 3 Minuten braten. Die Hälfte des Käses dazugeben, mischen und 1 Minute erwärmen.

■ Die Artischockenböden mit dieser Mischung füllen, den restlichen Käse obenauf streuen. Im Ofen 12 Minuten bräunen.

PRO PORTION: 343 KALORIEN 18 g KOHLENHYDRATE 11 g EIWEISS 15 g FETT 2,7 g BALLASTSTOFFE

GEBACKENE TOMATEN MIT BOHNENKRAUTFÜLLUNG

(FÜR 4 PERSONEN)

2	Scheiben Weißbrot ohne Kruste
75 ml	Milch
4	mittelgroße Tomaten
1 EL	Olivenöl
2	Schalotten, geschält und fein gehackt
2	Knoblauchzehen, gehackt
20	Champignonköpfe, geputzt und gehackt
1 EL	frische Petersilie, gehackt
1 EL	grüne Chilischote, gehackt
1/2 TL	Oregano
1/2 TL	Thymian
4 EL	Parmesan, gerieben
	Salz und Pfeffer

■ Das Brot 15 Minuten in der Milch einweichen. Den Ofen auf 180°C vorheizen.

■ Währenddessen die Tomatenstrünke entfernen. Die Tomaten umdrehen und mit einem Schälmesser oben eine Kappe abschneiden, dabei schräg nach unten schneiden. Die Kappe abheben und 3/4 des Fruchtfleisches mit einem Löffel herausnehmen. Die Haut dabei nicht verletzen.

■ Das Fleisch hacken, die Tomaten innen würzen und beiseite stellen.

■ Das Öl stark erhitzen. Schalotten, Knoblauch, Pilze, Petersilie und Chili darin 4 Minuten braten.

■ Das gehackte Tomatenfleisch dazugeben und gut abschmecken. Oregano und Thymian dazugeben, umrühren und 4 Minuten dünsten.

■ Die restliche Milch aus dem Brot pressen. Das Brot zur Tomatenmischung geben, 2 Minuten braten und dabei ständig rühren.

■ Die Tomaten füllen und in eine Brötchenform stellen. 15 Minuten im Ofen backen. Mit Käse bestreuen und weitere 5 Minuten im Ofen garen.

PRO PORTION: 167 KALORIEN, 6 g FETT, 22 g KOHLENHYDRATE, 5,0 g BALLASTSTOFFE, 7 g EIWEISS

1

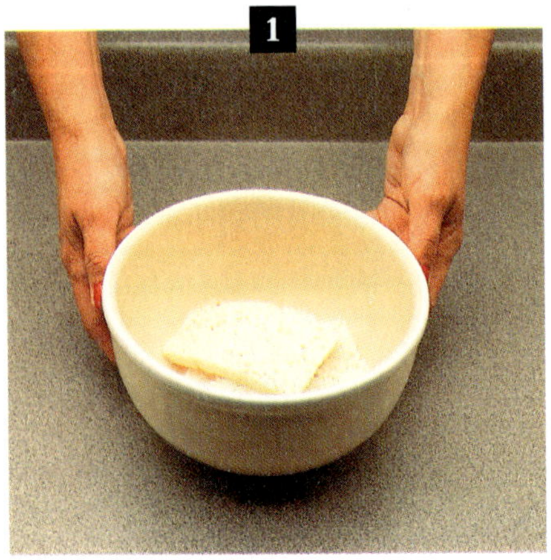

Das Brot in einer Schüssel 15 Minuten in der Milch einweichen.

2

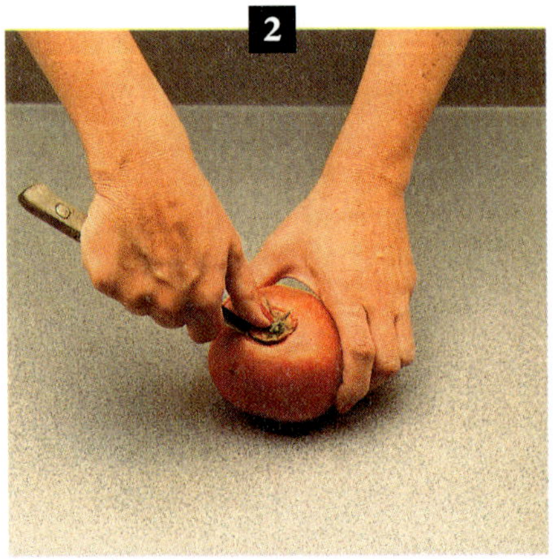

Den Strunk aus den Tomaten schneiden.

3

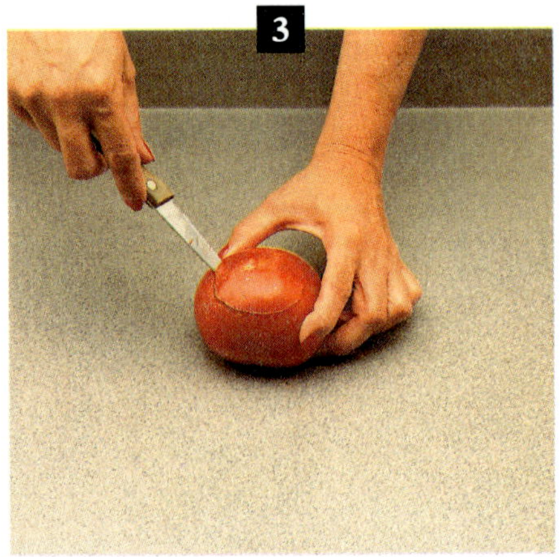

Die Tomaten umdrehen und mit einem Schälmesser eine Kappe abschneiden, dabei schräg nach unten schneiden.

4

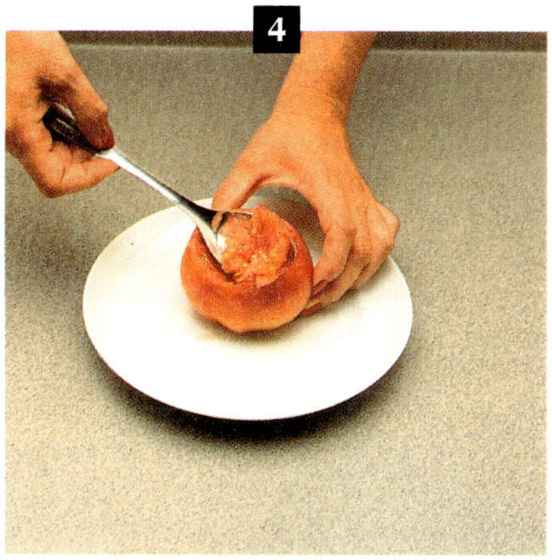

Die Kappe abheben und 3/4 des Tomatenfleisches mit einem Löffel herausnehmen. Die Haut dabei nicht einreißen.

5

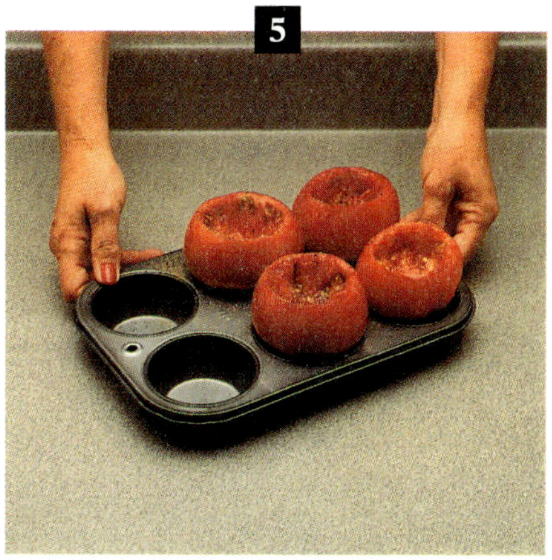

Die ausgehöhlten Tomaten in eine Brötchenform setzen.

6

Füllen und die Tomaten dann backen.

GERÖSTETES KNOBLAUCHPÜREE

(FÜR 4 BIS 6 PERSONEN)

10	**Knoblauchzehen, ungeschält**
2 EL	**Olivenöl**

■ Den Ofen auf 190°C vorheizen.

■ Den Knoblauch in Aluminiumfolie einpacken und 1 Stunde im Ofen backen.

■ Den Knoblauch aus der Packung nehmen und schälen.

■ Die Zehen im Mixer pürieren. Das Öl dazugeben und mischen, bis alles gut gebunden ist.

■ Das Knoblauchpüree in einem Glas mit gut verschließbarem Deckel aufbewahren. Kalt stellen.

■ Zur Zubereitung von Saucen verwenden oder zu Fleisch servieren.

PRO PORTION: 53 KALORIEN — 2 g KOHLENHYDRATE — 0 g EIWEISS — 5 g FETT — 0 g BALLASTSTOFFE

KIDNEYBOHNEN NEW ORLEANS

(FÜR 4 BIS 6 PERSONEN)

375 g	**getrocknete Kidneybohnen**
4	**geräucherte Haxen**
1 TL	**Thymian**
3	**Lorbeerblätter**
2 TL	**schwarzer Pfeffer**
1 TL	**Paprika**
$^1/_2$ TL	**Oregano**
$^1/_2$ TL	**Basilikum**
$^1/_2$ TL	**Cayennepfeffer**
2	**Knoblauchzehe, blanchiert, geschält und püriert**
2	**Stangen Staudensellerie, grob gewürfelt**
2	**Zwiebeln, gewürfelt**
500 g	**Bockwürstchen, schräg in 2,5 cm dicken Scheiben geschnitten**
1	**grüne Paprikaschote, gewürfelt**
	einige Tropfen Tabasco
	Salz

■ Die Bohnen in einer Schüssel vollständig mit Wasser bedecken. Über Nacht stehen lassen.

■ Die Schweinshachsen in einem großen Topf mit Wasser bedecken. Zum Kochen bringen. Kräuter und Knoblauch dazugeben und bei schwacher Hitze halb zugedeckt $1^1/_2$ Stunden köcheln. Die Haxen sollten gut gar sein. Aus dem Topf nehmen und beiseite stellen. Das Kochwasser im Topf lassen.

■ Die Bohnen abtropfen und in das heiße Wasser geben. Sellerie und Zwiebeln dazugeben. Wasser aufgießen, falls die Kochflüssigkeit die Bohnen nicht vollständig bedeckt. Mischen und halb zugedeckt 1 Stunde bei mittlerer Hitze kochen, gelegentlich umrühren.

■ Wurst, Tabasco und Paprika dazugeben. Mischen und halb bedeckt weitere 15 Minuten kochen.

■ Die Haxen in den Topf mit den Bohnen geben. Das meiste Wasser sollte nun verdampft sein. Halb zugedeckt nochmals 15 Minuten kochen.

■ Auf Reis servieren.

PRO PORTION: 488 KALORIEN · 22 g KOHLENHYDRATE · 32 g EIWEISS · 30 g FETT · 7,4 g BALLASTSTOFFE

1

Die geräucherten Haxen in einen großen Topf geben und mit Wasser bedecken. Zum Kochen bringen.

2

Die Kräuter und den Knoblauch dazugeben. Halb zugedeckt bei schwacher Hitze köcheln.

3

Die Haxen aus dem Topf nehmen und beiseite stellen.

4

Die abgetropften Kidneybohnen, den Sellerie und die Zwiebeln in die heiße Kochflüssigkeit geben. 1 Stunde kochen.

5

Wurst, Tabasco und Paprika hinzufügen und weiter kochen.

6

Die Haxen wieder in den Topf zurückgeben.

GESCHMORTES SCHWEINEFLEISCH MIT ZUCCHINI

(FÜR 4 BIS 6 PERSONEN)

1/2 TL	**weißer Pfeffer**
1/2 TL	**schwarzer Pfeffer**
1 TL	**Oregano**
1/2 TL	**Thymian**
1/2 TL	**Cayennepfeffer**
1/2 TL	**Knoblauchgranulat**
4 EL	**Mehl**
900 g	**mageres Schweinefleisch ohne Knochen, gewürfelt**
3 EL	**Butter**
2	**Zwiebeln, gewürfelt**
1	**Stange Staudensellerie, gewürfelt**
750 ml	**Hühnerbrühe, erhitzt**
1	**Zucchini, gewürfelt**
250 g	**gekochte Kidneybohnen**
	Salz

■ Den Ofen auf 160°C vorheizen.

■ Kräuter und Gewürze mischen und in das Mehl rühren. Das Fleisch darin wenden.

■ Die Butter in einer feuerfesten Form erhitzen. Das Fleisch darin 10 Minuten von allen Seiten anbraten, oder bis das Mehl am Boden haften bleibt; salzen.

■ Zwiebeln und Sellerie dazugeben; gut mischen und bei mittlerer Hitze 8 Minuten braten.

■ Die Brühe aufgießen. Salzen und zum Kochen bringen und zugedeckt 2 Stunden im Ofen schmoren.

■ 15 Minuten vor Ende der Garzeit Bohnen und Zucchini dazugeben. Mischen, zudecken und fertig schmoren.

■ Mit Kartoffelbrei servieren.

PRO PORTION: 491 KALORIEN 18 g KOHLENHYDRATE 42 g EIWEISS 28 g FETT 4,6 g BALLASTSTOFFE

LINSEN LOUISVILLE

(FÜR 4 PERSONEN)

1 TL	**Olivenöl**
2	**Karotten, geschält und gewürfelt**
1	**Stange Staudensellerie, gewürfelt**
4	**Schalotten, geschält und halbiert**
1	**Zwiebel, gehackt**
1 1/2 TS	**getrocknete Linsen, gewaschen und abgetropft**
1 TL	**Cajun Gewürzmischung***
1/4 TL	**Cayennepfeffer**
1	**Knoblauchwurst, in Scheiben**
	Salz und Pfeffer

■ Das Öl erhitzen. Das Gemüse bei schwacher Hitze darin 6 Minuten braten.

■ Linsen und Gewürze dazugeben. Mischen und mit Wasser bedecken. Zum Kochen bringen und halb zudeckt 1 Stunde 15 Minuten köcheln.

■ Die Wurst hineingeben, salzen und pfeffern. Halb zugedeckt 15 Minuten kochen. Servieren.

*Cajun Gewürzmischung: Chili, Kräuter, Senf und Cumin. Mann kann noch Knoblauch und Zwiebeln beifügen. Als Gewürzmischung im Handel erhältlich oder nach Geschmack selbst mischen.

PRO PORTION:	159 KALORIEN	14 g KOHLENHYDRATE	8 g EIWEISS
	8 g FETT	3.8 g BALLASTSTOFFE	

HÜHNERFLÜGEL BATON ROUGE

(FÜR 4 BIS 6 PERSONEN)

Marinade

24	**Hühnerflügel**
250 ml	**Bier**
250 ml	**Hühnerbrühe**
1 EL	**Olivenöl**
4	**Knoblauchzehen, blanchiert, geschält und püriert**
2 TL	**Worcestershire-Sauce**
1 TL	**scharfe Pfeffersauce**

Gewürze

4 EL	**Butter**
1 TL	**Cayennepfeffer**
1 TL	**schwarzer Pfeffer**
1 TL	**Oregano**
1 TL	**Basilikum**
1 TL	**Thymian**
1 TL	**Rosmarin**
	Salz

■ Die Spitzen der Flügel abschneiden. Die Flügel in eine Schüssel geben, die Marinadezutaten verrühren und darübergießen. Im Kühlschrank 2 Stunden marinieren.

■ Den Ofen auf 230°C vorheizen.

■ Die Flügel aus der Marinade nehmen.

■ Die Butter in einer gußeisernen Pfanne zerlassen. Die Gewürze und die Hühnerflügel hineingeben. Gut mischen und 7 Minuten bei mittlerer Hitze braten. Häufig rühren.

■ Die Pfanne in den Ofen stellen und 10 Minuten fertig braten. Servieren.

PRO PORTION: 342 KALORIEN, 20 g FETT, 4 g KOHLENHYDRATE, 0 g BALLASTSTOFFE, 32 g EIWEISS

1

Die Spitzen der Hühnerflügel abschneiden.

2

Die Flügel in eine Schüssel geben.

3

Die Marinadezutaten verrühren, darübergießen und kühl stellen.

4

Butter in einer gußeisernen Pfanne zerlassen.

5

Kräuter und Gewürze zugeben.

6

Die Hühnerflügel darin braten.

WEISSE BOHNEN À LA CAJUN

(FÜR 4 BIS 6 PERSONEN)

1 TL	**Olivenöl**
3	**Schalotten, geschält und gewürfelt**
1	**Stange Staudensellerie, gewürfelt**
2	**Karotten, geschält, gewürfelt**
2	**Knoblauchzehen, gehackt**
$1^1/_4$ TS	**trockene weiße Bohnen, 8 Stunden in kaltem Wasser eingeweicht**
1 TL	**Cajun Gewürzmischung***
$^1/_4$ TL	**Cayennepfeffer**
$^1/_2$ TL	**Salbei**
$^1/_2$ TL	**Thymian**
1 TL	**Oregano**
	Salz und Pfeffer

■ Das Öl erhitzen. Gemüse und Knoblauch dazugeben, umrühren, zudecken und 6 Minuten dünsten.

■ Die abgetropften Bohnen dazugeben und mischen. Die restlichen Zutaten hineingeben. Nach und nach Wasser aufgießen, bis es 6,5 cm über den Bohnen steht. Gründlich salzen und pfeffern.

■ Halb zugedeckt bei mittlerer Hitze $2^1/_2$ Stunden kochen.

■ Mit frischem Brot servieren.

*Cajun Gewürzmischung: Chili, Kräuter, Senf und Cumin. Mann kann noch Knoblauch und Zwiebeln beifügen. Als Gewürzmischung im Handel erhältlich oder nach Geschmack selbst mischen.

PRO PORTION: 65 KALORIEN, 11 g KOHLENHYDRATE, 3 g EIWEISS, 1 g FETT, 2,4 g BALLASTSTOFFE

BOHNEN QUARTIER LATIN

(FÜR 4 BIS 6 PERSONEN)

1 1/2 TS	**weiße Bohnen, 8 Stunden in kaltem Wasser eingeweicht**
2 EL	**Butter**
2	**Zwiebeln, gewürfelt**
1	**Stange Staudensellerie, gewürfelt**
3	**Knoblauchzehen, gehackt**
1/2 TL	**schwarzer Pfeffer**
1/4 TL	**Cayennepfeffer**
2 TL	**Cajun Gewürzmischung***
1 TL	**Basilikum**
1/2 TL	**Thymian**
	Salz

■ Die eingeweichten Bohnen abtropfen und beiseite stellen.

■ Die Butter leicht erhitzen. Zwiebeln und Sellerie hineingeben, mischen und 6 Minuten braten. Den Knoblauch dazugeben und 2 Minuten braten.

■ Gewürze und Bohnen dazugeben, mischen und salzen. Soviel Wasser dazugeben, daß es 5 cm über den Bohnen steht. Zum Kochen bringen und halb zugedeckt 2 1/2 Stunden bei mittlerer Hitze kochen. Gelegentlich rühren, falls nötig, Wasser dazugeben.

■ Mit frischem Brot oder Knoblauchbrot servieren.

*Cajun Gewürzmischung: Chili, Kräuter, Senf und Cumin. Mann kann noch Knoblauch und Zwiebeln beifügen. Als Gewürzmischung im Handel erhältlich oder nach Geschmack selbst mischen.

PRO PORTION: 98 KALORIEN, 10 g KOHLENHYDRATE, 4 g EIWEISS, 5 g FETT, 2,7 g BALLASTSTOFFE

PFEFFRIGER HACKBRATEN

(FÜR 6 BIS 8 PERSONEN)

1 EL	**Olivenöl**
1	**Zwiebel, fein gehackt**
1/2	**Stange Staudensellerie, gewürfelt**
3	**Schalotten, geschält und gehackt**
1 1/2	**rote Paprikaschoten, gehackt**
2	**Knoblauchzehen, gehackt**
2 EL	**geriebene Zitronenschale**
1 TL	**Worcestershire-Sauce**
500 g	**mageres Rinderhack**
375 g	**Kalbshack**
250 g	**mageres Schweinehack**
2	**Eier**
1/2 TL	**Thymian**
1 TL	**Basilikum**
1/4 TL	**Cayennepfeffer**
1/2 TL	**schwarzer Pfeffer**
1/4 TL	**gemahlene Nelke**
1/4 TL	**Chilipulver**
1/2 TS	**Semmelbrösel**
3 EL	**Dosenmilch**
3 EL	**Chilisauce**
	Salz

■ Das Öl erhitzen. Gemüse und Knoblauch dazugeben. Mischen und 6 Minuten bei schwacher Hitze dünsten. Zitronenschale und Worcestershire-Sauce einrühren und 2 Minuten braten. Alles aus der Pfanne nehmen und beiseite stellen.

■ Den Ofen auf 180°C vorheizen.

■ Alles Fleisch in den Mixer geben, salzen und 15 Sekunden mixen. Die Eier dazugeben und nochmals 1 Minute mixen.

■ Alle Gewürze vermengen und zum Fleisch in den Mixer geben. Semmelbrösel, Milch und Chilisauce hinzufügen und 15 Sekunden rühren. Die Mischung in eine Schüssel geben. Das gegarte Gemüse mit einem Löffel einrühren. Alles in eine Kastenform pressen.

■ Die Form in einen Bräter mit 2,5 cm Wasser stellen. Im Ofen unbedeckt 50 Minuten backen.

■ Die Hitze auf 200°C erhöhen und 6 Minuten backen.

■ Aufschneiden und mit einer würzigen Sauce servieren.

PRO PORTION: 381 KALORIEN · 11 g KOHLENHYDRATE · 37 g EIWEISS · 21 g FETT · 1,0 g BALLASTSTOFFE

Pfeffriger Hackbraten

SCHWEINEFILETS MIT APFELFÜLLUNG

(FÜR 4 PERSONEN)

2	**mittelgroße Schweinefilets, entfettet**
2	**Knoblauchzehen, blanchiert, geschält und püriert**
1/3 TL	**Muskat**
1/2 TL	**schwarzer Pfeffer**
1/4 TL	**Senfpulver**
1/4 TL	**Thymian**
1/3 TL	**Cayennepfeffer**
1 1/2 EL	**Olivenöl**
1	**kleine Zwiebel, gehackt**
2	**Frühlingszwiebeln, gehackt**
1/2	**gelbe Paprikaschote, gehackt**
125 g	**mageres Schweinehack**

■ Den Ofen auf 180°C vorheizen.

■ Die Filets längs aufschneiden, aber nicht ganz durchschneiden. Aufgeklappt zwischen Pergamentpapier legen. Mit einem Fleischklopfer flachklopfen.

■ Knoblauch und die trockenen Gewürze in einer Schüssel mischen und beiseite stellen.

■ Die Hälfte des Öls in einer gußeisernen Pfanne erhitzen. Zwiebeln und Paprika darin 4 Minuten bei schwacher Hitze dünsten.

■ Das Schweinehack und die Hälfte der Gewürzmischung dazugeben. Gut mischen und 5 Minuten bei schwacher Hitze braten.

(weiter nächste Seite)

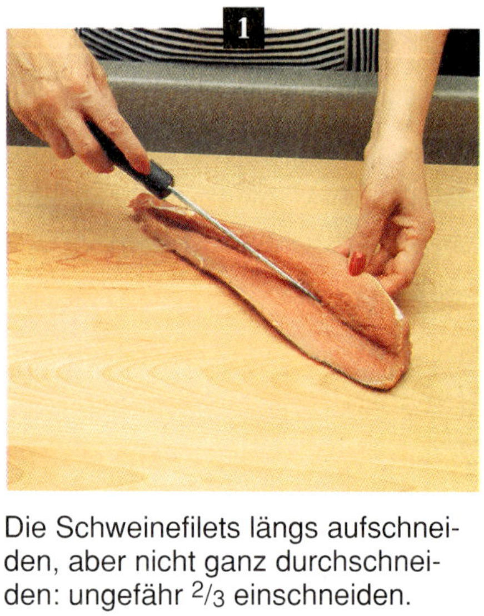

Die Schweinefilets längs aufschneiden, aber nicht ganz durchschneiden: ungefähr 2/3 einschneiden.

Die Zwiebeln und die gelbe Paprika im heißen Öl anbraten.

Das Schweinehack und die Hälfte der Gewürzmischung dazugeben. 5 Minuten mitbraten.

1	**Apfel, geschält und gehackt**
2 EL	**Honig**
3	**Scheiben Weißbrot ohne Kruste, in Milch eingeweicht**
375 ml	**Hühnerbrühe, erhitzt**
1 TL	**Stärkemehl**
2 EL	**kaltes Wasser**
1 EL	**frische Petersilie, gehackt**
	Salz und Pfeffer

■ Apfel und Honig dazugeben, mischen und 5 Minuten braten.

■ Die überschüssige Flüssigkeit aus dem Brot pressen. In die Pfanne geben, gut mischen und 2 Minuten braten.

■ Die Füllung auf die Filets streichen, rollen und zusammenbinden.

■ Das restliche Öl erhitzen. Die gefüllten Filets darin von allen Seiten anbraten. Mit der restlichen Gewürzmischung bestreuen. Die Pfanne in den Ofen stellen und 25 bis 30 Minuten fertig braten.

■ Wenn das Fleisch gar ist, aus der Pfanne nehmen und auf einer heißen Platte beiseite stellen. Die Pfanne bei großer Hitze auf den Herd stellen. Die Hühnerbrühe hineingießen, rühren und 3 Minuten kochen.

■ Das Stärkemehl mit dem Wasser verrühren, in die Sauce mischen und 1 Minute kochen. Die gehackte Petersilie einstreuen.

■ Die Schweinefilets aufschneiden und mit der Sauce servieren.

PRO PORTION: 463 KALORIEN 29 g KOHLENHYDRATE 49 g EIWEISS 17 g FETT 2,0 g BALLASTSTOFFE

4
Den Apfel und den Honig dazugeben. Weitere 5 Minuten braten.

5
Das Brot hinzufügen und 2 Minuten braten.

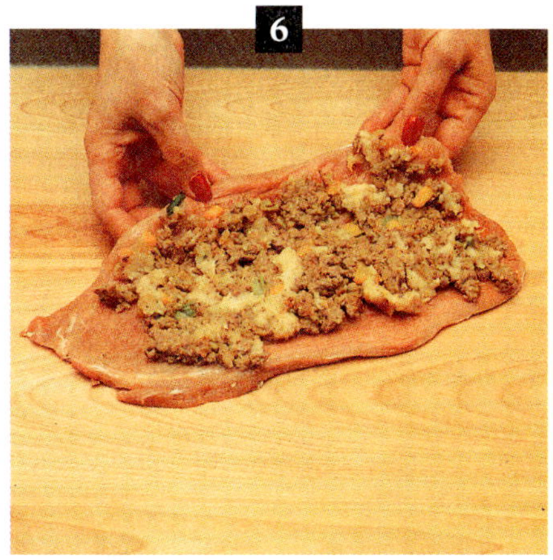
6
Die Filets füllen.

CURRY-HÜHNCHEN

(FÜR 4 PERSONEN)

1,6 kg	Hühnchen, gesäubert
2 EL	Butter
1	große Zwiebel, fein gewürfelt
1	Knoblauchzehe, zerdrückt und gehackt
2 EL	Curry
250 ml	Dosenmilch
1 EL	Tomatenmark
50 ml	Hühnerbrühe, erhitzt
	Salz und Pfeffer

■ Den Ofen auf 180°C vorheizen.

■ Das Hühnchen in 8 Stücke tranchieren. Die Haut entfernen. Das Fleisch beiseite stellen.

■ Die Butter in einer feuerfesten Pfanne zerlassen. Zwiebel und Knoblauch darin bei schwacher Hitze 4 Minuten dünsten. Den Curry dazugeben, mischen und 5 Minuten anschwitzen.

■ Die Hühnerteile hineingeben, salzen und pfeffern. Das Hühnchen 12 Minuten braun braten, währenddessen 2mal wenden. Falls nötig etwas mehr Butter dazugeben.

■ Die restlichen Zutaten hinzufügen, mischen und zugedeckt 20 Minuten im Ofen braten.

■ Nach Belieben mit frischem Gemüse servieren.

PRO PORTION: 507 KALORIEN, 10 g KOHLENHYDRATE, 66 g EIWEISS, 23 g FETT, 0 g BALLASTSTOFFE

GEMÜSE CHILI

(FÜR 4 BIS 6 PERSONEN)

1 EL	Olivenöl
2	Zwiebeln, gehackt
1	Stange Staudensellerie, in Scheiben
3	Frühlingszwiebeln, gehackt
3	Knoblauchzehen, gehackt
1	Aubergine, geschält und grob gewürfelt
1	Karotte, geschält und in Scheiben
1	Zucchini, mit Schale gewürfelt
800 ml	Dosentomaten, mit Saft, gehackt
2 1/2 EL	Chilipulver
1 TL	Kumin (Kreuzkümmel)
1 EL	Oregano
1 EL	Basilikum
1/2 TL	Cayennepfeffer
1/2 TL	schwarzer Pfeffer
2 1/2 TS	gekochte Kidneybohnen
1	gelbe Paprika, grob gewürfelt
1	rote Paprika, grob gewürfelt
	Prise Zucker
	Salz

■ Das Öl in einer Pfanne erhitzen. Zwiebeln, Sellerie, Frühlingszwiebeln und Knoblauch hineingeben, mischen und 5 Minuten braten.

■ Die Aubergine hinzufügen, salzen und gut vermengen. Zugedeckt bei mittlerer Hitze 15 Minuten dünsten, gelegentlich rühren.

■ Karotten, Zucchini und Tomaten mit Saft dazugeben; mischen. Gewürze, Kräuter, Zucker und Bohnen einrühren. Salzen und halb zugedeckt zum Kochen bringen. Bei mittlerer Hitze 30 Minuten kochen, gelegentlich rühren.

■ Paprikaschoten dazugeben und halb bedeckt weitere 20 Minuten kochen.

PRO PORTION 207 KALORIEN 35 g KOHLENHYDRATE 10 g EIWEISS 3 g FETT 12,2 g BALLASTSTOFFE

KALBSHAXEN CAJUN ART

(FÜR 4 PERSONEN)

1/2 TL	schwarzer Pfeffer
1/2 TL	Paprika
1/2 TL	Cayennepfeffer
1 TL	Basilikum
1/2 TL	Thymian
1/2 TS	Mehl
2,7 kg	Kalbshaxe, in 2,5 cm dicken Scheiben
3 EL	Butter
1	große Zwiebel, gehackt
1/2	Paprikaschote, gewürfelt
1	Stange Staudensellerie, gewürfelt
3	Knoblauchzehen, blanchiert, geschält und püriert
750 ml	Kalbs- oder Hühnerbrühe, erhitzt
	Salz und Pfeffer

■ Den Ofen auf 150°C vorheizen.

■ Die trockenen Gewürze und die Kräuter mischen.

■ Die Hälfte des Mehls mit der Hälfte der Gewürzmischung mischen. Das Fleisch im Mehl wenden und beiseite stellen.

■ Die Butter in einer gußeisernen Pfanne erhitzen. Das Fleisch auf beiden Seiten darin anbraten.

■ Zwiebel, Paprika, Sellerie und Knoblauch dazugeben. Salzen, pfeffern, mischen und 5 Minuten braten.

■ Das restliche Mehl darüberstreuen, mischen und das Fleisch wenden. Weitere 5 Minuten braten.

■ Den Rest der Gewürzmischung dazugeben, die Brühe aufgießen, salzen und zum Kochen bringen. Zugedeckt im Ofen 2 Stunden schmoren, oder bis das Fleisch sehr weich ist.

■ Nach Belieben auf Reis servieren.

PRO PORTION: 1201 KALORIEN 17 g KOHLENHYDRATE 146 g EIWEISS 61 g FETT 1,0 g BALLASTSTOFFE

1 Die Hälfte der Gewürzmischung in die Hälfte des Mehls mischen.

2 Das Fleisch in der Mehlmischung wenden.

3 Die Kalbshaxenstücke in der heißen Butter von beiden Seiten anbraten.

Zwiebel, Paprika, Sellerie und Knoblauch in die Pfanne geben.

Das restliche Mehl darüberstreuen.

Die Brühe aufgießen.

SCHWEINEKOTELETTS À LA CAJUN

(FÜR 4 PERSONEN)

1/4 TL	**schwarzer Pfeffer**
1/4 TL	**Paprika**
1/4 TL	**Cayennepfeffer**
1/4 TL	**gemahlener Oregano**
1/4 TL	**gemahlener Thymian**
1/4 TL	**gemahlener Ingwer**
8	**Schweinekotelett**
2 EL	**Butter**
1	**Zwiebel, in Scheiben**
1	**grüne Paprikaschote, in breiten Streifen**
1	**rote Paprikaschote, in breiten Streifen**
2 EL	**Mehl**
375 ml	**Hühnerbrühe, erhitzt**
1 TL	**Honig**
	Salz

■ Kräuter und Gewürze mischen. Mit der Hälfte der Mischung die Koteletts einreiben.

■ Die Butter erhitzen. Das Fleisch darin 3 Minuten pro Seite braten. Salzen, herausnehmen und beiseite stellen.

■ Die Zwiebel in der heißen Pfanne 3 Minuten bei mittlerer Hitze braten. Paprika und die restliche Gewürzmischung dazugeben, mischen und 7 Minuten braten.

■ Das Mehl einstreuen, mischen und 3 Minuten anschwitzen.

■ Brühe und Honig dazugeben und 5 Minuten köcheln. Das Fleisch wieder in die Pfanne geben und 2 Minuten köcheln.

■ Nach Belieben mit gedämpftem Reis und Broccoli servieren.

PRO PORTION: 597 KALORIEN 9 g KOHLENHYDRATE 57 g EIWEISS 37 g FETT 1,0 g BALLASTSTOFFE

HÜHNERBRÜSTCHEN MIT SAURER SAHNE

(FÜR 4 PERSONEN)

1/4 TL	**Cayennepfeffer**
1/4 TL	**schwarzer Pfeffer**
1/4 TL	**weißer Pfeffer**
1/4 TL	**Paprika**
1/2 TL	**Basilikum**
1/2 TL	**Knoblauchgranulat**
1/4 TL	**Senfpulver**
4	**Hühnerbrüstchen, ohne Haut und Knochen**
2 EL	**Butter**
2	**Frühlingszwiebeln, gehackt**
375 ml	**Hühnerbrühe, erhitzt**
1 EL	**Stärkemehl**
3 EL	**kaltes Wasser**
2 EL	**saure Sahne**
	Mehl
	Salz

■ Gewürze und Kräuter mischen. Die Hühnerbrüstchen damit bestäuben und dann in Mehl wenden.

■ Die Butter erhitzen. Das Fleisch darin 3 Minuten braten. Salzen, wenden und weitere 3 Minuten braten.

■ Die Zwiebeln in die Pfanne geben und 1 Minute braten. Die Brühe aufgießen und 6 Minuten köcheln, dabei nicht zudecken.

■ Die Hühnerbrüstchen herausnehmen und auf einer heißen Platte beiseite stellen.

■ Die Sauce bei großer Hitze 3 Minuten einkochen.

■ Das Stärkemehl mit dem Wasser verrühren, in die Sauce mischen und 1 Minute kochen. Die Pfanne vom Herd nehmen und 2 Minuten stehen lassen.

■ Die saure Sahne einrühren. Die Hühnerbrüstchen mit der Sauce und Kartoffeln servieren.

PRO PORTION: 264 KALORIEN 10 g FETT 9 g KOHLENHYDRATE 0 g BALLASTSTOFFE 30 g EIWEISS

LENDENROSTBRATEN

(FÜR 4 BIS 6 PERSONEN)

2 EL	Butter
1/2 TL	schwarzer Pfeffer
1/2 TL	Cayennepfeffer
1/2 TL	Thymian
1 TL	Oregano
1/2 TL	Senfpulver
2	Knoblauchzehen, blanchiert, geschält und püriert
1,8 kg	Schweinelende
1 EL	Olivenöl
1	Stange Staudensellerie, mittelgroß gewürfelt
2	Karotten, geschält, mittelgroß gewürfelt
1	große Zwiebel, mittelgroß gewürfelt
1	rote Paprikaschote, mittelgroß gewürfelt
3 EL	Mehl
125 ml	Hühnerbrühe, erhitzt
	Salz und Pfeffer

■ Den Ofen auf 150°C vorheizen.

■ Die Butter leicht erhitzen. Gewürze, Kräuter, Senf und Knoblauch darin 1 Minute dünsten.

■ Mit einem Messer einige Taschen in das Fleisch schneiden. Die Taschen mit der Gewürzmischung füllen und den Rest auf die Oberfläche reiben. Das Fleisch salzen.

■ Das Öl in einem Bräter erhitzen. Das Fleisch hineingeben, das gewürfelte Gemüse rund herum verteilen, salzen und pfeffern. Im Ofen 2 Stunden braten.

■ 15 Minuten vor dem Ende der Garzeit die Temperatur auf 220°C erhöhen, um den Braten zu bräunen.

■ Das Fleisch aus dem Bräter nehmen und 10 Minuten ziehen lassen.

■ Währenddessen den Bräter bei mittlerer Hitze auf den Herd stellen. Das Mehl einstreuen und 3 Minuten anschwitzen. Die Brühe aufgießen und 6 Minuten kochen. Die Sauce durch ein Sieb gießen und zum Braten servieren.

PRO PORTION:			
	752 KALORIEN	8 g KOHLENHYDRATE	76 g EIWEISS
	46 g FETT	1,1 g BALLASTSTOFFE	

1

Die Gewürze in der heißen Butter dünsten.

2

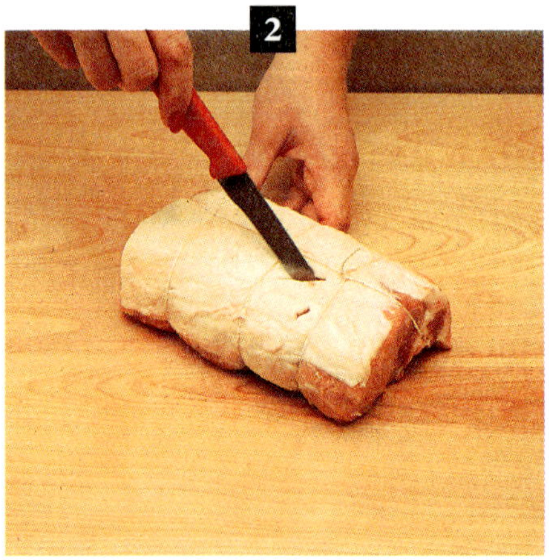

Schmale Taschen in das Fleisch schneiden.

3

Die Taschen mit der Gewürzmischung füllen, den Rest auf den Braten verteilen.

Das Fleisch in einen Bräter legen, das gewürfelte Gemüse außen herum verteilen.

Für die Sauce den Bräter bei mittlerer Hitze auf den Herd stellen. Das Mehl einstreuen.

Die Hühnerbrühe aufgießen.

GEGRILLTER SCHWERTFISCH

(FÜR 4 PERSONEN)

4	**Schwertfischsteaks**
1 EL	**Olivenöl**
4	**Scheiben Cajunbutter (siehe Seite 393)**
	Zitronensaft
	Salz und Pfeffer

■ Die Grillfunktion des Ofens anstellen.

■ Beide Seiten der Schwertfischsteaks mit Öl bepinseln. Im Ofen 4 Minuten pro Seite grillen. Die Grilldauer hängt von der Dicke der Steaks ab. Während der Garzeit würzen.

■ Zum Servieren auf jedes Steak ein Stück Cajun Butter legen und mit Zitronensaft beträufeln.

PRO PORTION: 317 KALORIEN, 17 g FETT, 0 g KOHLENHYDRATE, 0 g BALLASTSTOFFE, 41 g EIWEISS

KARAMELISIERTE SÜSSKARTOFFELN

(FÜR 4 BIS 6 PERSONEN)

5	**mittelgroße Süßkartoffeln**
1 TS	**brauner Zucker**
1 TS	**Wasser**
1 TL	**Zimt**
3 TL	**zerlassene Butter**
	Saft von 1 Zitrone
	Salz und Pfeffer

■ Den Ofen auf 180°C vorheizen.

■ Die Kartoffeln schälen. In 1,2 cm dicke Scheiben schneiden. In eine gebutterte Auflaufform legen; beiseite stellen.

■ Zucker, Wasser, Zimt und Zitronensaft in einer Pfanne zum Kochen bringen und 4 Minuten kochen.

■ Die Butter dazugeben und 2 Minuten kochen, salzen und pfeffern. Den Sirup über die Kartoffeln geben, mit Aluminiumfolie abdecken und 35 bis 40 Minuten im Ofen backen.

PRO PORTION: 425 KALORIEN, 9 g FETT, 84 g KOHLENHYDRATE, 2,6 g BALLASTSTOFFE, 2 g EIWEISS

REIS-HÜHNCHEN-KASSEROLLE

(FÜR 4 PERSONEN)

1,8 kg	**Hühnchen, gesäubert**
1 EL	**Olivenöl**
1	**große Gemüsezwiebel, gewürfelt**
2	**Knoblauchzehen, gewürfelt**
1 EL	**Chilischote, gehackt**
2 EL	**Peperoni, gehackt**
800 ml	**Tomaten aus der Dose, abgetropft und gehackt**
250 ml	**Hühnerbrühe, erhitzt**
1 TS	**Reis, abgespült**
1	**grüne Paprika, in Streifen**
	Prise Cayennepfeffer
	Salz und Pfeffer

■ Den Ofen auf 180°C vorheizen.

■ Das Hühnchen in 8 Teile tranchieren, die Haut entfernen und beiseite stellen.

■ Das Öl in einer feuerfesten Pfanne erhitzen. Das Fleisch darin von allen Seiten bräunen, salzen und pfeffern.

■ Zwiebel, Knoblauch, Chilischote und Peperoni dazugeben. Mischen und bei mittlerer Hitze 3 Minuten braten. Tomaten und Hühnerbrühe einrühren, mit Cayennepfeffer bestreuen, salzen und zum Kochen bringen.

■ Den Reis einrühren, mischen und zum Kochen bringen. Zugedeckt 20 Minuten im Ofen garen.

■ Den Deckel abnehmen und die Paprika dazugeben. Abschmecken und weitere 3 Minuten garen. Servieren.

PRO PORTION: 616 KALORIEN 34 g KOHLENHYDRATE 72 g EIWEISS 21 g FETT 3,2 g BALLASTSTOFFE

JAMBALAYA

(FÜR 4 BIS 6 PERSONEN)

4	Scheiben Frühstücksspeck, grob gewürfelt
1	große Zwiebel, fein gewürfelt
2	Knoblauchzehen, gehackt
4	Tomaten, gehäutet und gehackt
1/2 TL	Fenchelsamen
1/2 TL	Thymian
1 TS	gekochter Reis
250 ml	Hühnerbrühe, erhitzt
250 g	gekochter Schinken, klein geschnitten
375 g	frische Shrimps, geschält, ohne Darm
1	gelbe Paprikaschote, in Streifen
1	grüne Paprikaschote, in Streifen
	einige Tropfen scharfe Pfeffersauce
	Salz und Pfeffer

■ Den Ofen auf 180°C vorheizen.

■ Den Speck bei mittlerer Hitze braten. Dann mit einem Schaumlöffel herausnehmen und beiseite stellen.

■ Zwiebel und Knoblauch in die heiße Pfanne geben. Bei schwacher Hitze 8 Minuten braten, gelegentlich umrühren. Tomaten, Fenchel und Thymian hinzufügen und 5 Minuten dünsten.

■ Reis, Brühe, Schinken und Speck dazugeben. Mischen und zum Kochen bringen. Zugedeckt 15 Minuten im Ofen garen.

■ Shrimps und Paprika in die Pfanne geben. Mischen und mit Pfeffersauce abschmecken. Zudecken und im Ofen wieder 8 bis 10 Minuten garen.

PRO PORTION: 260 KALORIEN, 6 g FETT, 18 g KOHLENHYDRATE, 2,2 g BALLASTSTOFFE, 33 g EIWEISS

1 Den Speck braten.

2 Den Speck mit einem Schaumlöffel aus der Pfanne nehmen.

3 Zwiebel und Knoblauch im heißen Speckfett braten.

4

Tomaten, Fenchel und Thymian hinzufügen und 5 Minuten dünsten.

5

Reis, Brühe, Schinken und Speck dazugeben. Zugedeckt im Ofen garen.

6

Shrimps und Paprika dazugeben.

HÜHNERSTREIFEN LOUISIANA

(FÜR 4 PERSONEN)

1/2 TL	**Cayennepfeffer**
1/2 TL	**Paprika**
1/2 TL	**Salbei**
1/2 TL	**weißer Pfeffer**
1/4 TL	**gemahlener Ingwer**
1/4 TL	**schwarzer Pfeffer**
1/4 TL	**Thymian**
1 TL	**Oregano**
1 1/2 EL	**Olivenöl**
4	**Hühnerbrüstchen, ohne Haut und Knochen, in Streifen**
375 ml	**Hühnerbrühe, erhitzt**
50 ml	**schwarze Bohnensauce oder Sojasauce**
1 TL	**Stärkemehl**
2 EL	**kaltes Wasser**
	Salz

■ Gewürze, Kräuter und Öl mischen, beiseite stellen.

■ Eine gußeiserne Pfanne bei mittlerer Temperatur erhitzen. Wenn sie heiß ist, die Gewürzmischung darin 1 Minute anschwitzen.

■ Die Fleischstreifen dazugeben, leicht salzen und 3 Minuten bräunen. Das Hühnchen herausnehmen und beiseite stellen.

■ Brühe und Bohnensauce in die Pfanne geben, mischen und 3 Minuten kochen.

■ Das Stärkemehl mit Wasser verrühren und in die Sauce mischen, 1 Minute kochen.

■ Das Fleisch wieder dazugeben und 3 Minuten köcheln. Mit Gemüsegarnierung servieren.

Gemüse zum Garnieren

1 EL	**Butter**
1	**Zucchini, längs halbiert, in Scheiben**
12	**Radieschen, in Scheiben**
12	**Cocktailtomaten, halbiert**
12	**Zuckerschoten, geputzt**
	Salz und Pfeffer

■ Die Butter bei mittlerer Hitze zerlassen. Die Gemüse hineingeben und gut abschmecken. Zugedeckt 3 Minuten dünsten.

PRO PORTION: 258 KALORIEN, 12 g FETT, 8 g KOHLENHYDRATE, 3,6 g BALLASTSTOFFE, 29 g EIWEISS

TOMATEN-AUSTERN-SAUCE

(FÜR 4 PERSONEN)

1/4 TL	Cayennepfeffer
1/2 TL	Fenchelsamen
1/4 TL	Thymian
1/2 TL	Basilikum
1/2 TL	Selleriesamen
1/2 TL	schwarzer Pfeffer
1/4 TL	gemahlener Ingwer
36	geöffnete Austern, mit Saft
2 EL	Butter
1	Zwiebel, gehackt
3	Frühlingszwiebeln, gehackt
1/2	grüne Paprikaschote, gehackt
2 EL	Chilischote, gehackt
800 ml	Tomaten aus der Dose, abgetropft und gehackt
	Prise Safran
	Salz

■ Gewürze und Kräuter mischen und beiseite stellen.

■ Die Austern mit Saft in einen Topf geben. Mit kaltem Wasser bedecken und 3 Minuten bei mittelschwacher Hitze pochieren. Abtropfen und beiseite stellen.

■ Die Butter in einer gußeisernen Pfanne erhitzen. Die Gewürzmischung darin 1 Minute anschwitzen.

■ Zwiebeln , milde und scharfe Paprika dazugeben, salzen, mischen und 4 Minuten bei mittlerer Hitze braten. Die Tomaten einrühren und 4 Minuten dünsten. Mit Salz würzen.

■ Die abgetropften Austern dazugeben und 3 bis 4 Minuten köcheln. Auf frischen Nudeln servieren.

PRO PORTION: 193 KALORIEN, 17 g KOHLENHYDRATE, 13 g EIWEISS, 8 g FETT, 2,9 g BALLASTSTOFFE

GARNELEN LAFAYETTE

(FÜR 4 PERSONEN)

2 EL	Butter
1	Zwiebel, gehackt
2	grüne Paprikaschoten, gehackt
1 EL	Chilischote, gehackt
4	Tomaten, gehäutet, entkernt und gehackt
2	Knoblauchzehen, blanchiert, geschält und gehackt
1/4 TL	Cayennepfeffer
1/4 TL	schwarzer Pfeffer
1/4 TL	weißer Pfeffer
1/4 TL	brauner Zucker
50 ml	Garnelenbrühe*
625 g	frische Garnelen, geschält, ohne Darm
	Salz

■ Die Hälfte der Butter in einer gußeisernen Pfanne zerlassen. Zwiebel und alle Paprika dazugeben. Bei schwacher Hitze 10 Minuten dünsten, gelegentlich umrühren.

■ Tomaten, Knoblauch, Gewürze und Zucker hineingeben, gut mischen und 10 Minuten dünsten.

■ Die Brühe aufgießen und 10 Minuten kochen, gelegentlich umrühren. Vom Herd nehmen und beiseite stellen.

■ Die restliche Butter leicht erhitzen. Die Garnelen darin 3 bis 4 Minuten braten. Während des Bratens 1mal umrühren.

■ Die Garnelen zur Tomatenmischung geben, mischen und 2 Minuten sieden lassen. Auf heißen Nudeln servieren.

** Garnelenbrühe*

500 ml	Wasser
	Schalen von Garnelen
	Salz und Pfeffer

■ Das Wasser in einen Topf geben, die Garnelenschalen dazugeben und abschmecken; 15 Minuten kochen. Die Flüssigkeit durch ein Sieb abgießen.

PRO PORTION: 272 KALORIEN, 11 g KOHLENHYDRATE, 40 g EIWEISS, 8 g FETT, 2,5 g BALLASTSTOFFE

1 Für die Brühe die Garnelenschalen im Wasser kochen.

2 Zwiebel, milde und scharfe Paprika in der Butter braten.

3 Tomaten, Knoblauch, Gewürze und den braunen Zucker dazugeben. Mischen und bei schwacher Hitze köcheln.

Die Garnelenbrühe einrühren.

Die Garnelen braten.

Die Garnelen zur Tomatenmischung geben und sieden lassen.

KREOLISCHES LAMM-CURRY

(FÜR 4 BIS 6 PERSONEN)

1,8 kg	**Lammschulter ohne Knochen**
1 EL	**frischer Ingwer, gehackt**
1 EL	**gemahlener Koriander**
1 EL	**Kumin (Kreuzkümmel)**
1 TL	**Curry**
1 TL	**Basilikum**
$^1/_4$ TL	**Cayennepfeffer**
2 EL	**Olivenöl**
2	**große Zwiebeln, gewürfelt**
3	**Knoblauchzehen, blanchiert, geschält und püriert**
4 EL	**Mehl**
1 l	**Hühnerbrühe, erhitzt**
1	**Chilischote, gehackt**
1 EL	**Butter**
1	**Kochbanane**
	Salz und Pfeffer

■ Den Ofen auf 180°C vorheizen.

■ Das Fleisch entfetten und in 2,5 cm große Würfel schneiden und beiseite stellen.

■ Die Kräuter und Gewürze mischen und beiseite stellen.

■ Das Öl in einer feuerfesten Pfanne erhitzen. Die Hälfte des Fleisches darin von allen Seiten anbraten, salzen und pfeffern. Herausnehmen und beiseite stellen.

■ Das restliche Fleisch genauso zubereiten und beiseite stellen.

■ Zwiebeln und Knoblauch in die heiße Pfanne geben und bei mittlerer Hitze 6 Minuten braten. 1mal umrühren.

■ Die Gewürzmischung hinzufügen und 4 Minuten dünsten. Das Lamm wieder in die Pfanne geben und umrühren. Das Mehl einstreuen, mischen und 5 Minuten anschwitzen.

■ Brühe und Chilischote dazugeben. Salzen, mischen, zum Kochen bringen und zugedeckt $1^1/_2$ Stunden im Ofen schmoren.

■ Einige Minuten bevor das Curry fertig ist, die Butter zerlassen. Die Banane darin auf jeder Seite 1 Minute braten. Behutsam in den Eintopf rühren. Auf Eiernudeln servieren.

PRO PORTION:	683 KALORIEN	15 g KOHLENHYDRATE	75 g EIWEISS
	36 g FETT	1,7 g BALLASTSTOFFE	

Kreolisches Lamm-Curry

WÜRZIGE SAUCE FÜR HÜHNCHEN

(FÜR 6 PERSONEN)

1/2 TL	**Bohnenkraut**
1 TL	**Oregano**
1/4 TL	**Thymian**
1/4 TL	**Cayennepfeffer**
1/2 TL	**schwarzer Pfeffer**
50 ml	**trockener Weißwein**
3 EL	**Butter**
3	**Schalotten, geschält und gehackt**
4 EL	**Mehl**
750 ml	**Hühnerbrühe, erhitzt**
1	**kleine Chilischote, fein gehackt**
	Salz

■ Alle Gewürze und Kräuter mischen. Den Wein aufgießen und 1 Stunde ziehen lassen.

■ Die Butter zerlassen. Die Schalotten darin bei schwacher Hitze 4 Minuten braten.

■ Das Mehl einstreuen, gut vermischen und 3 Minuten bräunen. Die Brühe aufgießen und gut verrühren. Die Würzmischung und die Chilischote dazugeben.

■ Salzen und 16 Minuten unbedeckt köcheln.

■ Zu Hühnchen servieren.

PRO PORTION: 103 KALORIEN, 9 g KOHLENHYDRATE, 2 g EIWEISS, 6 g FETT, 0 g BALLASTSTOFFE

KUNTERBUNTER EINTOPF

(FÜR 4 BIS 6 PERSONEN)

3 EL	Mehl
1,8 kg	Rinderrollbraten
1/2 TL	schwarzer Pfeffer
1/2 TL	Cayennepfeffer
1/2 TL	Salbei
1/2 TL	Thymian
1/2 TL	Oregano
3	Knoblauchzehen, blanchiert, geschält und püriert
2 EL	Olivenöl
250 ml	Preiselbeersauce (Fertigprodukt)
500 ml	Rinderbrühe, erhitzt
4 EL	Meerrettich
3	Gewürznelken
2	Zwiebeln, in 6 Stücken
8	ganze, Schalotten, geschält
2	große Karotten, geschält und gedrittelt
	Salz

■ Den Ofen auf 180°C vorheizen.

■ Das Fleisch mit dem Mehl bestäuben und beiseite stellen.

■ Kräuter, Gewürze, außer den Nelken, Knoblauch und Öl verrühren. Eine feuerfeste Kasserolle erhitzen. Die Gewürzmischung darin 1 Minute anschwitzen.

■ Das Fleisch dazugeben und von allen Seiten anbraten. Preiselbeersauce und Brühe dazugeben, zum Kochen bringen und zugedeckt 2 1/2 bis 3 Stunden im Ofen schmoren.

■ 1 Stunde vor Ende der Garzeit Nelken, Meerrettich und Gemüse dazugeben.

■ Falls die Sauce nicht dick genug ist, 1 EL Stärkemehl mit 3 EL kaltem Wasser verrühren. In die Sauce mischen, zum Kochen bringen und 1 Minute kochen.

PRO PORTION: 714 KALORIEN 42 g KOHLENHYDRATE 88 g EIWEISS 22 g FETT 2,1 g BALLASTSTOFFE

FLUNDERFILETS MIT AUSTERNSAUCE

(FÜR 4 PERSONEN)

1/2 TL	weißer Pfeffer
1/2 TL	schwarzer Pfeffer
1/4 TL	Senfpulver
1/4 TL	Cayennepfeffer
1/2 TL	Selleriesamen
1/4 TL	gemahlener Ingwer
1 TS	Mehl
4	Flunderfilets
250 ml	Milch
3 EL	Butter
375 ml	Austernsauce, erhitzt (siehe Seite 384)

■ Die Gewürze im Mörser zerreiben und das Mehl mit den Gewürzen mischen.

■ Die Filets in die Milch tauchen, dann im Mehl wenden.

■ Die Butter in einer gußeisernen Pfanne erhitzen. Die Filets darin 3 Minuten auf jeder Seite braten. Herausnehmen und mit der Austernsauce servieren.

PRO PORTION: 547 KALORIEN 39 g KOHLENHYDRATE 30 g EIWEISS 30 g FETT 1,6 g BALLASTSTOFFE

Die Gewürze zusammen im Mörser verreiben.

Gewürze mit dem Mehl mischen.

Die Filets in die Milch tauchen.

4

Die Filets im gewürzten Mehl wenden.

5

Den Fisch in einer gußeisernen Pfanne in der heißen Butter braten.

6

Die Filets wenden und weiterbraten.

KREOLISCHES RINDERGULASCH

(FÜR 4 BIS 6 PERSONEN)

1 EL	**Speckfett**
1,8 kg	**Rindergulasch**
2	**Zwiebeln, gewürfelt**
2	**Knoblauchzehen, gehackt**
2	**Lorbeerblätter, zerstoßen**
$\frac{1}{2}$ TL	**Thymian**
3	**Petersilienzweige**
2	**Gewürznelken**
5 EL	**Mehl**
750 ml	**Rinderbrühe, erhitzt**
250 ml	**Sherry**
	Prise Cayennepfeffer
	Salz und Pfeffer

■ Den Ofen auf 150°C vorheizen.

■ Das Speckfett in einer feuerfesten Kasserolle stark erhitzen. Die Hälfte des Fleisches darin 15 Minuten von allen Seiten anbraten. Salzen, pfeffern, herausnehmen und beiseite stellen. Das restliche Fleisch genauso zubereiten.

■ Alles Fleisch in die Kasserolle geben. Zwiebeln, Knoblauch, Kräuter und Gewürze dazugeben, mischen und 4 bis 5 Minuten bei mittlerer Hitze braten. Salzen und pfeffern.

■ Das Mehl einstreuen und gut verrühren. Bei schwacher Hitze 6 Minuten anschwitzen. Einige Male umrühren.

■ Brühe und Sherry aufgießen, mischen und zum Kochen bringen. Zugedeckt 2 Stunden im Ofen schmoren. Mit frischen Nudeln servieren.

PRO PORTION: 589 KALORIEN, 10 g KOHLENHYDRATE, 86 g EIWEISS, 19 g FETT, 0 g BALLASTSTOFFE

FETTUCCINE IN SAHNESAUCE

(FÜR 4 PERSONEN)

1 EL	**Butter**
1/2 TL	**weißer Pfeffer**
1/3 TL	**Cayennepfeffer**
1/2 TL	**Oregano**
1/2 TL	**Selleriesamen**
2	**Knoblauchzehen, gehackt**
1	**Zwiebel, fein gehackt**
500 ml	**Sahne**
1/2 TS	**Parmesan, gerieben**
4	**Portionen Spinat-Fettuccine, gekocht, heiß***
	Prise Muskat
	Salz und Pfeffer

■ Die Butter zerlassen. Gewürze, Knoblauch und Zwiebel dazugeben, mischen und bei schwacher Hitze 4 Minuten braten.

■ Die Sahne aufgießen, bei mittlerer Hitze zum Kochen bringen, umrühren und 8 Minuten köcheln.

■ Den Käse einrühren und weitere 3 Minuten köcheln.

■ Die heißen Nudeln dazugeben, gut mischen und einige Minuten sieden lassen. Servieren.

*Falls erhältlich, frische Nudeln zubereiten.

PRO PORTION: 450 KALORIEN, 41 g KOHLENHYDRATE, 13 g EIWEISS, 26 g FETT, 0 g BALLASTSTOFFE

AUSTERNSAUCE

(FÜR 4 BIS 6 PERSONEN)

1 TS	**geschälte Austern mit Saft**
625 ml	**kaltes Wasser**
1/4 TL	**schwarzer Pfeffer**
1 ml	**weißer Pfeffer**
1/4 TL	**Basilikum, gemahlen**
1	**Knoblauchzehe, geschält, blanchiert und püriert**
3 EL	**Butter**
1	**Zwiebel, gehackt**
3 EL	**Mehl**
50 ml	**Sahne**
	Prise Muskat
	Prise Cayennepfeffer
	Salz

■ Die Austern und ihren Saft mit dem kalten Wasser übergießen und 8 Stunden kühlen.

■ Die Austern abtropfen, die Flüssigkeit in einen kleinen Topf geben und die Austern aufheben. Leicht zum Kochen bringen und 3 bis 4 Minuten köcheln.

■ Alle Pfeffersorten und Basilikum mit Knoblauch mischen, beiseite stellen.

■ Die Butter in einem zweiten Topf zerlassen. Die Zwiebeln darin bei schwacher Hitze 4 Minuten dünsten. Das Mehl einstreuen und 1 Minute anschwitzen.

■ Nach und nach die Austernflüssigkeit dazugeben, dabei ständig rühren. Die Gewürzmischung und die Sahne einrühren, mischen und 12 Minuten köcheln, häufig umrühren. Die Sauce sollte ziemlich dick sein. Nach Belieben die Austern zur Sauce geben und 3 Minuten ziehen lassen. Paßt zu verschiedenen Gerichten.

PRO PORTION: 149 KALORIEN 7 g KOHLENHYDRATE 5 g EIWEISS 11 g FETT 0 g BALLASTSTOFFE

1

Die Austern mit ihrem Saft in eine Schüssel geben. Das kalte Wasser dazugießen und 8 Stunden kühlen.

2

Die Austern abtropfen, die Flüssigkeit in einen Topf füllen.

3

Die Zwiebeln in der Butter braten.

4

Das Mehl einstreuen und 1 Minute anschwitzen.

5

Die Austernflüssigkeit einrühren.

6

Die Gewürzmischung und die Sahne dazugeben.

GEFÜLLTE LAMMKOTELETTS

(FÜR 4 PERSONEN)

2 EL	Butter
2	Frühlingszwiebeln, gehackt
1/2	grüne Paprikaschote, gehackt
1/2	gelbe Paprikaschote, gehackt
3	Scheiben gekochter Schinken, gehackt
3	Scheiben Weißbrot ohne Kruste, in Hühnerbrühe eingeweicht
1/2 TL	Cayennepfeffer
1/2 TL	schwarzer Pfeffer
1/2 TL	Paprika
1/2 TL	Selleriesalz
1 TL	Oregano
2 ml	Thymian
25 ml	Olivenöl
8	Lammkoteletts, 2,5 cm dick
	Salz

■ Die Butter leicht erhitzen. Frühlingszwiebeln, Paprika und Schinken darin 4 Minuten braten.

■ Die überschüssige Flüssigkeit aus dem Brot pressen. Zum Gemüse geben und salzen. Mischen und 4 Minuten bei großer Hitze braten.

■ Die Mischung im Mixer 5 Sekunden pürieren, dann abkühlen lassen.

■ Alle Gewürze, Kräuter und Öl vermengen.

■ Eine große Tasche in jedes Kotelett schneiden und mit der Gemüse-Brot-Mischung füllen.

■ Eine gußeiserne Pfanne stark erhitzen und die Gewürzmischung darin 1 Minute rösten.

■ Das gefüllte Fleisch hineingeben und 4 Minuten pro Seite für "rosa" Fleisch braten, oder ein wenig länger für gut durchgebratenes Fleisch.

■ Mit scharfem Senf oder einer würzigen Sauce servieren.

PRO PORTION: 627 KALORIEN, 12 g KOHLENHYDRATE, 63 g EIWEISS, 36 g FETT, 1,1 g BALLASTSTOFFE

GARNELENSPIESSE CAJUN ART

(FÜR 4 PERSONEN)

2	Knoblauchzehen, blanchiert, geschält und püriert
1/2 TL	Cayennepfeffer
1/2 TL	schwarzer Pfeffer
1/2 TL	weißer Pfeffer
1/2 TL	Thymian
1 TL	Oregano
3 EL	zerlassene Butter
50 ml	Garnelenbrühe (siehe Seite 374)
640 g	Garnelen, geschält, ohne Darm
1	Zitrone, in dünnen Scheiben

■ Knoblauch, Kräuter, Gewürze und Butter mischen; beiseite stellen.

■ Die Brühe in eine Schüssel gießen, Gewürzmischung und Garnelen hineingeben, gut mischen und 15 Minuten ziehen lassen.

■ Den Grill auf Hoch stellen.

■ Abwechselnd Garnelen und Zitronenscheiben auf Metallspieße stecken. Mit der Marinade bestreichen.

■ Den Grillrost ölen, die Spieße darauflegen und 3 Minuten grillen. Wenden und 2 Minuten grillen. Während des Grillens mit Marinade bestreichen.

PRO PORTION: 247 KALORIEN, 10 g FETT, 2 g KOHLENHYDRATE, 0 g BALLASTSTOFFE, 37 g EIWEISS

AUBERGINEN-KREBS-AUFLAUF

(FÜR 4 BIS 6 PERSONEN)

2	Auberginen
2 EL	Butter
1	Zwiebel, fein gehackt
1	gelbe Paprikaschote, gehackt
2 EL	Chilischote, gehackt
2	Knoblauchzehen, gehackt
1/4 TL	Cayennepfeffer
1/4 TL	schwarzer Pfeffer
1/2 TL	Fenchelsamen
200 g	Krebsfleisch, aufgetaut
1/2 TS	Parmesan, gerieben
	Salz und Pfeffer

■ Die Auberginen längs halbieren und mit Salz bestreuen. 30 Minuten bei Raumtemperatur ziehen lassen. Unter kaltem Wasser abspülen, um Salz und Saft abzuwaschen.

■ Den Ofen auf 200°C vorheizen.

■ Die Auberginen trockentupfen und mit der Schnittfläche nach unten in einen Bräter legen. 30 Minuten im Ofen backen, herausnehmen und die Schalen aushöhlen. Beiseite stellen.

■ Die Butter in einer gußeisernen Pfanne erhitzen. Zwiebel, Paprika, Chilischote und Knoblauch darin 3 Minuten braten.

■ Gewürze dazugeben, mischen und 2 Minuten braten. Das Auberginenfleisch einrühren, abschmecken und 6 bis 7 Minuten braten.

■ Das Krebsfleisch dazugeben; kräftig würzen. 3 EL Parmesan einrühren und 4 Minuten bei schwacher Hitze braten.

■ Die Auberginenschalen (oder Muschelschalenformen) mit der Mischung füllen. Mit dem restlichen Käse bestreuen und im Ofen bei 180°C 8 Minuten überbacken.

PRO PORTION: 141 KALORIEN, 8 g FETT, 6 g KOHLENHYDRATE, 1,5 g BALLASTSTOFFE, 11 g EIWEISS

1

Mit einem Löffel das gebackene Fleisch aus den Auberginen schaben.

2

Die Zwiebel, Paprika und Knoblauch in der heißen Butter braten.

3

Gewürze dazugeben, mischen und 2 Minuten braten.

Das Auberginenfleisch einrühren. Salzen und pfeffern und 6 bis 7 Minuten braten.

Das Krebsfleisch dazugeben und würzen.

3 EL Käse einrühren.

CHILI MIT FLEISCHWÜRFELN

(FÜR 4 BIS 6 PERSONEN)

Teil I

2 1/2 TS	getrocknete Kidneybohnen
1,2 kg	Hüftsteak, in 1,2 cm großen Würfeln
1	Stange Staudensellerie, gewürfelt
1	Zwiebel, gewürfelt
1	Lorbeerblatt
2	Gewürznelken
	Salz und Pfeffer

■ Die Bohnen 8 Stunden in kaltem Wasser einweichen. Abtropfen und beiseite stellen.

■ Fleisch und Bohnen in einem großen Topf mit soviel kaltem Wasser bedecken, daß es 2,5 cm über den Bohnen steht. Schnell zum Kochen bringen. Den Schaum abschöpfen.

■ Fleisch und Bohnen abtropfen; zurück in den Topf geben. Wieder soviel kaltes Wasser aufgießen, daß es 2,5 cm über den Bohnen steht. Sellerie, Zwiebel, Lorbeer und Nelken dazugeben. Halb zugedeckt zum Kochen bringen. Bei mittlerer Hitze 1 1/2 Stunden kochen.

Teil II

1/4 TL	gemahlene Nelken
1/2 TL	Selleriesamen
1 TL	Basilikum
1/2 TL	Kumin (Kreuzkümmel)
2 1/2 EL	Chilipulver
1/4 TL	Cayennepfeffer
1/4 TL	Thymian
1 EL	Oregano
1 TL	schwarzer Pfeffer
1/2	Chilischote, gehackt
1 1/2 EL	Olivenöl
1	große Zwiebel, gehackt
3	Knoblauchzehen, gehackt
3	Karotten, geschält und gewürfelt
1	gelbe Paprikaschote, mittelgroß gewürfelt
1	rote Paprikaschote, mittelgroß gewürfelt
2 EL	Mehl
800 ml	Tomaten aus der Dose, abgetropft und gehackt
500 ml	Rinderbrühe, erhitzt
	Salz

■ Gewürze, Kräuter und Chilischote mischen; beiseite stellen.

■ Das Öl erhitzen. Zwiebel und Knoblauch darin bei schwacher Hitze 3 Minuten dünsten. Karotten und Paprika dazugeben, gut mischen und die Gewürzmischung dazugeben. Sehr gut verrühren (wichtig). Bei mittlerer Hitze 5 Minuten dünsten. Das Mehl dazugeben, gut rühren und 3 Minuten bei schwacher Hitze anschwitzen.

■ Tomaten und Brühe einrühren, salzen, mischen und 40 Minuten halb zugedeckt köcheln.

■ Wenn das Fleisch gar ist, die Bohnen-Fleisch-Mischung abtropfen, 125 ml Kochflüssigkeit aufheben.

■ Diese Mischung zusammen mit der Flüssigkeit zum Gemüse geben und gut umrühren. Halb zugedeckt 20 Minuten köcheln. Je nach Belieben mit saurer Sahne oder Cheddar servieren.

PRO PORTION: 207 KALORIEN 3 g FETT 35 g KOHLENHYDRATE 12,2 g BALLASTSTOFFE 10 g EIWEISS

Chili mit Fleischwürfeln

GEFÜLLTES BRATHÜHNCHEN

(FÜR 4 PERSONEN)

3	**ganze Schalotten, geschält**
50 ml	**Weinessig**
50 ml	**Wasser**
1	**Hühnerleber, gesäubert**
3	**Schalotten, gehackt**
1/4 TL	**Thymian**
1 EL	**frische Petersilie, gehackt**
1/2 TL	**Salbei**
1 TL	**Basilikum**
1/4 TL	**schwarzer Pfeffer**
5	**Scheiben Baguette ohne Kruste, in Hühnerbrühe eingeweicht**
1,7 kg	**frisches Hühnchen, gesäubert**
4 EL	**zerlassene Butter**
	Zitronensaft
	Salz und Pfeffer

■ Den Ofen auf 200°C vorheizen.

■ Die ganzen Schalotten in eine Schüssel geben. Essig und Wasser dazugeben, verrühren und 12 Minuten ziehen lassen.

■ Die Leber hacken und in eine andere Schüssel geben. Die gehackten Schalotten und Gewürze hinzufügen, gut mischen. Die Flüssigkeit aus dem Brot pressen und dazugeben. Gut mischen und beiseite stellen.

■ Das Hühnchen innen salzen und pfeffern. Füllen, zubinden und in einen Bräter legen. Die Haut mit zerlassener Butter bestreichen und mit Zitronensaft beträufeln. Außen würzen und im Ofen (bei 200°C) 30 Minuten braten.

■ Die Hitze auf 190°C reduzieren und 1 Stunde weiterbraten. 3 bis 4mal während des Bratens mit der Schalotten-Essig-Marinade bepinseln.

■ Wenn das Hühnchen gar ist, aus dem Ofen nehmen. Aufschneiden und mit würziger Sauce für Hühnchen (siehe Seite 378) servieren.

PRO PORTION: 638 KALORIEN | 30 g KOHLENHYDRATE | 66 g EIWEISS | 28 g FETT | 1,4 g BALLASTSTOFFE

VIELSEITIGE CAJUN SAUCE

(FÜR 6 BIS 8 PERSONEN)

3 EL	Olivenöl
2	Knoblauchzehen, gehackt
1	Zwiebel, gehackt
1/4	Stange Staudensellerie, gewürfelt
2	Peperoni, gehackt
2	Schalotten, geschält und gehackt
4 EL	Mehl
750 ml	Rinderbrühe, erhitzt
1/4 TL	Pfeffer
1/4 TL	Cayennepfeffer
1/4 TL	Thymian
1 TL	Tomatenmark
	Salz

■ Das Öl erhitzen. Knoblauch und Gemüse darin 7 Minuten bei schwacher Hitze dünsten, gelegentlich rühren.

■ Das Mehl einrühren und 7 Minuten bräunen.

■ Die Brühe aufgießen und gut verrühren. Alle Gewürze und die Tomaten dazugeben. 18 Minuten köcheln, gelegentlich rühren.

■ Die Sauce durch ein feines Sieb gießen.

■ Zu Hühnchen, Rindfleisch oder Würstchen servieren.

PRO PORTION: 93 KALORIEN, 9 g KOHLENHYDRATE, 1 g EIWEISS, 6 g FETT, 1,0 g BALLASTSTOFFE

CAJUN BUTTER

(FÜR 8 BIS 10 PERSONEN)

1/4 TL	schwarzer Pfeffer
1/4 TL	weißer Pfeffer
1/4 TL	Salbei
1 TL	Chilischote, gehackt
2	Knoblauchzehen, blanchiert, geschält und püriert
250 g	ungesalzene Butter, weich
	Prise Cayennepfeffer
	Saft von 1/2 Zitrone
	Salz

■ Die Gewürze, Chilischote und Knoblauch mischen. Die Butter einarbeiten, bis alles gut gebunden ist. Salzen, Zitronensaft dazugeben und wieder mischen.

■ Die Butter auf eine doppelte Lage Aluminiumfolie legen. Zu einer Rolle formen und die Enden verschließen. Gefrieren und nach Bedarf verwenden.

PRO PORTION: 206 KALORIEN, 0 g KOHLENHYDRATE, 0 g EIWEISS, 23 g FETT, 0 g BALLASTSTOFFE

PFEFFER-GARNELEN

(FÜR 4 PERSONEN)

2	**Knoblauchzehen, püriert**
1/2 TL	**Cayennepfeffer**
1/2 TL	**schwarzer Pfeffer**
1/2 TL	**weißer Pfeffer**
1/2 TL	**Thymian**
1 TL	**Oregano**
2 EL	**Butter**
375 g	**frische Champignons, geputzt, gedrittelt**
2	**Frühlingszwiebeln, gehackt**
750 g	**frische Garnelen, geschält, ohne Darm**
75 ml	**Garnelenbrühe (siehe Seite 374)**
2 EL	**Beurre Manié (siehe Seite 155)**
	Salz

■ Knoblauch, alle Pfeffersorten, Thymian und Oregano im Mörser verreiben.

■ Die Butter in einer gußeisernen Pfanne leicht erhitzen. Die Gewürzmischung darin 1 Minute anbraten.

■ Pilze und Frühlingszwiebeln dazugeben, salzen, umrühren und 4 Minuten dünsten.

■ Die Garnelen hineingeben und 3 Minuten braten, 1mal umrühren. Die Garnelen herausnehmen und beiseite stellen.

■ Die Temperatur erhöhen, die Brühe aufgießen. Zum Kochen bringen und 2 Minuten kochen.

■ Die Beurre Manié einrühren.

■ Die Garnelen wieder dazugeben und bei schwacher Hitze 1 Minute ziehen lassen. Auf Reis servieren.

PRO PORTION: 340 KALORIEN 7 g KOHLENHYDRATE 47 g EIWEISS 14 g FETT 2,6 g BALLASTSTOFFE

Knoblauch, Gewürze und Kräuter im Mörser verreiben.

Die Mischung in der heißen Butter braten.

Die Pilze und die Frühlingszwiebeln dazugeben und 4 Minuten braten.

Die Garnelen hineingeben und 3 Minuten braten.

Die Garnelen wieder aus der Pfanne nehmen. Die Brühe aufgießen und zum Kochen bringen.

Die Beurre Manié mit einem Schneebesen einrühren.

PANIERTE KALBSSCHNITZEL

(FÜR 4 PERSONEN)

4	**mittelgroße Kalbsschnitzel**
1/2 TL	**weißer Pfeffer**
1/4 TL	**Paprika**
1 TL	**frische Petersilie, fein gehackt**
2	**Knoblauchzehen, blanchiert, geschält und püriert**
1/2 TS	**Mehl**
2	**Eier, geschlagen**
50 ml	**Sahne**
2 EL	**Butter**
1 EL	**Olivenöl**
	Semmelbrösel
	Salz

■ Die Schnitzel zwischen eine Schicht Pergamentpapier legen. Mit der glatten Seite eines Fleischklopfers flachklopfen.

■ Gewürze, Petersilie und Knoblauch mischen. Die Hälfte der Mischung auf den Schnitzeln verreiben.

■ Die restliche Gewürzmischung in das Mehl mischen. Das Fleisch im Mehl wenden.

■ Die Eier mit der Sahne verschlagen. Das Fleisch in das Ei tauchen dann in den Bröseln wenden und salzen.

■ Butter und Olivenöl in einer Bratpfanne erhitzen. Die Schnitzel darin 2 Minuten auf jeder Seite braten. Servieren.

PRO PORTION: 417 KALORIEN, 17 g KOHLENHYDRATE, 26 g EIWEISS, 27 g FETT, 0 g BALLASTSTOFFE

CORDON BLEU

(FÜR 4 PERSONEN)

1/4 TL	Senfpulver
1/4 TL	schwarzer Pfeffer
1/2 TL	gemahlener Oregano
1/4 TL	gemahlener Thymian
1/4 TL	gemahlener Ingwer
1/4 TL	Cayennepfeffer
8	große Schweineschnitzel, 0,7 cm dick
4	Scheiben gekochter Schinken
4	Scheiben Havarti-Käse
1	Ei, geschlagen
1 1/2 TS	Semmelbrösel
2 EL	Olivenöl
	Salz

■ Den Ofen auf 180°C vorheizen.

■ Gewürze und Kräuter mischen und beiseite stellen.

■ Die Schnitzel zwischen einer Schicht Pergamentpapier mit der glatten Seite eines Fleischklopfers flachklopfen.

■ Das Fleisch mit der Würzmischung bestreuen. 4 Schnitzel auf die Arbeitsfläche legen. Jeweils mit einer Scheibe Schinken und Käse belegen. Die Füllung zurechtschneiden, wenn sie über das Fleisch hinausgeht.

■ Die anderen 4 Schnitzel obenauflegen. Die Ränder mit dem Fleischklopfer zusammenklopfen, salzen.

■ Die gefüllten Schnitzel in das Ei tauchen, dann in den Bröseln wenden.

■ Das Öl in einer feuerfesten Pfanne bei mittlerer Temperatur erhitzen. Die Schnitzel darin 3 Minuten pro Seite braten. In den Ofen stellen und 8 bis 10 Minuten fertigbraten.

■ Mit frischem Gemüse servieren.

PRO PORTION: 540 KALORIEN, 25 g KOHLENHYDRATE, 38 g EIWEISS, 32 g FETT, 1.0 g BALLASTSTOFFE

HAMBURGER À LA CAJUN

(FÜR 4 PERSONEN)

750 g	mageres Rinderhack
1	Ei
1	große Zwiebel, gehackt und gebraten
2	Knoblauchzehen, gehackt
1 TL	Dijon-Senf
1 TL	Worcestershire-Sauce
1/2 TL	schwarzer Pfeffer
1/2 TL	Cayennepfeffer
1/2 TL	weißer Pfeffer
1/2 TL	Paprika
1 TL	Oregano
2 EL	Olivenöl
375 ml	Rinderbrühe, erhitzt
1 EL	Stärkemehl
3 EL	kaltes Wasser
	Salz

■ Fleisch, Ei, Zwiebel, Knoblauch, Senf, Worcestershire-Sauce und Salz im Mixer einige Minuten rühren, bis alles gut gebunden ist.

■ Die Mischung zu 4 großen Frikadellen formen und beiseite stellen.

■ Gewürze und Kräuter mischen, ebenfalls beiseite stellen.

■ Eine gußeiserne Pfanne erhitzen. Wenn sie heiß ist, das Öl hineingeben. Die Gewürzmischung darin 1 Minute rösten.

■ Die Frikadellen darin 8 Minuten braten; 3 bis 4mal wenden.

■ Die Frikadellen aus der Pfanne nehmen und warm halten.

■ Die Brühe in die Pfanne gießen und 3 bis 4 Minuten kochen.

■ Das Stärkemehl mit Wasser verrühren, in die Sauce gießen und 1 Minute kochen. Über die Frikadellen geben und mit Kartoffeln servieren.

PRO PORTION:			
	400 KALORIEN	5 g KOHLENHYDRATE	41 g EIWEISS
	24 g FETT	0 g BALLASTSTOFFE	

1

Das Fleisch in den Mixer geben. Ei, Zwiebel, Knoblauch, Senf, Worcestershire-Sauce dazugeben. Salzen und zusammenmixen.

2

Die Mischung zu großen Frikadellen formen.

3

Die Gewürze im heißen Öl braten.

Die Frikadellen hineingeben und 8 Minuten braten. Während des Bratens 3 bis 4mal wenden.

Die Brühe in die heiße Pfanne gießen.

Das verrührte Stärkemehl in die Sauce mischen.

GESCHWÄRZTE JAKOBSMUSCHELN

(FÜR 4 PERSONEN)

1 TL	Paprika
1 TL	schwarzer Pfeffer
1 TL	weißer Pfeffer
1/2 TL	Cayennepfeffer
1 TL	Oregano
1 TL	Rosmarin
1 EL	Olivenöl
1	grüne Paprikaschote, gewürfelt
1	gelbe Paprikaschote, gewürfelt
1	Schalotte, geschält und gehackt
500 g	Jakobsmuscheln
4	kleine Portionen Nudeln, gekocht, heiß
	Prise Thymian
	Salz

■ Die Kräuter und Gewürze, außer Salz, mit dem Öl in einer Schüssel verrühren und beiseite stellen.

■ Eine gußeiserne Pfanne sehr stark erhitzen. Die Gewürzmischung darin 1 Minute braten; dabei ständig rühren!

■ Paprika und Schalotten dazugeben, mischen und 2 Minuten bei großer Hitze braten.

■ Die Muscheln dazugeben, mischen und 3 Minuten braten. 1mal rühren und salzen.

■ Auf den heißen Nudeln servieren. Nach Belieben mit Zitronensaft beträufeln.

PRO PORTION: 336 KALORIEN, 42 g KOHLENHYDRATE, 31 g EIWEISS, 5 g FETT, 0 g BALLASTSTOFFE

GEBACKENE EIER MIT PILZEN

(FÜR 4 PERSONEN)

3 EL	**Butter, zerlassen**
250 g	**frische Champignons, geputzt und klein gewürfelt**
1 EL	**frische Petersilie, gehackt**
1	**Schalotte, geschält, fein gehackt**
2 EL	**Weißwein, trocken**
4	**Eier, groß**
	Salz und Pfeffer

■ Den Ofen auf 160°C vorheizen. 4 fertige Auflaufförmchen vorbereiten.

■ 2 EL Butter in einer antihaft-beschichteten Pfanne erhitzen. Pilze, Petersilie und Schalotte hineingeben und gut würzen. Bei großer Hitze 3 Minuten braten.

■ Den Wein aufgießen und 2 Minuten kochen; beiseite stellen.

■ Mit der restlichen Butter die Förmchen auspinseln. Die Hälfte der Pilzmischung gleichmäßig in die Förmchen setzen. Jeweils 1 Ei auf die Pilze geben, die restliche Pilzmischung obenauf verteilen. 10 bis 15 Minuten im Ofen backen.

PRO PORTION: 189 KALORIEN · 6 g KOHLENHYDRATE · 8 g EIWEISS · 14 g FETT · 1,7 g BALLASTSTOFFE

EIER SURPRISE

(FÜR 4 PERSONEN)

2 EL	**Butter**
1 EL	**Mehl**
250 ml	**heiße Milch**
8	**große Eier**
1/2 TS	**Gruyère, gerieben**
	Salz und Pfeffer
	Prise Muskat

■ Den Ofen auf 190°C vorheizen. Eine große Auflaufform mit der Hälfte der Butter einfetten; beiseite stellen.

■ Die restliche Butter zerlassen. Das Mehl einrühren und bei schwacher Hitze 1 Minute anschwitzen.

■ Die Milch aufgießen und gut rühren; salzen, pfeffern und Muskat einstreuen. 8 bis 10 Minuten köcheln, gelegentlich umrühren; beiseite stellen.

■ Die Eier trennen, das gesamte Eiweiß in eine Schüssel geben, die Dotter jeweils in seperate Schüsseln.

■ Das Eiweiß steif schlagen, dann unter die weiße Sauce ziehen. In die Auflaufform füllen.

■ Mit einer Löffelrückseite 8 Vertiefungen in die Masse drücken. In jedes Loch ein Eidotter setzen.

■ Mit Käse bestreuen und 10 bis 15 Minuten im Ofen backen.

PRO PORTION: 295 KALORIEN 22 g FETT 7 g KOHLENHYDRATE 0 g BALLASTSTOFFE 18 g EIWEISS

SPIEGELEIER AUF TOMATEN

(FÜR 4 PERSONEN)

2 EL	**Olivenöl**
2	**Tomaten, gehäutet und gewürfelt**
1	**kleine Knoblauchzehe, gehackt**
1 TL	**frische Petersilie, gehackt**
4	**große Eier**
	Prise Oregano
	Salz und Pfeffer

■ Die Hälfte des Öls in einer antihaft-beschichteten Pfanne stark erhitzen. Tomaten, Knoblauch, Petersilie und Oregano hineingeben und gut würzen. 7 bis 8 Minuten bei mittlerer Hitze dünsten. Auf eine vorgewärmte Platte geben und warm halten.

■ Das restliche Öl bei mittlerer Temperatur erhitzen. Die Eier in die Pfanne aufschlagen und würzen. Zugedeckt 3 bis 4 Minuten braten, bis das Eiklar fest ist.

■ Die Eier auf die heißen Tomaten geben und servieren.

PRO PORTION: 155 KALORIEN, 3 g KOHLENHYDRATE, 7 g EIWEISS, 13 g FETT, 1,0 g BALLASTSTOFFE

GEFÜLLTE SAFRANEIER

(FÜR 4 PERSONEN)

8	**hartgekochte Eier**
250 ml	**dicke weiße Sauce, erhitzt**
1/4 TL	**Safran**
1 EL	**frische Petersilie, gehackt**
4 EL	**Semmelbrösel**
2 EL	**zerlassene Butter**
	Salz und Pfeffer

■ Den Ofen auf 190°C vorheizen.

■ Die Eier längs halbieren, die Eidotter behutsam herausnehmen. Die Eiweißschalen in einer Auflaufform anrichten.

■ Die Dotter durch ein feines Sieb in eine Schüssel passieren. Die weiße Sauce dazugeben und gut verrühren. Safran, Petersilie und Gewürze dazugeben und wieder vermengen.

■ Die Eihälften mit dieser Mischung füllen. Mit Brösel bestreuen und mit etwas zerlassener Butter anfeuchten.

■ Im Ofen 5 Minuten backen. Nach Belieben mit verschiedenen Brotsorten servieren.

PRO PORTION: 358 KALORIEN 12 g KOHLENHYDRATE 15 g EIWEISS 28 g FETT 0 g BALLASTSTOFFE

OMELETT MIT PILZEN

(FÜR 2 PERSONEN)

4 EL	**Butter**
125 g	**frische Champignons, geputzt, blättrig geschnitten**
1 EL	**frische Petersilie, gehackt**
1 TL	**Zitronensaft**
4	**große Eier, getrennt**
75 ml	**Sahne**
	Salz und Pfeffer

■ Die Hälfte der Butter erhitzen. Die Pilze hineingeben, würzen und 5 Minuten bei großer Hitze braten. Petersilie und Zitronensaft dazugeben, gut mischen und die Pfanne vom Herd nehmen.

■ Eidotter und Sahne in einer großen Schüssel gut verrühren und beiseite stellen. Das Eiweiß steif schlagen und mit einer Palette unter die Eidotter ziehen.

■ Die restliche Butter in einer antihaft-beschichteten Pfanne stark erhitzen. Die Eiermasse einfüllen und 1 Minute braten. Die Pfanne hin und her bewegen, die Eier rühren, damit die Schichten braten.

■ Wenn die Masse ihre Form hat, aber noch weich ist, die Pilze darauf geben. 1 weitere Minute weiterbraten.

■ Mit einer Palette das Ei von sich wegrollen, die Pfanne dabei schräg halten. Die Pfanne in 45 Winkel, den Teller direkt an den Rand halten. Die Pfanne umdrehen, und das Omelett gleitet auf den Teller. Servieren.

PRO PORTION: 444 KALORIEN 6 g KOHLENHYDRATE 15 g EIWEISS 40 g FETT 1,7 g BALLASTSTOFFE

RÜHREIER MAGDA

(FÜR 4 PERSONEN)

8	**große Eier, geschlagen**
1 EL	**frische Petersilie, gehackt**
1 TL	**frischer Schnittlauch, gehackt**
$^1/_2$ TS	**Gruyère, gerieben**
1 EL	**Dijon-Senf**
2 EL	**Butter**
	Salz und Pfeffer

■ Eier, Kräuter, Käse und Senf in einer Schüssel gut verrühren.

■ Die Butter in einer antihaft-beschichteten Pfanne zerlassen.

■ Die Eier hineingeben und 1 Minute braten; würzen. Schnell rühren und 1 Minute braten. Solange braten, bis die Eier an der Oberfläche noch schön weich sind.

■ Nach Belieben mit Croûtons servieren und mit Orangenscheiben garnieren.

PRO PORTION 245 KALORIEN 1 g KOHLENHYDRATE 15 g EIWEISS 20 g FETT 0 g BALLASTSTOFFE

SHRIMPS-AUFSTRICH FÜR CANAPÉS

(FÜR 10 PERSONEN)

750 g	gekochte Shrimps, geschält, ohne Darm
8	Knoblauchzehen, blanchiert und geschält
2	Schalotten, geschält und gehackt
2 EL	frische Petersilie, gehackt
1/4 TL	Paprika
1 TL	Worcestershire-Sauce
125 g	weiche Butter
	Saft von 1 Zitrone
	Prise Cayennepfeffer
	Salz und Pfeffer

■ Alle Zutaten in den Mixer geben, 1 Minute mixen und kräftig abschmecken.

■ Die Mischung in eine Schüssel geben, zudecken und 1 Stunde kalt stellen.

■ Den Shrimps-Aufstrich auf getoastetem Brot als Snacks zu Drinks reichen.

PRO PORTION: 185 KALORIEN, 3 g KOHLENHYDRATE, 19 g EIWEISS, 11 g FETT, 0 g BALLASTSTOFFE

1

Frische Shrimps auswählen.

2

Die Shrimps zum Kochen in einen Topf geben. Mit kaltem Wasser bedecken und Zitronenscheiben hineingeben.

3

Zum Kochen bringen. Vom Herd nehmen und die Shrimps 3 Minuten in der heißen Flüssigkeit ziehen lassen.

4

Die Schalen entfernen.

5

Die Garnelen am Rücken aufschneiden, um den Darm zu entfernen.

6

Alle Zutaten in den Mixer geben und 1 Minute mixen.

Traditionelle Fleischklößchen in Tomatensauce

TRADITIONELLE FLEISCHKLÖSSCHEN IN TOMATENSAUCE

(FÜR 6 PERSONEN)

1 EL	Olivenöl
1	Zwiebel, gehackt
1	Stange Staudensellerie, gewürfelt
1/2	kleine Chilischote, gehackt
2	Knoblauchzehen, gehackt
800 ml	Tomaten aus der Dose, abgetropft und gehackt
1/2 TL	Oregano
1/2 TL	Basilikum
1 EL	frische Petersilie, gehackt
150 ml	Tomatenmark
125 ml	leichte Rinderbrühe, erhitzt
250 g	mageres Rinderhack
250 g	mageres Kalbshack
1/4 TL	Chilipulver
1	Eiweiß, verschlagen
1	Zwiebel, fein gehackt und blanchiert
1 EL	Sonnenblumenöl
	Prise brauner Zucker
	Salz und Pfeffer

■ Das Öl in einer antihaft-beschichteten Pfanne erhitzen. Zwiebel, Sellerie, Chilischote und Knoblauch darin bei mittlerer Hitze 4 bis 5 Minuten zugedeckt braten.

■ Tomaten, Prise Salz und Pfeffer, Zucker, Oregano, Basilikum, Petersilie, Tomatenmark und Brühe dazugeben. Zum Kochen bringen und unbedeckt 25 Minuten bei mittlerer Hitze kochen.

■ Währenddessen Kalb- und Rindfleisch in den Mixer geben. Mit Chilipulver und Pfeffer würzen und 15 Sekunden mixen.

■ Das Eiweiß und die blanchierten Zwiebeln dazugeben, mixen, bis das Fleisch ein großer Kloß wird. Dann Bällchen von 2,5 cm Durchmesser formen.

■ Das Sonnenblumenöl in einer antihaft-beschichteten Pfanne erhitzen. Die Fleischbällchen darin 7 bis 9 Minuten, abhängig von der Größe, gleichmäßig bräunen. Während des Bratens 1mal wenden.

■ Das überschüssige Fett von den Fleischbällchen abgießen, das Fleisch zur Tomatensauce geben. 5 Minuten köcheln und auf heißen Nudeln servieren.

PRO PORTION: 291 KALORIEN 14 g KOHLENHYDRATE 17 g EIWEISS 11 g FETT 1,6 g BALLASTSTOFFE

HÜHNCHEN MIT ARTISCHOCKEN

(FÜR 4 PERSONEN)

1 EL	Butter
4	Hühnerbrüstchen ohne Knochen
1 EL	Olivenöl
4	Artischockenherzen, gedrittelt
250 g	frische Champignons, geputzt, gedrittelt
1	Schalotte, geschält und gehackt
3 EL	Cognac
375 ml	Hühnerbrühe, erhitzt
1 EL	Stärkemehl
3 EL	kaltes Wasser
2 EL	Sahne
1 TL	frische Petersilie, gehackt
	Salz und Pfeffer

■ Die Butter leicht erhitzen. Die Hühnerbrüstchen hineingeben und gut würzen. Zugedeckt bei sehr schwacher Hitze 5 Minuten pro Seite braten.

■ Währenddessen das Öl in einer Bratpfanne erhitzen. Artischocken, Pilze und Schalotte dazugeben, würzen und zugedeckt bei mittlerer Hitze 5 Minuten braten.

■ Den Cognac dazugeben und 2 Minuten kochen lassen; nicht zudecken.

■ Die Brühe aufgießen, kräftig abschmecken und 5 Minuten köcheln.

■ Das Stärkemehl mit dem Wasser vermengen und in die Sauce in der Bratpfanne einrühren. Die Sahne dazugeben und 1 Minute köcheln.

■ Das Fleisch in die Sauce geben und 3 Minuten ziehen lassen. Mit Petersilie bestreut servieren.

PRO PORTION:	297 KALORIEN	12 g KOHLENHYDRATE	30 g EIWEISS
	12 g FETT	1,6 g BALLASTSTOFFE	

Die Hühnerbrüstchen in der heißen Butter braten.

Das Öl in einer Bratpfanne erhitzen. Artischockenherzen, Schalotten und Pilze dazugeben. Würzen, zudecken und 5 Minuten dünsten.

Den Cognac hineingeben und bei großer Hitze 2 Minuten kochen.

4

Die Hühnerbrühe aufgießen und kräftig abschmecken. Bei schwacher Hitze köcheln.

5

Die Sauce mit dem verrührten Stärkemehl andicken. Die Sahne einrühren und köcheln.

6

Die Hühnerbrüstchen vor dem Servieren zum Aufwärmen in die Sauce legen.

HÜHNERBRÜSTCHEN MIT KARAMELISIERTEN ZWIEBELN

(FÜR 4 PERSONEN)

$1^1/_2$ EL	**Olivenöl**
2	**Zwiebeln, geschält, in Scheiben**
4	**Hühnerbrüstchen ohne Knochen**
5 ml	**Teriyaki Sauce**
$^1/_2$ TS	**Gruyère, gerieben**
	Saft von 1 Zitrone
	Salz und Pfeffer

■ Die Hälfte des Öls in einer Bratpfanne erhitzen. Die Zwiebeln darin 15 Minuten goldbraun dünsten, gelegentlich umrühren, würzen. Herausnehmen und beiseite stellen.

■ Das restliche Öl in der Pfanne erhitzen. Das Fleisch hineingeben, salzen und pfeffern. Bei mittlerer Hitze 5 Minuten pro Seite braten.

■ Teriyaki Sauce und Zitronensaft dazugeben und 1 Minute braten.

■ Das Hühnchen in eine feuerfeste Form geben und mit den Zwiebeln belegen. Mit Käse bestreuen.

■ Im Ofen 3 Minuten grillen.

PRO PORTION: 245 KALORIEN, 4 g KOHLENHYDRATE, 30 g EIWEISS, 12 g FETT, 0 g BALLASTSTOFFE

HÜHNERFLÜGEL MIT SAFRAN

(FÜR 4 PERSONEN)

2 EL	Olivenöl
900 g	Hühnerflügel
1	große Zwiebel, gehackt
2	Knoblauchzehen, gehackt
1	rote Paprikaschote, in Streifen
$1^{1}/_{2}$ TS	gehackte Tomaten
2 EL	Tomatenmark
$^{1}/_{2}$ TL	Safran
$^{1}/_{2}$ TL	Basilikum
250 ml	Hühnerbrühe, erhitzt
	Prise zerstoßener Chili
	Salz und Pfeffer

■ Den Ofen auf 180°C vorheizen.

■ Das Öl in einer feuerfesten Pfanne erhitzen. Die Hühnerflügel hineingeben, würzen und auf jeder Seite 6 Minuten braten. Herausnehmen und beiseite stellen.

■ Zwiebel und Knoblauch in die heiße Pfanne geben und bei mittlerer Hitze 4 Minuten braten. Paprika, Tomaten und Tomatenmark dazugeben, abschmecken, mischen und alle Gewürze, außer Chili, einstreuen. Mischen und 5 bis 6 Minuten kochen.

■ Die Brühe aufgießen, die Hühnerflügel wieder in die Pfanne geben und mit Chili bestreuen. Mischen, zudecken und 18 bis 20 Minuten im Ofen backen.

PRO PORTION: 593 KALORIEN 12 g KOHLENHYDRATE 47 g EIWEISS 40 g FETT 2,2 g BALLASTSTOFFE

SCHWEINEKOTELETTS PROVENÇALE

(FÜR 4 PERSONEN)

1 EL	**Pflanzenöl**
4	**Schweinekoteletts, ohne Knochen, entfettet, 2 cm dick**
2	**Frühlingszwiebeln, gehackt**
2	**Knoblauchzehen, gehackt**
2	**Schalotten, gehackt**
800 ml	**Tomaten aus der Dose, abgetropft, gehackt**
1/2 TL	**Oregano**
250 ml	**Hühnerbrühe, erhitzt**
1 EL	**Tomatenmark**
	Salz und Pfeffer

■ Das Öl bei mittlerer Temperatur erhitzen. Die Koteletts hineingeben und 4 bis 5 Minuten braten. Wenden, gut würzen und weitere 4 bis 5 Minuten braten; die Zeit ist abhängig von der Dicke der Koteletts. Herausnehmen und beiseite stellen.

■ Frühlingszwiebeln, Knoblauch und Schalotten in die Pfanne geben. Bei großer Hitze 2 Minuten braten. Tomaten und Oregano dazugeben, gut abschmecken und 5 bis 6 Minuten kochen.

■ Die Brühe aufgießen und 3 bis 4 Minuten kochen. Tomatenmark einrühren, nochmals 3 bis 4 Minuten kochen. Die Sauce zusammen mit dem Fleisch servieren.

PRO PORTION: 347 KALORIEN 15 g KOHLENHYDRATE 30 g EIWEISS 19 g FETT 2,4 g BALLASTSTOFFE

SCHWEINEKOTELETTS MIT PICKLES

(FÜR 4 PERSONEN)

1 EL	**Pflanzenöl**
4	**Schweinekoteletts ohne Knochen, 2 cm dick**
2	**Zwiebeln, in Scheiben**
1	**Stange Staudensellerie, in 1,2 cm dicke Stücken**
3 EL	**Weinessig**
375 ml	**Rinderbrühe oder Consommé, erhitzt**
1 EL	**Tomatenmark**
2	**große Pickles, Julienne geschnitten**
1 EL	**Stärkemehl**
3 EL	**kaltes Wasser**
1 EL	**frische Petersilie, gehackt**
	Salz und Pfeffer

■ Das Öl in einer Bratpfanne erhitzen. Die Koteletts darin 4 bis 5 Minuten braten. Wenden, würzen und weitere 4 bis 5 Minuten braten, abhängig von der Dicke. Herausnehmen und warmhalten.

■ Zwiebel und Sellerie in die Pfanne geben und bei großer Hitze 7 Minuten braten. Den Essig dazugeben und 3 Minuten kochen.

■ Brühe, Tomatenmark und Pickles hinzufügen, gut mischen und 3 bis 4 Minuten kochen.

■ Das Stärkemehl mit Wasser vermengen und gut in die Sauce einrühren. 2 Minuten kochen, dann über das Fleisch gießen, mit Petersilie bestreut servieren.

PRO PORTION: 313 KALORIEN, 7 g KOHLENHYDRATE, 29 g EIWEISS, 19 g FETT, 1,2 g BALLASTSTOFFE

GEBACKENE HÜHNERFLÜGEL

(FÜR 4 PERSONEN)

2 EL	Olivenöl
900 g	Hühnerflügel
4	Schalotten, geschält und gehackt
2	Knoblauchzehen, gehackt
250 g	frische Champignons, geputzt, blättrig geschnitten
250 ml	trockener Weißwein
1 EL	Estragon
$^1/_2$ TL	Oregano
$1^1/_2$ TS	Tomaten, gehackt
250 ml	Hühnerbrühe, erhitzt
1 EL	Stärkemehl
3 EL	kaltes Wasser
	Salz und Pfeffer

■ Das Öl in einer feuerfesten Pfanne erhitzen. Die Hühnerflügel hineingeben, würzen und 6 Minuten pro Seite braten. Herausnehmen und beiseite stellen.

■ Schalotten und Knoblauch in die heiße Pfanne geben und 2 Minuten braten. Die Pilze hinzufügen, abschmecken und 5 Minuten bei großer Hitze braten.

■ Den Wein und Gewürze dazugeben, 3 Minuten braten.

■ Tomaten und Brühe hinzufügen, umrühren und 3 Minuten kochen.

■ Den Ofen währenddessen auf 180°C vorheizen.

■ Die Flügel in die Pfanne geben und rühren, zugedeckt 18 bis 20 Minuten im Ofen backen.

■ Aus dem Ofen nehmen und auf den Herd stellen. Das Stärkemehl mit Wasser vermengen und in die Sauce rühren. 2 Minuten kochen und servieren.

PRO PORTION: 667 KALORIEN, 17 g KOHLENHYDRATE, 50 g EIWEISS, 40 g FETT, 4,1 g BALLASTSTOFFE

Die Hühnerflügel im heißen Öl anbraten.

Die gebräunten Flügel aus der Pfanne nehmen und beiseite stellen.

Die Schalotten und den Knoblauch 2 Minuten braten. Die Pilze dazugeben, würzen und 5 Minuten bei großer Hitze braten.

Den Wein und die Gewürze dazugeben und weitere 3 Minuten kochen.

Die Tomaten und die Brühe hinzufügen, umrühren und 3 Minuten bei mittlerer Hitze kochen.

Die Hühnerflügel wieder in die Pfanne geben.

KALBSKOTELETTS SAVOYARDE

(FÜR 4 PERSONEN)

2 EL	**Butter**
4	**Kalbskoteletts, 2 cm dick, entfettet**
50 ml	**trockener Wermut**
4	**Scheiben Schwarzwälder Schinken**
375 ml	**weiße Sauce**
1 TS	**Gruyère, gerieben**
	Salz und Pfeffer
	Prise Paprika

■ Die Butter leicht erhitzen. Die Koteletts darin 4 bis 5 Minuten braten. Wenden, würzen und weitere 4 bis 5 Minuten braten, abhängig von der Dicke der Koteletts.

■ Die Koteletts in eine Auflaufform geben. Den Wermut in einer Pfanne 1 Minute bei starker Hitze kochen. Über das Fleisch gießen. Jedes Kotelett mit Schinken belegen, mit Sauce bedecken und den Käse obenauf geben. Zuletzt würzen und mit Paprika bestreuen.

■ Den Käse 3 Minuten im Ofen schmelzen und servieren.

PRO PORTION:	627 KALORIEN	8 g KOHLENHYDRATE	57 g EIWEISS
	39 g FETT	0 g BALLASTSTOFFE	

GEGRILLTE SCHWEINEKOTELETTS MIT SENF

(FÜR 4 PERSONEN)

1 EL	**Öl**
4	**Schweinekoteletts, 2 cm dick, ohne Knochen, entfettet**
$1^1/_2$ EL	**Dijon-Senf**
2 EL	**Semmelbrösel**
	Salz und Pfeffer

■ Das Öl in einer Bratpfanne erhitzen. Die Koteletts darin 4 bis 5 Minuten braten. Wenden, gut würzen und weitere 4 bis 5 Minuten braten, abhängig von der Dicke.

■ Den Grill vorheizen.

■ Den Senf auf eine Seite der Koteletts streichen und mit Semmelbrösel bestreuen. Im Ofen 3 bis 4 Minuten grillen. Servieren.

PRO PORTION: 293 KALORIEN, 19 g FETT, 2 g KOHLENHYDRATE, 0 g BALLASTSTOFFE, 28 g EIWEISS

HÜHNCHEN AUF PILZEN UND TOMATEN

(FÜR 4 PERSONEN)

1/2 TS	Mehl
1,6 kg	Hühnchen, gesäubert, in 8 Teile geschnitten
2 EL	Butter
500 g	frische Champignons, geputzt, halbiert
1 EL	Öl
1	große Zwiebel, grob gewürfelt
800 ml	Tomaten aus der Dose, abgetropft und grob gehackt
1 EL	Curry
1/2 TL	Oregano
	Salz und Pfeffer
	Paprika
	einige Tropfen Tabasco

■ Mehl, Salz, Pfeffer und Paprika mischen und die Hühnerteile darin wenden.

■ Die Butter leicht erhitzen, das Fleisch darin 15 Minuten braten, 2mal wenden.

■ Die Pilze dazugeben, würzen und 10 bis 12 Minuten braten.

■ Währenddessen das Öl in einer Pfanne stark erhitzen. Die Zwiebeln darin 4 Minuten braten. Tomaten, alle Gewürze und Tabasco dazugeben und 8 bis 10 Minuten bei mittlerer Hitze kochen.

■ Die Mischung über das Hühnchen geben und servieren.

PRO PORTION: 610 KALORIEN, 25 g FETT, 29 g KOHLENHYDRATE, 5,7 g BALLASTSTOFFE, 67 g EIWEISS

WÜRZIGE SPARERIBS

(FÜR 4 PERSONEN)

2 kg	**Spareribs**
50 ml	**Olivenöl**
50 ml	**Zitronensaft**
2 EL	**Weinessig**
2 EL	**Teriyaki Sauce**
3	**Knoblauchzehen, blanchiert und gehackt**
125 ml	**Chilisauce**
125 ml	**Ketchup**
50 ml	**Rinderbrühe, erhitzt**
	Salz und Pfeffer
	einige Tropfen Tabasco

■ Die Spareribs in einen Bräter legen. Öl, Zitronensaft, Essig, Teriyaki Sauce, Knoblauch und Tabasco verrühren und über das Fleisch gießen. Mit Frischhaltefolie bedecken und 6 Stunden im Kühlschrank marinieren; 1mal wenden.

■ Den Ofen auf 180°C vorheizen.

■ Die Spareribs aus dem Bräter nehmen und beiseite stellen. Die Marinade in einen Topf gießen. Chilisauce, Ketchup und Brühe in die Marinade rühren. Abschmecken und 8 Minuten bei mittlerer Hitze kochen.

■ Das Fleisch in den sauberen Bräter legen und gründlich mit Marinade bestreichen. $1^1/_2$ Stunden braten, währenddessen alle 15 Minuten bestreichen. Mit der restlichen Sauce servieren.

PRO PORTION: 1500 KALORIEN 20 g KOHLENHYDRATE 91 g EIWEISS 118 g FETT 0 g BALLASTSTOFFE

KALBSSCHNITZEL JÄGERART

(FÜR 4 PERSONEN)

1 EL	Butter
2 EL	Olivenöl
4	mittelgroße Kalbsschnitzel, in 2,5 cm breiten Streifen
250 g	frische Champignons, geputzt und halbiert
1	Schalotte, geschält und fein gehackt
3 EL	Mehl
500 ml	Hühnerbrühe, erhitzt
50 ml	saure Sahne
1 TL	frische Petersilie, gehackt
	Salz und Pfeffer

■ Die Hälfte von Butter und Öl erhitzen. Die Hälfte des Fleisches darin braten, wenden, würzen und 1 Minute weiterbraten. Aus der Pfanne nehmen und beiseite stellen.

■ Das restliche Fleisch genauso braten. Alles beiseite stellen.

■ Die restliche Butter und das Öl in der gleichen Pfanne erhitzen. Pilze und Schalotte hineingeben, würzen und 4 Minuten braten.

■ Das Mehl über die Pilze streuen, umrühren und 1 Minute anschwitzen.

■ Die Brühe einrühren und 6 Minuten köcheln.

■ Das Fleisch in die Pfanne geben. Saure Sahne einrühren und 2 Minuten sieden lassen. Mit Petersilie bestreut servieren.

PRO PORTION: 245 KALORIEN, 10 g KOHLENHYDRATE, 13 g EIWEISS, 17 g FETT, 1,8 g BALLASTSTOFFE

Die Kalbsstreifen pro Seite je 1 Minute braten.

Pilze und Schalotte in die heiße Pfanne geben und 4 Minuten braten.

Das Mehl einstreuen, rühren und 1 Minute anschwitzen.

4

Die Hühnerbrühe aufgießen und bei schwacher Hitze köcheln lassen.

5

Das Fleisch wieder in die Pfanne geben.

6

Die saure Sahne einrühren.

LAMMFRIKADELLEN MIT GEMÜSEALLERLEI

(FÜR 4 PERSONEN)

500 g	mageres Lammhack
1 EL	frische Petersilie, gehackt
1/2 TL	Cayennepfeffer
1 TL	Estragon
1	Knoblauchzehe, gehackt
2 EL	Olivenöl
1/2	Zucchini, in Stifte geschnitten
12	Zuckererbsenschoten, geputzt
1/2	grüne Paprikaschote, in dicken Streifen
12	gelbe Wachsbohnen, geputzt
1/2	rote Paprikaschote, in dicken Streifen
1	Zwiebel, gekocht und geviertelt
8	Rosenkohlröschen, gekocht
	Salz und Pfeffer

■ Das Fleisch, Petersilie, Cayennepfeffer, Estragon, Knoblauch, Salz und Pfeffer in einer Schüssel gut vermischen. Zu 4 Frikadellen formen.

■ Die Hälfte des Öls in einer Pfanne erhitzen. Die Frikadellen darin 10 bis 12 Minuten braten, 4mal wenden. Abschmecken und beiseite stellen und warm halten.

■ Das restliche Öl bei mittlerer Hitze in die Pfanne geben. Das Gemüse hinzufügen, würzen und zugedeckt 4 Minuten dünsten.

■ Das Gemüse zum Lamm servieren. Nach Belieben mit einem Stück Knoblauchbutter oder Butter Maître d'Hotel (siehe Seite 158) belegen.

PRO PORTION: 292 KALORIEN 14 g FETT 12 g KOHLENHYDRATE 6,2 g BALLASTSTOFFE 30 g EIWEISS

HAMBURGER STEAKS MIT ZWIEBELN

(FÜR 4 PERSONEN)

625 g	**mageres Rinderhack**
1/4 TS	**gehackte Zwiebeln, gebraten**
1	**Ei**
1 EL	**frische Petersilie, gehackt**
2 EL	**Olivenöl**
2	**mittelgroße Zwiebeln, in Scheiben**
2	**grüne Paprikaschoten, in Ringen**
375 ml	**Rinderbrühe, erhitzt**
1 TL	**Stärkemehl**
2 EL	**kaltes Wasser**
	einige Tropfen Worcestershire-Sauce
	Salz und Pfeffer

■ Hackfleisch, die gebratenen Zwiebeln, Ei, Petersilie und Worcestershire-Sauce 2 bis 3 Minuten im Mixer vermengen. Wenn das Fleisch einen Kloß bildet herausnehmen und 4 Hamburger formen.

■ Das Öl bei mittlerer Temperatur erhitzen. Die Hamburger darin 8 bis 10 Minuten, abhängig von der Dicke, braten, 2 bis 3mal wenden.

■ Aus der Pfanne nehmen, beiseite stellen und warm halten.

■ Die Zwiebeln in die Pfanne geben und 6 Minuten braten. Paprika dazugeben und weitere 4 Minuten braten.

■ Die Brühe aufgießen und abschmecken. Das Stärkemehl mit Wasser verrühren und gut in die Sauce mischen.

■ Zum Kochen bringen, dann über die Hamburger Steaks geben und servieren.

PRO PORTION: 363 KALORIEN 7 g KOHLENHYDRATE 35 g EIWEISS
22 g FETT 1.1 g BALLASTSTOFFE

HAMBURGER STEAKS ITALIENISCHE ART

(FÜR 4 PERSONEN)

625 g	mageres Rinderhack
1	mittelgroße Zwiebel, gehackt und gebraten
2	Knoblauchzehen, blanchiert und gehackt
1	Ei
1 EL	Curry
1 EL	frische Petersilie, gehackt
2 EL	Olivenöl
1	Knoblauchzehe, gehackt
1	Karotte, geschält und fein gewürfelt
1	Stange Staudensellerie, fein gewürfelt
800 ml	Tomaten aus der Dose, abgetropft und gehackt
2 EL	Tomatenmark
1 TL	Oregano
	Salz und Pfeffer
	einige Tropfen Worcestershire-Sauce

■ Hackfleisch, Zwiebel, den blanchierten Knoblauch, Ei, Curry, Petersilie, Salz und Pfeffer im Mixer 3 Minuten mischen. Wenn die Mischung einen Kloß bildet herausnehmen und 4 Hamburger formen.

■ Das Öl auf mittlere Temperatur erhitzen. Die Hamburger darin 8 bis 10 Minuten, abhängig von der Dicke, braten; 2 bis 3mal wenden.

■ Dann herausnehmen und beiseite stellen, warm halten.

■ Karotte, Knoblauch und Sellerie 4 Minuten bei mittlerer Hitze anbraten.

■ Tomaten, Tomatenmark, Oregano und Worcestershire-Sauce dazugeben und 7 Minuten köcheln.

■ Kräftig abschmecken, die Tomatensauce über die Hamburger gießen und servieren.

PRO PORTION: 396 KALORIEN 14 g KOHLENHYDRATE 36 g EIWEISS
22 g FETT 2,6 g BALLASTSTOFFE

HÜHNCHEN MIT SCHALOTTENSAUCE

(FÜR 4 PERSONEN)

3 EL	**Butter**
4	**Hühnerbrüstchen ohne Knochen**
2	**Schalotten, geschält und gehackt**
3 EL	**frisches Basilikum, gehackt**
1 EL	**frische Petersilie, gehackt**
50 ml	**trockener Weißwein**
250 ml	**Hühnerbrühe, erhitzt**
1 TL	**brauner Zucker**
1 EL	**Stärkemehl**
3 EL	**kaltes Wasser**
	Saft von 1 Limone
	Salz und frisch gemahlener Pfeffer

■ Die Hälfte der Butter leicht erhitzen. Das Fleisch hineingeben, würzen und 4 Minuten braten. Wenden und weitere 5 Minuten braten. Beiseite stellen.

■ Die restliche Butter zerlassen. Schalotten, Basilikum, Petersilie und Wein dazugeben. Abschmekken, zudecken und 3 Minuten kochen.

■ Brühe, Zucker und Limonensaft einrühren und 6 Minuten köcheln.

■ Das Stärkemehl mit Wasser vermengen und in die Sauce rühren, schnell zum Kochen bringen und 1 Minute kochen.

■ Das Fleisch in die Sauce geben und 2 Minuten sieden lassen. Mit glasierten Karotten servieren.

PRO PORTION: 253 KALORIEN, 12 g FETT, 7 g KOHLENHYDRATE, 0 g BALLASTSTOFFE, 28 g EIWEISS

KALBFLEISCH MIT AUBERGINENFÜLLUNG

(FÜR 4 PERSONEN)

1	**mittelgroße Aubergine**
2 EL	**Olivenöl**
4	**große Kalbsschnitzel**
3	**Frühlingszwiebeln, gehackt**
50 ml	**trockener Weißwein**
250 ml	**Hühnerbrühe, erhitzt**
1 EL	**Stärkemehl**
3 EL	**kaltes Wasser**
	Salz und Pfeffer

■ Den Ofen auf 190°C vorheizen.

■ Die Aubergine schälen und in 1,2 cm dicke Scheiben schneiden. Auf einem Backblech mit Öl bepinseln. Würzen, 12 Minuten im Ofen backen.

■ Die Schnitzel zwischen 2 Stück Pergamentpapier mit einem Fleischklopfer dünnklopfen.

■ Auf jedes Fleischstück 2 Scheiben Aubergine legen. Das Fleisch über die Aubergine schlagen und zubinden.

■ Das restliche Öl erhitzen. Die Fleischpäckchen 4 Minuten rundum bräunen.

■ Die Frühlingszwiebeln dazugeben und 2 Minuten braten. Wein aufgießen, abschmecken und 3 Minuten köcheln.

■ Das Fleisch aus der Pfanne nehmen und beiseite stellen.

■ Die Brühe aufgießen und 2 Minuten bei mittlerer Hitze kochen. Das Stärkemehl mit Wasser verrühren, in die Sauce mischen und 1 Minute kochen.

■ Das Fleisch wieder in die Pfanne geben und 3 Minuten bei sehr schwacher Hitze ziehen lassen. Servieren.

PRO PORTION: 177 KALORIEN 5 g KOHLENHYDRATE 11g EIWEISS 12 g FETT 1,2 g BALLASTSTOFFE

1

Die Aubergine in 1,2 cm dicke Scheiben schneiden.

2

Die Auberginenscheiben auf eine Backblech legen und leicht mit Olivenöl bepinseln. Würzen und im Ofen backen.

3

Das Kalbfleisch zwischen 2 Stück Pergamentpapier flachklopfen.

Jeweils 2 Scheiben Aubergine auf die Kalbfleischscheiben legen.

Das Fleisch über die Auberginenscheiben schlagen.

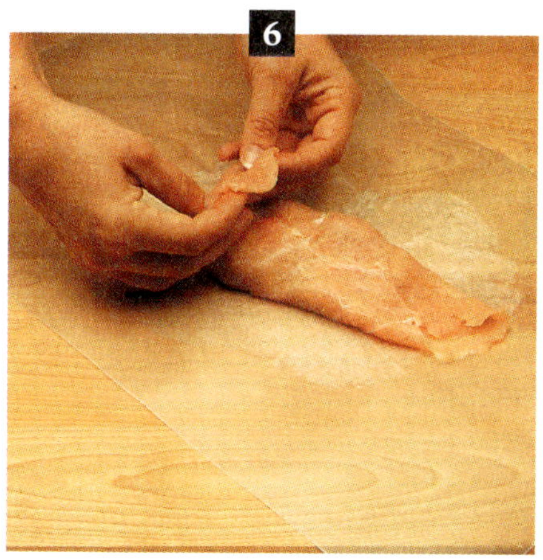

Die Enden verschließen und mit einem Faden zubinden.

MARINIERTE KALBSLEBER

(FÜR 4 PERSONEN)

4	**Scheiben Kalbsleber**
125 ml	**trockener Weißwein**
2 EL	**Estragonessig**
1	**Lorbeerblatt**
2	**Knoblauchzehen, gehackt**
2 EL	**zerlassene Butter**
1 TL	**Olivenöl**
1 EL	**frische Petersilie, gehackt**
	Salz und Pfeffer
	einige Tropfen Zitronensaft

■ Die Leber in eine Auflaufform legen. Wein, Essig, Lorbeerblatt und Knoblauch dazugeben; gut würzen. Im Kühlschrank 1 Stunde marinieren.

■ Butter und Öl auf mittlere Temperatur erhitzen. Die Leber abtropfen, die Marinade aufheben. Die Leber in die Pfanne geben und 2 Minuten auf jeder Seite braten, oder je nach Dicke der Scheiben.

■ Die Leber herausnehmen und warm halten. Die Marinade in den Topf geben und 3 Minuten stark kochen. Petersilie und einige Tropfen Zitronensaft dazugeben und abschmecken. Gut mischen, über die Leber gießen und servieren.

PRO PORTION:	301 KALORIEN	5 g KOHLENHYDRATE	25 g EIWEISS
	18 g FETT	0 g BALLASTSTOFFE	

PANIERTE LAMMKOTELETTS

(FÜR 4 PERSONEN)

8	**Lammkoteletts**
1/2 TS	**gewürztes Mehl**
2	**Eier, geschlagen**
1 TS	**Semmelbrösel**
2 EL	**Olivenöl**
2 EL	**rotes Johannisbeergelee**
375 ml	**Rinderbrühe, erhitzt**
50 ml	**Portwein**
1 EL	**Stärkemehl**
3 EL	**kaltes Wasser**
1 EL	**frische Petersilie, gehackt**
	Salz und Pfeffer

■ Den Ofen auf 190°C vorheizen.

■ Das Fleisch entfetten und ungefähr 2,5 cm des Knochens abkratzen. Zwischen 2 Stück Pergamentpapier mit einem Fleischklopfer flachklopfen. In Mehl wenden, in Ei tauchen und mit Semmelbröseln bedecken.

■ Das Öl in einer feuerfesten Pfanne erhitzen. Die Koteletts darin 3 Minuten braten. Wenden, würzen und 2 Minuten braten. In den Ofen schieben und 6 bis 8 Minuten fertiggaren, abhängig von der Dicke.

■ Währenddessen das Johannisbeergelee bei mittlerer Hitze in einen Topf geben. Brühe und Portwein aufgießen, verrühren, zum Kochen bringen und 5 Minuten kochen.

■ Das Stärkemehl mit Wasser verrühren, in die Sauce geben und gut mischen. Petersilie dazugeben und 3 Minuten köcheln.

■ Die Sauce über die Lammkoteletts gießen und servieren.

PRO PORTION: 758 KALORIEN, 53 g KOHLENHYDRATE, 65 g EIWEISS, 30 g FETT, 1,0 g BALLASTSTOFFE

LAMMKOTELETTS MIT GANZEN SCHALOTTEN

(FÜR 4 PERSONEN)

375 ml	**Wasser**
375 g	**ganze Schalotten, geschält**
1 EL	**Butter**
1 TL	**frischer Estragon, gehackt**
125 ml	**trockener Weißwein**
300 ml	**Hühnerbrühe, erhitzt**
1 EL	**Stärkemehl**
3 EL	**kaltes Wasser**
1 TL	**Olivenöl**
8	**Lammkoteletts, gut entfettet**
1 TL	**frische Petersilie, gehackt**
	Schale von 1/4 Orange, Julienne geschnitten
	Salz und Pfeffer

■ Die 375 ml Wasser in einem Topf bei mittlerer Hitze aufsetzen, salzen und zum Kochen bringen. Die Schalotten hineingeben und 8 Minuten kochen. Vom Herd nehmen, die Schalotten gut abtropfen.

■ Die Schalotten wieder in den Topf geben, Butter, Estragon und Orangenschale hineingeben und 2 Minuten braten. Den Wein aufgießen und 2 Minuten kochen.

■ Die Brühe aufgießen, zum Kochen bringen und 3 Minuten köcheln. Das Stärkemehl mit Wasser verrühren, in die Sauce mischen. Abschmecken und während der Zubereitung des Lamms köcheln.

■ Das Öl in einer Pfanne erhitzen. Die Koteletts darin 3 Minuten braten. Wenden, würzen und nochmals 3 Minuten braten. Wenn die Koteletts sehr dick sind 2 Minuten zugeben.

■ Das Lamm mit der Schalottensauce servieren. Mit Petersilie bestreuen.

PRO PORTION: 543 KALORIEN, 18 g KOHLENHYDRATE, 57 g EIWEISS, 25 g FETT, 0 g BALLASTSTOFFE

1

Die ganzen Schalotten in kochendem Wasser garen.

2

Die Schalotten abtropfen und wieder in den Topf geben. Butter, Estragon und Orangenschale dazugeben. 2 Minuten bei starker Hitze braten.

3

Den Wein aufgießen und weitere 2 Minuten kochen.

4

Die Hühnerbrühe aufgießen und zum Kochen bringen.

5

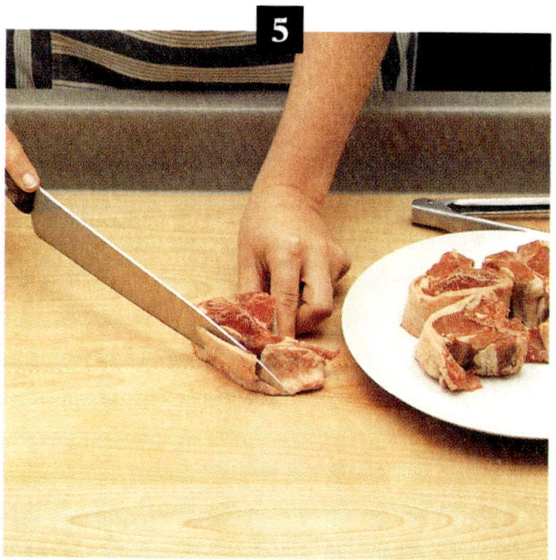

Das meiste Fett von den Lammkoteletts abschneiden.

6

Die Koteletts im heißen Öl braten.

Würzige Lammfleischklößchen mit Gemüsesauce

WÜRZIGE LAMMFLEISCHKLÖSSCHEN MIT GEMÜSESAUCE

(FÜR 4 PERSONEN)

500 g	**mageres Lammhack**
1 EL	**frische Petersilie, gehackt**
1 TL	**Curry**
1/2 TL	**gemahlener Anis**
1/2 TL	**Cayennepfeffer**
1	**Schalotte, geschält und gehackt**
1	**großes Ei**
1 EL	**Olivenöl**
1	**Stange Staudensellerie, in Scheiben**
1	**mittelgroße Zwiebel, in Scheiben**
1	**rote Paprikaschote, gewürfelt**
125 g	**frische Champignons, geputzt und halbiert**
375 ml	**Rinderbrühe, erhitzt**
1 EL	**Tomatenmark**
1 EL	**Stärkemehl**
3 EL	**kaltes Wasser**
	Salz und Pfeffer

■ Das Lamm mit Petersilie, Curry, Anis und Cayennepfeffer in eine Schüssel geben. Leicht salzen und pfeffern, die Schalotten und das Ei dazugeben und alles sehr gut vermengen. Das Fleisch zu Klößchen formen.

■ Den Ofen auf 180°C vorheizen.

■ Das Öl in einer feuerfesten Pfanne erhitzen. Die Fleischklößchen hineingeben (die Pfanne nicht überfüllen) und 6 bis 7 Minuten auf allen Seiten bräunen.

■ Sellerie und Zwiebel dazugeben. Weitere 3 bis 4 Minuten bei mittlerer Hitze braten.

■ Paprika und Pilze hinzufügen; abschmecken und nochmals 2 Minuten braten. Brühe und Tomatenmark eingießen und 1 Minute kochen.

■ Das Stärkemehl mit Wasser vermengen; in die Sauce rühren und 2 Minuten köcheln.

■ Die Klößchen in die Sauce geben, zudecken und 15 Minuten im Ofen fertiggaren. Mit heißen Nudeln servieren.

PRO PORTION: 254 KALORIEN, 10 g FETT, 11 g KOHLENHYDRATE, 2,2 g BALLASTSTOFFE, 30 g EIWEISS

HÜHNCHEN SOUBISE

(FÜR 4 PERSONEN)

2	ganze Hühnerbrüstchen, gehäutet und halbiert
2 EL	Butter
2	mittelgroße Zwiebeln, in dünnen Scheiben, 3 Minuten blanchiert
1 EL	frische Petersilie, gehackt
1	grüne Paprikaschote, in feinen Streifen
1	rote Paprikaschote, in feinen Streifen
500 ml	Hühnerbrühe, erhitzt
1 EL	Stärkemehl
3 EL	kaltes Wasser
	Salz und Pfeffer
	Worcestershire-Sauce

■ Die Hühnerbrüstchen würzen und beiseite stellen.

■ Die Butter in einer großen Pfanne leicht erhitzen. Die blanchierten und gut abgetropften Zwiebeln darin 5 bis 6 Minuten braten.

■ Das Fleisch dazugeben, würzen und weitere 6 bis 7 Minuten braten.

■ Petersilie und Paprika hinzufügen. Abschmecken und nochmals 6 Minuten garen.

■ Das Hühnchen herausnehmen und auf einer Platte warm halten.

■ Die Brühe in die Pfanne gießen und zum Kochen bringen. Das Stärkemehl mit Wasser verrühren und gut in die Sauce einrühren. 1 Minute köcheln.

■ Kräftig würzen und mit Worcestershire-Sauce abschmecken. Über das Hühnchen geben und servieren.

PRO PORTION: 222 KALORIEN 8 g KOHLENHYDRATE 28 g EIWEISS 9 g FETT 1,0 g BALLASTSTOFFE

HÜHNCHEN MIT WURST UND PAPRIKA

(FÜR 4 PERSONEN)

1 EL	**Olivenöl**
4	**Hühnerbrüstchen ohne Knochen**
2	**Bockwürstchen**
1	**rote Zwiebel, in Ringen**
1	**rote Paprikaschote, in breiten Streifen**
1	**grüne Paprikaschote, in breiten Streifen**
2	**Knoblauchzehen, geschält und gedrittelt**
375 ml	**Hühnerbrühe, erhitzt**
1 EL	**Stärkemehl**
3 EL	**kaltes Wasser**
	Salz und Pfeffer

■ Das Öl in einer großen Pfanne erhitzen. Die Hühnerbrüstchen und Würstchen dazugeben, würzen und 3 bis 4 Minuten auf jeder Seite braten. Das Huhn herausnehmen und beiseite stellen.

■ Die Pfanne zudecken, die Würste ungefähr 8 Minuten, abhängig von der Dicke, weiterbraten. Herausnehmen und ebenfalls beiseite stellen.

■ Die Zwiebeln in der heißen Pfanne 4 Minuten bei mittlerer Hitze braten.

■ Paprika und Knoblauch dazugeben und 5 Minuten braten. Gut abschmecken. Die Brühe aufgießen und 1 Minute kochen.

■ Das Stärkemehl mit Wasser verrühren und gut in die Sauce einrühren, 1 Minute kochen.

■ Das Hühnchen in die Pfanne zurückgeben und 3 Minuten in der Sauce sieden lassen. Die Würste in Scheiben schneiden und in die Pfanne geben. 1 Minute köcheln und servieren.

PRO PORTION: 358 KALORIEN 7 g KOHLENHYDRATE 38 g EIWEISS
20 g FETT 1,0 g BALLASTSTOFFE

FRÜHLINGSROLLEN MIT AUBERGINENFÜLLUNG

(FÜR 4 PERSONEN)

Füllung

1 EL	**Olivenöl**
2	**Frühlingszwiebeln, gehackt**
2	**Schalotten, gehackt**
2	**Knoblauchzehen, gehackt**
1 EL	**frische Petersilie, gehackt**
1 EL	**Basilikum**
250 g	**frische Champignons, gehackt**
1/2 TS	**rote Paprika, gehackt und gebraten**
1/2	**Aubergine, geschält und gewürfelt**
1/2 TS	**Ricotta-Käse**
	Salz und Pfeffer

Rollen

1 EL	**Mehl**
3 EL	**kaltes Wasser**
8	**Stück Reispapier**
	Öl

■ Für die Füllung das Öl auf mittlere Temperatur erhitzen. Frühlingszwiebeln, Schalotten und Knoblauch darin 3 Minuten braten.

■ Kräuter und Pilze dazugeben, würzen, mischen und 2 Minuten braten.

■ Paprika und Auberginen dazugeben, vermengen, halb zugedeckt 15 Minuten bei mittlerer Hitze garen, dabei 1mal umrühren.

■ Den Käse einrühren und weitere 2 Minuten garen. Die Füllung beiseite stellen.

■ Für die Röllchen das Öl in der Friteuse auf 180°C erhitzen.

■ Das Mehl mit dem Wasser zu einer glatten Masse verrühren.

■ Das Reispapier auf die Arbeitsfläche legen. Etwas Füllung in die Mitte geben, wie gezeigt aufrollen, und die Enden mit der Mehlpaste zukleben.

■ Im heißen Öl 3 bis 4 Minuten fritieren, oder abhängig von der Größe. Heiß mit der Sauce servieren.

(weiter nächste Seite)

Frühlingszwiebeln, Schalotten und Zwiebeln im heißen Öl sautieren.

Kräuter und Pilze dazugeben. Abschmecken und 2 Minuten garen.

Die gebratenen Paprika und die Aubergine dazugeben; gut mischen. Halb zugedeckt bei mittlerer Hitze 15 Minuten garen.

Sauce

1 TL	**Olivenöl**
2	**Frühlingszwiebeln, gehackt**
800 ml	**Dosentomaten, abgetropft und gehackt**
3 EL	**schwarze Bohnensauce**
2 EL	**frisches Basilikum, gehackt**

■ Das Öl erhitzen. Die Frühlingszwiebeln darin 2 Minuten braten. Die Tomaten dazugeben, würzen und 10 Minuten köcheln.

■ Die restlichen Zutaten hinzufügen, vermengen und 2 Minuten kochen. Nochmals kurz umrühren und mit den Frühlingsrollen servieren.

PRO PORTION: 438 KALORIEN 10 g FETT 76 g KOHLENHYDRATE 4,8 g BALLASTSTOFFE 11 g EIWEISS

4 Den Käse einrühren und 2 Minuten garen.

5 Das Reispapier füllen und zusammenrollen.

6 Die Enden mit der Mehlpaste zukleben.

SCHINKENSTEAKS MIT AHORNSIRUP GLASIERT

(FÜR 4 PERSONEN)

1 EL	**Ahornsirup**
1 EL	**zerlassene Butter**
4	**Scheiben gekochten Schinken, 2 cm dick**
	Saft von 1/2 Zitrone
	frisch gemahlener Pfeffer

■ Den Ofen auf 190°C vorheizen.

■ Den Sirup mit Butter und Zitronensaft verrühren. Die Schinkenscheiben auf eine feuerfeste Platte legen, auf beiden Seiten mit dem Sirup bestreichen und pfeffern.

■ Die Grillfunktion des Ofens anstellen. Die Platte auf das obere Gitter stellen und die Schinkensteaks pro Seite 4 Minuten grillen.

■ Servieren.

PRO PORTION: 189 KALORIEN, 4 g KOHLENHYDRATE, 25 g EIWEISS, 8 g FETT, 0 g BALLASTSTOFFE

KALBSKOTELETTS MIT FRISCHEN BROMBEEREN

(FÜR 4 PERSONEN)

1 EL	**Olivenöl**
8	**Kalbskoteletts, entfettet**
1	**Schalotte, geschält und gehackt**
125 ml	**trockener Weißwein**
375 ml	**Kalbs- oder Rinderbrühe, erhitzt**
1 EL	**Stärkemehl**
2 EL	**kaltes Wasser**
1 TS	**Brombeeren, gewaschen**
1 EL	**frische Petersilie, gehackt**
	Salz und Pfeffer

■ Den Ofen auf 180°C vorheizen.

■ Das Öl in einer feuerfesten Pfanne erhitzen. Die Koteletts – je nach Dicke – darin 4 Minuten pro Seite braten. Das Fleisch herausnehmen und beiseite stellen.

■ Schalotte und Wein in die heiße Pfanne geben und 3 Minuten bei großer Hitze kochen. Die Brühe aufgießen, würzen und 5 Minuten kochen.

■ Das Stärkemehl mit Wasser vermengen und in die Sauce einrühren. Die Beeren und das Fleisch dazugeben. Im Ofen 5 Minuten fertig garen.

■ Mit Petersilie bestreuen und servieren.

PRO PORTION: 545 KALORIEN 9 g KOHLENHYDRATE 48 g EIWEISS
33 g FETT 2,9 g BALLASTSTOFFE

SCHWEINEGESCHNETZELTES MIT BAMBUSSPROSSEN

(FÜR 4 PERSONEN)

3 EL	Pflanzenöl
2 EL	frischer Ingwer, gehackt
3	Frühlingszwiebeln, gehackt
2	Stangen Staudensellerie, in Scheiben
250 g	frische Champignons, geputzt und gedrittelt
900 g	Schweinelende, entfettet, in Streifen
2 EL	Sojasauce
125 ml	trockener Weißwein
1/2 TS	Bambussprossen aus der Dose, abgetropft
1	Knoblauchzehe, gehackt
375 ml	Hühnerbrühe, erhitzt
1 TL	Stärkemehl
2 EL	kaltes Wasser
	Salz und Pfeffer

■ Das Öl erhitzen. Ingwer, Frühlingszwiebeln und Sellerie darin 1 Minute bei großer Hitze anbraten. Die Pilze dazugeben, würzen und 3 Minuten braten. Das Gemüse herausnehmen und beiseite stellen.

■ Das Fleisch in der Pfanne 4 Minuten braten, währenddessen würzen; herausnehmen und beiseite stellen.

■ Sojasauce und Wein eingießen und 3 Minuten kochen. Die Sprossen, Knoblauch und Hühnerbrühe dazugeben und zum Kochen bringen.

■ Das Stärkemehl mit Wasser vermengen und gut in die Sauce einrühren. Gemüse und Fleisch wieder dazugeben und kräftig würzen; 6 Minuten köcheln.

PRO PORTION: 591 KALORIEN · 9 g KOHLENHYDRATE · 60 g EIWEISS · 33 g FETT · 4,0 g BALLASTSTOFFE

GEBRATENES SCHWEINEFLEISCH MIT ZUCCHINI

(FÜR 4 PERSONEN)

2 EL	**Olivenöl**
1	**Zucchini, längs halbiert, in Scheiben geschnitten**
2	**Stangen Staudensellerie, in Scheiben**
2	**Äpfel, entkernt, geschält und in Spalten**
2	**Knoblauchzehen, gehackt**
8	**Schweineschnitzel, entfettet, in Streifen**
1 EL	**frische Petersilie, gehackt**
	Salz, Pfeffer, Paprika

■ Die Hälfte des Öls stark erhitzen. Gemüse, Äpfel und Knoblauch hineingeben, gut würzen und 3 Minuten braten.

■ Das Gemüse wenden und weitere 3 Minuten bei mittlerer Hitze garen. Herausnehmen und beiseite stellen.

■ Das restliche Öl erhitzen. Das Fleisch darin pro Seite 2 Minuten braten; salzen und pfeffern.

■ Gemüse und Äpfel zum Fleisch geben. Petersilie einstreuen, abschmecken und leicht mit Paprika bestreuen. 2 Minuten wärmen und sofort servieren.

■ Als Beilage neue, gekochte Kartoffeln reichen.

PRO PORTION: 611 KALORIEN · 13 g KOHLENHYDRATE · 56 g EIWEISS · 37 g FETT · 2.5 g BALLASTSTOFFE

RÄUCHERLACHS AUF KARTOFFELPFANNKUCHEN

(FÜR 4 PERSONEN)

4	große Kartoffeln
1	Zwiebel, gerieben
3 EL	Mehl
1	großes Ei, getrennt
2 EL	Olivenöl
16	dünne Scheiben geräucherter Lachs
	saure Sahne
	Salz und Pfeffer

■ Die Kartoffeln schälen und raspeln. In eine Schüssel füllen, mit kaltem Wasser bedecken und 15 Minuten stehen lassen. Gut abtropfen und die restliche Flüssigkeit aus den Kartoffeln pressen.

■ Die Kartoffeln in eine Mixerschüssel geben. Zwiebel, Mehl, Salz und Pfeffer dazugeben und gut vermengen. Den Eidotter unterrühren.

■ Das Eiweiß leicht steif schlagen und unter die Mischung ziehen.

■ Den Teig zu kleinen Pfannkuchen formen und 1 Stunde kalt stellen.

■ Die Hälfte des Öls erhitzen. Die Pfannkuchen darin 5 Minuten pro Seite braten, würzen, herausnehmen und im Ofen warm halten. Das restliche Öl erhitzen und den selben Vorgang für die restlichen Pfannkuchen wiederholen.

■ Die Lachsscheiben zu Tütchen rollen und auf den Kartoffelpfannkuchen servieren. Dazu saure Sahne reichen.

PRO PORTION: 296 KALORIEN 35 g KOHLENHYDRATE 10 g EIWEISS 13 g FETT 3,0 g BALLASTSTOFFE

1

Die restliche Flüssigkeit aus den geraspelten Kartoffeln pressen.

2

Die Kartoffeln mit der geriebenen Zwiebel in eine Mixerschüssel geben.

3

Mehl, Salz und Pfeffer dazugeben und gut vermengen.

Den Eidotter einrühren.

Das leicht steif geschlagene Eiweiß dazugeben und unter die Mischung ziehen.

Aus dem Teig kleine Pfannkuchen formen.

SCHWEINEFILET IN WEIN MIT PILZEN

(FÜR 4 PERSONEN)

1 EL	**Olivenöl**
2 EL	**Butter**
2	**Schweinefilets, entfettet**
1	**Zwiebel, gehackt**
1	**Knoblauchzehe, gehackt**
500 g	**frische Champignons, geputzt und halbiert**
125 ml	**trockener Weißwein**
500 ml	**Rinderbrühe, erhitzt**
2 EL	**Tomatenmark**
$^1/_2$ TL	**Oregano**
1 EL	**Stärkemehl**
3 EL	**kaltes Wasser**
	Salz und Pfeffer

■ Den Ofen auf 180°C vorheizen.

■ Butter und Öl in einer feuerfesten Pfanne erhitzen. Das Fleisch darin 10 bis 12 Minuten von allen Seiten braten und währenddessen würzen. Herausnehmen und beiseite stellen.

■ Zwiebel und Knoblauch 3 Minuten in der Pfanne braten. Die Pilze dazugeben, die Hitze erhöhen und 5 Minuten braten.

■ Den Wein aufgießen und 3 Minuten kochen. Brühe, Tomatenmark und Oregano einrühren, das Fleisch dazugeben und 25 Minuten im Ofen schmoren.

■ Das Fleisch herausnehmen, in 1,2 cm dicke Scheiben schneiden und beiseite stellen.

■ Das Stärkemehl mit Wasser vermengen und gut in die Sauce einrühren, abschmecken und 1 Minute kochen. Das Fleisch in die Sauce geben und 2 Minuten wärmen. Servieren.

PRO PORTION: 365 KALORIEN, 16 g FETT, 11 g KOHLENHYDRATE, 3,4 g BALLASTSTOFFE, 39 g EIWEISS

Schweinefilet in Wein mit Pilzen

APFELKUCHEN

(FÜR 4 BIS 6 PERSONEN)

500 g	**Blätterteig (siehe Seite 482)**
3 bis 4	**Äpfel**
	Konfitüre nach Wahl
	geschlagenes Ei
	Zucker

■ Den Ofen auf 190°C vorheizen.

■ Den Teig auf einer bemehlten Fläche 0,6 cm dick ausrollen. Mit Hilfe eines Lineals ein Rechteck von 13 x 38 cm ausmessen. Das Rechteck mit dem Teigroller ausschneiden und auf ein Backblech legen. Den Teig mit einer Gabel mehrmals einstechen.

■ 4 Streifen in 2 cm Breite ausschneiden, 2 lange für die Seiten, 2 kurze für die Enden. Die Streifen mit geschlagenem Ei auf den Seiten festkleben, an den Enden überlappend.

■ Eine dünne Schicht Konfitüre auf den Teigboden streichen.

■ Die Äpfel entkernen, schälen und in 1,2 cm dicke Spalten schneiden. Die Äpfel nicht ganz bis an die Teigränder auf die Konfitüre legen.

■ Die Ränder mit Ei bestreichen. Mit Zucker bestreuen und 30 Minuten im Ofen backen.

Hinweis: Je nach Belieben können Sie sich an die Technik des Erdbeerkuchens auf Seite 488 halten.

PRO PORTION:	565 KALORIEN	60 g KOHLENHYDRATE	7 g EIWEISS
	33 g FETT	2,2 g BALLASTSTOFFE	

BRETONISCHER KUCHEN

(FÜR 6 PERSONEN)

4	**große Eier**
$^1/_2$ TS	**Zucker**
1 TS	**Mehl**
3 EL	**Rum**
$^1/_4$ TS	**Marmelade**
$^1/_2$ TS	**Sultaninen**
500 ml	**Milch**
	Prise Salz
	Puderzucker

■ Den Ofen auf 180°C vorheizen. Eine 4,5 cm tiefe und 30 x 18 cm große Kuchenform ausbuttern.

■ Eier und Zucker in einer Schüssel schaumig rühren. Mehl und Salz dazugeben und zu einem glatten Teig rühren.

■ Rum, Marmelade und Sultaninen unterziehen. Zuletzt die Milch einrühren.

■ Den Teig in die Form füllen und 50 bis 55 Minuten backen, oder bis er goldbraun ist. In der Form auskühlen lassen. Zum Servieren in Quadrate schneiden und mit Puderzucker bestäuben. Nach Belieben Ahornsirup dazu reichen.

PRO PORTION: 350 KALORIEN 60 g KOHLENHYDRATE 10 g EIWEISS 6 g FETT 1,0 g BALLASTSTOFFE

FRISCHES FEIGENBROT

(FÜR 6 BIS 8 PERSONEN)

4	**große Eier, geschlagen**
4 EL	**brauner Zucker**
125 ml	**Erdnußöl**
$1^1/_2$ TS	**Mehl, gesiebt**
1 TL	**Backpulver**
$^1/_2$ TL	**Natron**
500 g	**frische Feigen, geschält und gehackt**
2 EL	**Rum**
$^1/_2$ TS	**Pekannüsse**

■ Den Ofen auf 180°C vorheizen. Den Boden einer 6,5 cm tiefen und 23,5 x 13 cm großen Kastenform mit einem genau passenden Stück Pergamentpapier auslegen. Das Papier und die Seiten buttern.

■ Eier und Zucker schaumig rühren. Das Öl gut einrühren.

■ Das Mehl mit Backpulver und Natron sieben. $^1/_3$ davon zur Eiermasse geben und gut rühren. Mit dem restlichen Mehl ebenso verfahren.

■ Feigen, Rum und Nüsse unterziehen. Den Teig in die Form füllen und auf der mittleren Schiene des Ofens 55 bis 60 Minuten backen.

■ Den Kuchen herausnehmen und in der Form leicht auskühlen lassen. Auf einem Kuchengitter vollständig erkalten lassen.

PRO PORTION: 475 KALORIEN, 52 g KOHLENHYDRATE, 8 g EIWEISS, 25 g FETT, 3,2 g BALLASTSTOFFE

SCHOKOLADEN-SCHICHTTORTE

(FÜR 8 BIS 10 PERSONEN)

10	**große Eier, getrennt**
1	**großes, ganzes Ei**
$^2/_3$ TS	**Zucker**
$^1/_3$ TS	**ungezuckerter Kakao**
1 TS	**Mehl, gesiebt**
90 g	**zartbittere Schokolade**
500 ml	**Sahne**
$^1/_2$ TS	**Aprikosenmarmelade**

■ Den Ofen auf 180°C vorheizen. Eine 25 cm große Springform einfetten und mit einer Schicht eingefettetem Pergamentpapier auslegen; beiseite stellen.

■ Die Eidotter und das ganze Ei in einer Schüssel mit 3 EL Zucker 3 bis 4 Minuten schaumig rühren. Den Kakao mit einer Palette unterziehen.

■ In einer anderen Schüssel das Eiweiß steif schlagen. Den restlichen Zucker einrieseln lassen und weiterschlagen. Unter die Kakaomischung ziehen.

■ Das Mehl über die Eimasse sieben und mit einer Palette unterheben. Den Teig in die vorbereitete Form füllen und ca. 35 Minuten backen (Teigprobe machen!)

■ Herausnehmen und in der Form leicht abkühlen lassen. Dann auf ein Kuchengitter stürzen, die Form behutsam entfernen. Das Papier abziehen und den Kuchen vollständig auskühlen lassen.

■ Den Kuchen mit einem langen Messer in 2 Lagen schneiden. Beiseite stellen.

■ Die Schokolade in einem Wasserbad schmelzen und wieder abkühlen. Die Sahne steif schlagen und die Schokolade unterziehen.

■ Den Kuchenboden auf eine Platte legen und mit der Hälfte der Marmelade bestreichen. Mit einer Schicht Schokoladensahne füllen. Die Teigplatte aufsetzen, mit der restlichen Marmelade und der Sahne bestreichen. Mit einem Spritzbeutel hübsch verzieren. Kühlstellen und servieren.

PRO PORTION: 525 KALORIEN 47 g KOHLENHYDRATE 12 g EIWEISS 32 g FETT 0 g BALLASTSTOFFE

Schokoladen-Schichttorte

GRUNDREZEPT FÜR BISKUIT

(ERGIBT 2 BÖDEN)

6	**große Eier mit Raumtemperatur**
1/2 TL	**Vanille**
1/2 TS	**Zucker**
1 TS	**Mehl**
3 EL	**zerlassene, lauwarme, ungesalzene Butter**
	Prise Salz

■ Den Ofen auf 180°C vorheizen. 2 4,5 cm tiefe und 21,5 cm große Kuchenformen wie gezeigt vorbereiten.

■ Einen Topf halbvoll mit Wasser füllen, auf den Herd stellen und das Wasser bei schwacher Hitze zum Sieden bringen.

■ Eier, Vanille und Zucker in eine Stahlschüssel geben und ins Wasserbad stellen. Mit einem Handrührgerät 3 Minuten rühren. Aufpassen, daß das Wasser nicht zu heiß wird oder die Eier fest werden.

■ Die Schüssel vom Topf nehmen und weiterrühren, bis die Masse sehr dick wird und Fäden zieht. Die Masse maximal 5 Minuten rühren; nicht überrühren.

■ Das Salz unter das Mehl mischen und 1/3 über die Eiermasse sieben. Mit einer Palette unterheben. Das restliche Mehl unterziehen. Die zerlassene, lauwarme Butter einrühren. Den Teig gleichmäßig auf die Kuchenformen verteilen.

■ Auf der Mittelschiene des Ofens 25 Minuten backen.

■ Dann herausnehmen und in der Form 4 Minuten stehen lassen. Auf ein Kuchengitter stürzen und leicht abkühlen lassen, dann das Papier abziehen.

■ Vor dem Zusammensetzen vollständig erkalten lassen.

PRO PORTION: 847 KALORIEN 107 g KOHLENHYDRATE 26 g EIWEISS 35 g FETT 2,3 g BALLASTSTOFFE

1

Aus Pergamentpapier 2 Kreise in Größe der Springform ausschneiden. Den Boden der Kuchenform buttern und das Papier darauf legen. Das Papier und die Seiten einfetten und mit Mehl bestäuben.

2

Eier, Vanille und Zucker in eine Stahlschüssel geben.

3

Die Schüssel auf einen halbvollen Topf mit siedendem Wasser stellen (Wasserbad).

Mit einem Handrührgerät 3 Minuten rühren. Das Wasser darf nicht zu heiß werden, da die Eier sonst stocken.

Das Mehl nach und nach einsieben. Mit einer Palette unterheben.

Die zerlassene, lauwarme Butter einrühren.

CREME FÜR OBSTKUCHEN

6	**große Eidotter**
2/3 TS	**Zucker**
1/2 TS	**Mehl**
1/4 TL	**Salz**
500 ml	**heiße Milch**
1 TL	**Vanille**
1 EL	**Orangenlikör**
1 EL	**ungesalzene Butter**

■ Eidotter und Zucker in einer Schüssel 2 bis 3 Minuten mit einem elektrischen Handrührgerät schaumig rühren. Die Eidotter sollten hellgelb werden und andicken.

■ Mehl und Salz einrühren. Die Hälfte der heißen Milch dazugießen, dabei ständig rühren. Die Vanille hinzufügen.

■ Die Mischung in einen Topf mit schwerem Boden füllen. Die restliche Milch einrühren und bei mittelschwacher Hitze zum Kochen bringen; ständig rühren. Wenn die Creme kocht, wird sie dick. Mit einem Holzlöffel die Topfränder säubern.

■ Wenn die Creme zu kochen beginnt die Hitze reduzieren. Weitere 5 bis 6 Minuten köcheln. Die Creme sollte dick sein.

■ Die Creme in eine Schüssel gießen, Butter und Likör einrühren. Mit einer Schicht Pergamentpapier, die die Oberfläche berührt, abdecken. Eine Ecke anheben, damit Luft entweichen und die Creme abkühlen kann; kalt stellen.

PRO PORTION: 1593 KALORIEN 214 g KOHLENHYDRATE 45 g EIWEISS 58 g FETT 2,3 g BALLASTSTOFFE

SÜSSER TEIG

Dieser Teig eignet sich für Obstkuchen,
Torteletts, Gâteau St. Honoré und Fruchtkuchen.

2 TS	**Mehl**
1/4 TS	**Zucker**
1/4 TL	**Salz**
250 g	**ungesalzene Butter, weich, in Stücke geschnitten**
2	**extra große Eier**
1	**Eidotter**
3 bis 4 EL	**kaltes Wasser**

■ Das Mehl auf die Arbeitsfläche sieben und in der Mitte eine Vertiefung bilden.

■ Alle restlichen Zutaten hineingeben und mit einem Teigschaber oder den Händen zu einem glatten Teig kneten. Wenn der Teig zu trocken ist, etwas Wasser dazugeben. Immer mit der Handinnenfläche kleine Teigmengen verarbeiten. Mit dieser Technik werden die Zutaten gut miteinander verknetet. Der Teig sollte glatt und einheitlich sein.

■ Den Teig je nach Rezept weiterverarbeiten. Zur Aufbewahrung mit Mehl bestäuben und in ein sauberes Tuch einschlagen. Kalt stellen. Vor der Verarbeitung 2 Stunden bei Raumtemperatur stehen lassen.

PRO PORTION: 4000 KALORIEN 424 g KOHLENHYDRATE 70 g EIWEISS 225 g FETT 4,0 g BALLASTSTOFFE

WAFFELTORTE

(FÜR 8 BIS 10 PERSONEN)

200 g	**Schokoladenwaffeln, zerkleinert**
1/2 TS	**weiche Butter**
750 ml	**Schokoladeneis**
750 ml	**Vanilleeis**
250 ml	**Schokoladensauce**

■ Die Butter mit den zerkleinerten Waffeln verrühren. In eine Springform mit 25 cm Durchmesser füllen.

■ Das Eis aus der Tiefkühltruhe nehmen und stehen lassen, bis es weich, aber nicht geschmolzen ist. Beide Eissorten mit einem Handrührgerät so mischen, daß ein marmoriertes Muster entsteht.

■ Das Eis mit einer Palette in die Form streichen.

■ Die Oberfläche mit der Schokoladensauce beträufeln. In die Tiefkühltruhe stellen, bis die Schokolade hart wird, dann mit Pergamentpapier abdecken und vor dem Anschneiden 12 Stunden gefrieren.

■ Nach Belieben mit Schlagsahne servieren.

PRO PORTION: 560 KALORIEN 64 g KOHLENHYDRATE 4 g EIWEISS 32 g FETT 0 g BALLASTSTOFFE

BRATAPFEL MIT ROSINEN

(FÜR 6 PERSONEN)

6	**Äpfel, entkernt**
2 EL	**Butter**
2 EL	**brauner Zucker**
1 EL	**Zimt**
3 EL	**Rum**
1/4 TS	**Honig**
1/2 TS	**Sultaninen**
125 ml	**Wasser**
1 EL	**Stärkemehl**
3 EL	**kaltes Wasser**
	Saft von 1 Orange

■ Den Ofen auf 180°C vorheizen.

■ Einen Streifen Schale in der Mitte des Apfels abschälen, wie in der Abbildung gezeigt. Die Äpfel in eine Auflaufform stellen.

■ Butter und Zucker verrühren. In die Höhlung geben und diese mit Zimt, Rum, Orangensaft, Honig und Rosinen füllen. 125 ml Wasser in die Form gießen.

■ Im Ofen 40 Minuten, oder bis die Äpfel weich sind, backen. Die Garzeit hängt von der Apfelsorte ab.

■ Die Äpfel dann aus der Form nehmen und beiseite stellen. Die Form bei mittlerer Hitze auf den Herd stellen und 3 Minuten kochen. Das Stärkemehl mit Wasser vermengen und in die kochende Flüssigkeit rühren. 1 Minute kochen und mit den Äpfeln servieren.

■ Nach Belieben die Äpfel noch warm mit Eis servieren.

PRO PORTION: 252 KALORIEN · 50 g KOHLENHYDRATE · 0 g EIWEISS · 4 g FETT · 1.9 g BALLASTSTOFFE

SCHOKOLADENCREME FÜR KUCHEN

125 g	**zartbittere Schokolade**
550 ml	**Milch**
1/2 TL	**Vanille**
5	**große Eidotter, Raumtemperatur**
1/2 TS	**feiner Zucker**
1/2 TS	**Mehl**
2 EL	**ungesalzene Butter**
	Prise Salz

■ Die Schokolade in eine Stahlschüssel geben und so in ein Wasserbad stellen, daß der Schüsselboden das Wasser nicht berührt. Die Hitze reduzieren, die Schokolade ohne umrühren schmelzen lassen. Die Schüssel vom Topf nehmen und auf die Arbeitsfläche stellen.

■ Während die Schokolade schmilzt, Milch, Vanille und Salz in einem Topf mit schwerem Boden zum Kochpunkt bringen, sofort vom Herd nehmen.

■ Eidotter und Zucker mit einem Handrührgerät in einer Schüssel schaumig rühren, bis die Farbe hellgelb wird. Das Mehl mit einem Holzlöffel einrühren.

■ Die Hälfte der heißen Milch einfließen lassen und schnell verrühren. Den Topf mit der restlichen heißen Milch bei schwacher Hitze auf den Herd stellen. Die Eimischung aus der Schüssel in den Topf gießen, gut verrühren.

■ Die Creme bei schwacher Hitze ca. 5 bis 6 Minuten köcheln, bis sie sehr dick ist, dabei ständig rühren. Die Topfränder mit einem Holzlöffel säubern.

■ Die Hitze abstellen. Zuerst die Schokolade einrühren, dann die Butter. Mit Pergament, das die Creme berührt, abdecken. Eine Ecke anheben, damit Luft entweichen kann.

■ Die Creme bei Raumtemperatur vollständig abkühlen lassen, bevor sie kalt gestellt wird.

PRO REZEPT: 2232 KALORIEN 223 g KOHLENHYDRATE 56 g EIWEISS 124 g FETT 2,3 g BALLASTSTOFFE

Die Schokolade über einem Wasserbad schmelzen. Der Schüsselboden darf das Wasser nicht berühren. Während des Schmelzens nicht umrühren.

Mit einem Handrührgerät Eier und Zucker schaumig rühren.

Die Farbe sollte hellgelb werden. Das Mehl mit einem Holzlöffel untermischen.

Die Hälfte der heißen Milch in die Eiermasse einfließen lassen.

Die Eimischung in den Topf mit der restlichen Milch einrühren. Die Creme bei schwacher Hitze kochen, ständig rühren. Am Ende der Kochzeit sollte die Creme dick und glatt sein.

Die Hitze abstellen. Zuerst die geschmolzene Schokolade, dann die Butter einrühren.

KAROTTENKUCHEN

(FÜR 8 PERSONEN)

$1^1/_2$ TS	**Zucker**
1/2 TS	**brauner Zucker**
375 ml	**Pflanzenöl**
2 TS	**Mehl, gesiebt**
$1^1/_2$ TL	**Backpulver**
2 TL	**Zimt**
1 TL	**Natron**
1 TL	**Salz**
5	**große Eier**
$2^1/_2$ TS	**Karotten, geraspelt**
1 TS	**helle Rosinen**
1 EL	**Mehl**
1 EL	**geriebene Zitronenschale**

■ Den Ofen auf 180°C vorheizen. Eine 24 cm große und 6,5 cm tiefe Springform einfetten und beiseite stellen.

■ Den ganzen Zucker und das Öl in einer Schüssel verrühren.

■ Mehl, Backpulver, Zimt, Natron und Salz in eine andere Schüssel sieben. Die trockenen Zutaten mit einem Handrührgerät in die Zuckermischung rühren.

■ Ein Ei nach dem anderen dazugeben und mit dem elektrischen Handrührgerät rühren.

■ Die Karotten dazugeben. Die Rosinen mit 1 EL Mehl bestäuben und unter den Teig mischen. Die Zitronenschale einrühren.

■ Den Teig in die Form füllen und 60 bis 70 Minuten backen.

■ Dann aus dem Ofen nehmen und 5 Minuten in der Form stehen lassen. Aus der Form nehmen und auf einem Kuchengitter auskühlen lassen.

■ Mit oder ohne Zuckerglasur servieren.

PRO PORTION: 897 KALORIEN 106 g KOHLENHYDRATE 7 g EIWEISS 50 g FETT 2,2 g BALLASTSTOFFE

GEFRORENE BUTTERCREME

1 TS	**feiner Zucker**
125 ml	**Wasser**
5	**große Eidotter**
1 TL	**Vanille**
250 g	**weiche Butter**

■ Zucker und Wasser in einen kleinen Topf geben. Nicht rühren. Bei schwacher Hitze kochen, bis die Temperatur 104°C erreicht.

■ Währenddessen Eidotter und Vanille bei mittlerer Geschwindigkeit 2 Minuten rühren.

■ Den Sirup vom Herd nehmen und gründlich rühren. Den Sirup langsam in die Eimasse gießen und bei mittlerer Geschwindigkeit rühren. 12 Minuten rühren, bis die Masse weiß und sehr dick wird.

■ Die Butter in einer anderen Schüssel 30 Sekunden bei mittlerer Geschwindigkeit cremig rühren.

■ Die Hälfte der Eimischung zur Butter geben. 10 Sekunden rühren.

■ Die restliche Eimischung dazugeben und 10 Sekunden rühren, oder bis die Masse glatt ist. Nicht zulange rühren, da die Buttercreme sonst flockig wird.

■ Die Creme in eine saubere Schüssel geben. Mit Frischhaltefolie, die die Creme berührt abdecken, und kalt stellen, bis die Masse streichfähig ist.

■ Als Füllung für Schichttorten oder zum Verzieren verwenden.

PRO PORTION: 2981 KALORIEN 210 g KOHLENHYDRATE 16 g EIWEISS 231 g FETT 0 g BALLASTSTOFFE

WINDBEUTEL MIT KARAMELGLASUR

(FÜR 6 BIS 8 PERSONEN)

8	**Windbeutel (siehe Seite 472)**
1½ TS	**Schokoladencreme für Kuchen (siehe Seite 462)**
½ TS	**Zucker**
3 EL	**kaltes Wasser**
75 ml	**kaltes Wasser**
	einige Tropfen Zitronensaft

■ Auf der Unterseite der Windbeutel ein Loch ausstechen, wie in der Anleitung gezeigt. Mit einem Spritzbeutel die Schokoladencreme einfüllen und beiseite stellen.

■ Zucker, die 3 EL Wasser und Zitronensaft bei mittlerer Hitze kochen, bis die Flüssigkeit goldbraun wird (karamelisiert). Nicht rühren!

■ Den Topf vom Herd nehmen und den Topfboden kurz in kaltes Wasser stellen. Wieder bei mittlerer Hitze auf den Herd stellen, 75 ml Wasser dazugießen und 30 Sekunden kochen.

■ Vom Herd nehmen und auf die Arbeitsfläche stellen. Die Oberseite der Windbeutel behutsam in das heiße Karamel tauchen. Zum Abkühlen beiseite stellen, dann in den Kühlschrank stellen; kalt servieren.

PRO PORTION: 401 KALORIEN, 48 g KOHLENHYDRATE, 10 g EIWEISS, 19 g FETT, 0 g BALLASTSTOFFE

1

Auf der Unterseite der Windbeutel mit Hilfe einer Metalltülle für Spritzbeutel ein Loch ausstechen.

2

Mit einem Spritzbeutel die Schokoladencreme in die Windbeutel füllen.

3

Zucker, Wasser und Zitronensaft bei mittlerer Hitze kochen. Nicht rühren!

4

Sobald der Zuckersirup karamelisiert, den Boden des Topfes kurz in kaltes Wasser stellen.

5

Den Topf bei mittlerer Hitze wieder auf den Herd stellen und die 75 ml Wasser dazugießen; 30 Sekunden kochen.

6

Die Oberseite der Windbeutel kurz in die noch heiße Karamelsauce tauchen.

BANANEN À LA SIENNA

(FÜR 4 PERSONEN)

2 EL	**Butter**
3 EL	**brauner Zucker**
2	**große Bananen, in Scheiben**
3 EL	**Bananenlikör**
3 EL	**Rum**
	Saft von 1 Orange
	Saft von 1/2 Zitrone
	Vanilleeis

■ Die Butter leicht erhitzen. Den Zucker dazugeben und gut verrühren; goldbraun werden lassen.

■ Die Bananen dazugeben, mischen und 1 Minute braten.

■ Den Saft eingießen, mischen und 1 Minute kochen.

■ Likör und Rum dazugeben und flambieren. Umrühren und über Vanilleeis servieren.

PRO PORTION: 409 KALORIEN, 57 g KOHLENHYDRATE, 3 g EIWEISS, 13 g FETT, 1,9 g BALLASTSTOFFE

MANDELTORTELETTS

(FÜR 4 BIS 6 PERSONEN)

250 g	**Blätterteig (siehe Seite 482)**
1/2 TS	**gemahlene Mandeln**
1/3 TS	**feiner Zucker**
1 TL	**Mehl**
1	**großes Eiweiß, steif geschlagen**
	verschlagenes Ei

■ Den Ofen auf 200°C vorheizen.

■ Tortelettförmchen mit 10 cm Durchmesser verwenden.

■ Den Blätterteig auf bemehlter Fläche 0,3 cm dick ausrollen. Die Formen damit auslegen. Den Boden mit einer Gabel mehrmals einstechen, die Seiten mit geschlagenem Ei bestreichen. Beiseite stellen.

■ Mandeln, Zucker und Mehl in einer Schüssel mischen. Das Eiweiß dazugeben und gut unterheben.

■ Jeweils 2 EL Mandelmischung in die Förmchen geben und 16 Minuten backen.

■ Vor dem Servieren abkühlen lassen.

PRO PORTION: 424 KALORIEN, 27 g FETT, 39 g KOHLENHYDRATE, 0 g BALLASTSTOFFE, 7 g EIWEISS

GEDREHTER PFIRSICHKUCHEN

(FÜR 6 BIS 8 PERSONEN)

1/3 TS	**Butter**
1/3 TS	**Zucker**
1	**großes Ei**
1 TL	**Vanille**
1 TS	**Mehl**
1 EL	**Backpulver**
125 ml	**Sahne**
2	**große Eiweiß, steif geschlagen**
1/4 TS	**brauner Zucker**
2 TS	**geschälte Pfirsiche, in Scheiben ***
	Zucker zum Bestreuen

■ Den Ofen auf 180°C vorheizen. Eine 23 cm große Springform gründlich buttern. Beiseite stellen.

■ Butter, Zucker, das ganze Ei und Vanille in einer Schüssel mit einem elektrischen Handrührgerät 2 Minuten schaumig rühren, oder bis die Masse dick wird.

■ Mehl mit dem Backpulver sieben. Die Hälfte des Mehls mit einem Holzlöffel unter die Eimischung rühren.

■ Die Sahne dazugeben und gut vermengen. Das restliche Mehl gut einrühren.

■ Den Eischnee so unterheben, daß keine weißen Spuren mehr zu sehen sind; den Teig beiseite stellen.

■ Den braunen Zucker auf den Boden der Kuchenform streuen, die Pfirsiche kreisförmig darauf legen.

■ Den Teig daraufgeben und 1 Stunde auf der Mittelschiene backen (Teigprobe machen!).

■ Den Kuchen aus dem Ofen nehmen, in der Form abkühlen lassen. Auf eine feuerfeste Platte stürzen und mit etwas Zucker bestreuen. 15 cm unter den Grill in den Ofen stellen und 3 bis 4 Minuten grillen. Aufschneiden und servieren.

* Falls Pfirsichzeit ist, frische Früchte verwenden. Pfirsiche aus der Dose gut abtropfen lassen.

PRO PORTION:	290 KALORIEN	41 g KOHLENHYDRATE	5 g EIWEISS
	12 g FETT	1,3 g BALLASTSTOFFE	

Gedrehter Pfirsichkuchen

BRANDTEIG

Dieser Teig wird zur Herstellung von Windbeuteln, Éclairs, Paris-Brest und Gâteau St. Honoré verwendet

250 ml	**Wasser**
1/4 TL	**Salz**
4 EL	**ungesalzene Butter**
1 EL	**Zucker**
1 TS	**Mehl**
4	**große Eier**
	verschlagenes Ei

■ Den Ofen auf 190°C vorheizen. Ein Backblech einfetten und mit Mehl bestäuben.

■ Wasser, Salz, Butter und Zucker in einem Topf mit schwerem Boden geben. Bei mittlerer Hitze zum Kochen bringen und noch 2 Minuten kochen lassen.

■ Die Hitze reduzieren. Das Mehl dazugeben und mit einem Holzlöffel schnell rühren. Den Teig kochen, bis er beim Berühren mit dem Finger nicht mehr kleben bleibt, ständig rühren!

■ Die Masse in eine Schüssel gießen und 3 Minuten abkühlen lassen.

■ Ein Ei nach dem anderen dazugeben. Die Masse muß vor der Zugabe des nächsten Eis immer glatt sein. Der fertige Teig sollte glatt und glänzend sein.

■ Den Teig in einen Spritzbeutel mit glatter, runder Düse füllen und Formen nach Wahl aufspritzen: In Eigröße für Windbeutel und 10 cm lange Streifen für Éclairs. Dazwischen etwas Platz lassen.

■ Die Oberseite mit geschlagenem Ei bestreichen und 20 Minuten bei Raumtemperatur stehen lassen.

■ 35 Minuten backen. Die Hitze abstellen und bei leicht geöffneter Ofentür 45 Minuten stehen lassen.

■ Wenn sie kalt sind, mit einer Creme nach Wahl oder Schlagsahne füllen. Die Oberseite mit Karamel oder Schokolade überziehen.

PRO PORTION: 1271 KALORIEN 119 g KOHLENHYDRATE 39 g EIWEISS 71 g FETT 2,0 g BALLASTSTOFFE

1

Wasser, Salz und Butter in einen Topf mit schwerem Boden geben.

2

Den Zucker hinzufügen und bei mittlerer Hitze schmelzen. Nachdem die Flüssigkeit zu Kochen beginnt noch 2 Minuten kochen lassen.

3

Die Hitze reduzieren und das ganze Mehl hineingeben. Mit einem Holzlöffel schnell rühren.

4

Den Teig solange kochen, bis er beim Berühren nicht mehr am Finger kleben bleibt.

5

Den Teig in eine Schüssel geben und 3 Minuten abkühlen lassen.

6

Immer 1 Ei zugeben und gut verrühren, bevor das nächste hinzugefügt wird. Die Mischung muß glatt sein, bevor das nächste Ei eingerührt wird.

GÂTEAU ST. HONORÉ

(FÜR 8 PERSONEN)

250 g	**Blätterteig oder süßer Teig (siehe Seite 482 oder 459)**
1	**Rezept Brandteig, (siehe Seite 472)**
8	**Windbeutel**
2 1/2 TS	**Kuchencreme # 2 (siehe Seite 498)**
1/2 TS	**Mandelzucker, (siehe Seite 478)**
1/2 TS	**Zucker**
3 EL	**kaltes Wasser**
375 ml	**geschlagene Sahne**
	verschlagenes Ei
	einige Tropfen Zitronensaft

■ Den Ofen auf 190°C vorheizen. Ein Backblech einfetten und bemehlen.

■ Den Blätterteig auf einer leicht bemehlten Arbeitsfläche 0,3 cm dick ausrollen und auf das Blech legen. Einen 25 cm großen Springformring auf den Teig legen und den überschüssigen Teig abschneiden. Den Ring entfernen, den Teig mehrmals einstechen.

■ Den Spritzbeutel mit einer glatten, mittelgroßen Tülle versehen. Am äußeren Rand des Blätterteigs einen Ring Brandteig spritzen. Einen weiteren Ring direkt neben den ersten spritzen, dann eine Reihe oben aufsetzen.

■ Die Ringe mit Ei bestreichen und das Backblech 15 Minuten beiseite stellen.

■ Dann im Ofen 35 Minuten backen. Die Hitze abstellen, und bei geöffneter Ofentür 45 Minuten stehen lassen.

■ Um den Kuchen zusammenzusetzen, zuerst die Windbeutel mit Kuchencreme füllen. Die restliche Creme mit Mandelzucker mischen und beiseite stellen.

■ Zucker, Wasser und Zitronensaft bei mittlerer Hitze kochen, bis die Flüssigkeit goldbraun wird. Nicht rühren.

■ Dann den Boden des Topfes kurz in kaltes Wasser stellen. Den Topf auf die Arbeitsfläche stellen und einige Minuten stehen lassen.

■ Die Oberseite der Windbeutel in die Karamelmasse tauchen. Um die Windbeutel auf dem obersten Teigring zu fixieren, etwas Karamel an die Stelle geben, an der die Windbeutel aufgesetzt werden sollen. Alle Windbeutel mit der glasierten Seite nach oben auf den Ring setzen.

■ Die Mitte des Kuchens mit der restlichen Kuchencreme füllen. Mit Schlagsahne verzieren.

■ Bis zum Servieren an einen kühlen Platz stellen.

PRO PORTION: 813 KALORIEN 88 g KOHLENHYDRATE 16 g EIWEISS
43 g FETT 1,0 g BALLASTSTOFFE

Gâteau St. Honoré

APFEL-SABAYON

(FÜR 4 PERSONEN)

5	**mittelgroße Äpfel**
1/2 TS	**Zucker**
1 EL	**Zimt**
1/2 TS	**gelbe Rosinen**
2 EL	**Zitronenschale, fein gehackt**
60 ml	**Rum**
4	**Eidotter**
1	**ganzes Ei**
4 EL	**Zucker**
50 ml	**trockener Weißwein**
60 ml	**Kaffeelikör**

■ Die Äpfel entkernen, schälen und in Scheiben schneiden. Zusammen mit 1/2 TS Zucker, Zimt, Rosinen, Zitronenschale und Rum in einem Topf zugedeckt bei mittlerer Hitze 10 Minuten kochen; 2 bis 3mal umrühren.

■ Den Topf vom Herd nehmen und abkühlen lassen. Die Äpfel auf 4 Gläser verteilen und beiseite stellen.

■ Die Eier zusammen mit dem restlichen Zucker sowie Wein und Likör in eine Stahlschüssel geben. Bei schwacher Hitze auf einen halbvollen Topf mit heißem Wasser stellen. Mit einem elektrischen Handrührgerät bei geringer Geschwindigkeit schlagen, bis sich die Masse verdreifacht.

■ Das Sabayon über die Äpfel gießen und servieren.

PRO PORTION: 515 KALORIEN 89 g KOHLENHYDRATE 5 g EIWEISS 7 g FETT 2,3 g BALLASTSTOFFE

TIA MARIA CREME FÜR BEEREN

(FÜR 4 PERSONEN)

4	**große Eidotter**
3 EL	**feiner Zucker**
175 ml	**Milch, abgekocht**
60 ml	**Tia Maria Likör**

■ Die Eidotter und den Zucker in einer Stahlschüssel mit einem elektrischen Handrührgerät 2 Minuten schaumig rühren.

■ Die heiße Milch dazugießen und ungefähr weitere 30 Sekunden schaumig schlagen.

■ Die Schüssel über einen halbvollen Topf mit kochendem Wasser stellen. Die Creme ständig rühren, bis sie dick genug wird und die Rückseite eines Löffels überzieht - ungefähr 5 bis 6 Minuten. Falls die Creme während des Kochens an den Seiten festklebt vom Herd nehmen und kräftig durchrühren, damit die Masse wieder glatt wird. Auf den Herd stellen und fertig kochen.

■ Die Schüssel vom Topf nehmen und den Likör einrühren. Schlagen, bis die Masse kühl ist. Mit Frischhaltefolie, die die Oberfläche der Creme berührt, abdecken und kalt stellen. Mit frischen Beeren der Saison servieren.

PRO PORTION: 183 KALORIEN 17 g KOHLENHYDRATE 5 g EIWEISS 7 g FETT 0 g BALLASTSTOFFE

PARIS-BREST

(FÜR 8 BIS 10 PERSONEN)

Mandelzucker

1 TS	**Puderzucker**
$^1/_3$ TS	**Mandelsplitter**

Kuchen

1	**Rezept Brandteig, (siehe Seite 472)**
375 ml	**Sahne**
1 TL	**Vanille**
2 EL	**Puderzucker**
1	**Rezept Kuchencreme # 2 (siehe Seite 498)**
	verschlagenes Ei
	Mandelblättchen

■ Die Zutaten für den Mandelzucker bei schwacher Hitze auf den Herd stellen. Kochen, bis die Mischung karamelisiert, dabei ständig rühren.

■ Auf ein gefettetes Backblech gießen und beiseite stellen, bis es kalt ist. In Stücke brechen und im Mixer pulverisieren. Bis zum Mischen mit der Kuchencreme in einer luftdichte Dose aufbewahren.

■ Den Ofen auf 190°C vorheizen. Ein Backblech einfetten und bemehlen.

■ Mit einer 23 cm großen Kuchenform eine Markierung auf das Blech machen. Einen Spritzbeutel mit einer großen, runden Tülle versehen und mit dem Brandteig füllen. Einen 2,5 cm breiten Rand der Markierung entlang spritzen.

■ Einen zweiten Ring direkt daneben spritzen und einen obenauf. Die Ringe mit Ei bestreichen und mit Mandelblättchen bestreuen. 30 Minuten bei Raumtemperatur stehen lassen.

■ Den Kuchen 40 Minuten backen. Die Hitze abstellen und den Kuchen bei leicht geöffneter Ofentür 45 Minuten ruhen lassen.

■ Währenddessen die Schlagsahne zubereiten. Sahne und Vanille steif schlagen. Den Puderzucker dazugeben und 30 Sekunden schlagen; kalt stellen.

(weiter nächste Seite)

Ein Backblech einfetten und mit Mehl bestäuben. Mit einer 23 cm großen Kuchenform eine Markierung auf das Blech zeichnen.

Mit dem Teig einen 2,5 cm breiten Ring der Markierung entlang spritzen. Einen anderen Ring innen am ersten entlang spritzen.

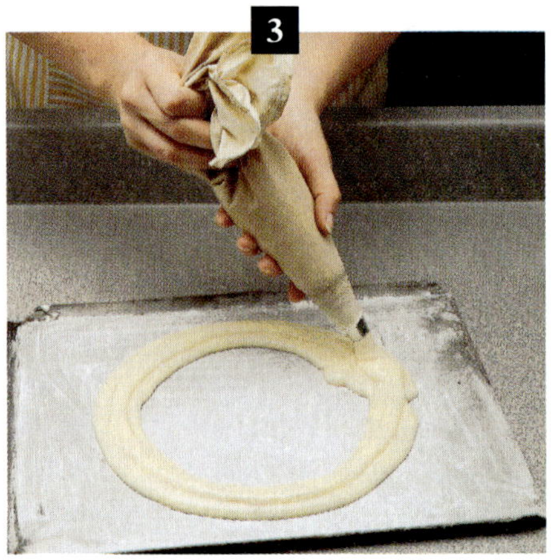

Einen dritten Ring oben auf die ersten beiden spritzen.

■ Um den Kuchen zusammenzusetzen, alle Zutaten auf den Arbeitstisch stellen. Mit einem gezackten Messer den Kuchen aufschneiden. 2 TS Kuchencreme mit 1/2 TS Mandelzucker mischen und den Boden damit bestreichen.

■ Die Schlagsahne mit einem Spritzbeutel auf die Kuchencreme spritzen. Das Oberteil daraufsetzen. Mit Rosetten aus Schlagsahne verzieren und nach Belieben mit Puderzucker bestreuen.

PRO PORTION: 600 KALORIEN 64 g KOHLENHYDRATE 12 g EIWEISS 32 g FETT 0 g BALLASTSTOFFE

4

Die Ringe mit geschlagenem Ei bestreichen.

5

Mit Mandelblättchen bestreuen und bei Raumtemperatur stehen lassen.

6

Den gebackenen Kuchen halbieren.

WEISSER KUCHEN

(FÜR 6 BIS 8 PERSONEN)

6	**große Eier**
3/4 TS	**Zucker**
1/4 TL	**Vanille**
1 TS	**Mehl, gesiebt**
	Prise Salz

■ Den Ofen auf 200°C vorheizen. Eine 23 cm große Springform mit eingefettetem und bemehlten Pergamentpapier auslegen. Beiseite stellen.

■ Eier, Zucker, Vanille und Salz in eine Stahlschüssel geben. Über einen halbvollen Topf mit heißem Wasser bei mittlerer Hitze stellen. Die Zutaten mit einem elektrischen Handrührgerät 3 Minuten schlagen, oder bis die Masse dick wird.

■ Die Schüssel vom Topf nehmen. Das Mehl dritteln und 1/3 nach dem anderen über die Eiermasse sieben, gut verrühren.

■ Den Teig in die vorbereitete Form füllen und 35 bis 40 Minuten backen. Den Kuchen leicht abkühlen lassen, bevor er aus der Form genommen wird.

■ Den Kuchen ganz oder halbiert und verziert servieren.

PRO PORTION:	218 KALORIEN	36 g KOHLENHYDRATE	7 g EIWEISS
	5 g FETT	0 g BALLASTSTOFFE	

HIMBEERBECHER

(FÜR 4 PERSONEN)

$1^1/_2$ TS	**frische Himbeeren, gesäubert**
2 EL	**Orangenlikör**
1 TS	**Creme für Obstkuchen (siehe Seite 458)**
375 ml	**geschlagene Sahne**

■ Die Hälfte der Beeren auf 4 Dessertschalen verteilen. Mit der Hälfte des Likörs beträufeln.

■ Eine dünne Schicht Creme für Obstkuchen und Sahne auftragen.

■ Mit den restlichen Zutaten ebenso verfahren. Vor dem Servieren 1 Stunde kalt stellen.

PRO PORTION: 597 KALORIEN 63 g KOHLENHYDRATE 12 g EIWEISS 31 g FETT 4,3 g BALLASTSTOFFE

WEISSER ZUCKERGUSS

$3^1/_2$ TS	**Puderzucker**
3	**große Eiweiß**
$^1/_4$ TL	**Vanille**

■ 2 TS Puderzucker in eine Schüssel sieben. Die Eiweiß dazugeben und 1 Minute bei langsamer Geschwindigkeit verrühren.

■ Bei mittlerer Geschwindigkeit noch 1 Minute rühren.

■ Bei hoher Geschwindigkeit weitere 6 Minuten rühren. Die Vanille hinzufügen. 1 TS Puderzucker durch ein Sieb dazugeben und weitere 3 Minuten schlagen.

■ Den restlichen Zucker einsieben und 2 Minuten rühren.

■ Zum Glasieren verschiedener Kuchen verwenden.

PRO PORTION: 2572 KALORIEN 633 g KOHLENHYDRATE 10 g EIWEISS 0 g FETT 0 g BALLASTSTOFFE

BLÄTTERTEIG

Dieser Teig wird für Obstkuchen, Torteletts, Gâteau St. Honoré und andere Gebäcke verwendet.

500 g	**ungesalzene Butter**
625 g	**Mehl**
250 ml	**Wasser**
1 TL	**Salz**

■ Die Butter auf eine leicht bemehlte Fläche geben und mit einem Nudelholz ausrollen. Bei Raumtemperatur beiseite stellen.

■ Das Mehl auf die Arbeitsfläche sieben, in der Mitte eine Vertiefung formen. Etwas Wasser und Salz hineingeben. Mit den Fingern oder einem Teigschaber zur Mitte hin verkneten. Evtl. etwas Wasser zugeben. Wenn alles gut gebunden ist, zu einer Kugel formen.

■ Die Oberfläche, wie unten gezeigt, kreuzweise einschneiden.

■ Den Teig wie ein 4blättriges Kleeblatt ausrollen, aber nicht zu dünn.

■ Die Butter in die Mitte des Teiges legen. Den Teig über die Butter schlagen. Butter und Teig sollten die gleiche Konsistenz haben. Falls die Butter zu hart oder zu weich ist, kann sie beim ausrollen vom Teig nicht gut aufgenommen werden.

■ Den Teig zu einem dicken Rechteck ausrollen. Immer von der Mitte zu den Seiten rollen. Nicht zu fest aufdrücken, damit die Butter nicht durch den Teig kommt. Den Teig 3fach falten. In ein sauberes Tuch einschlagen und 30 Minuten kalt stellen.

■ Den Teig auf eine leicht bemehlte Fläche, mit dem schmalen, offenen Ende zum Körper hin, legen. Ein 1,2 cm dickes Rechteck ausrollen. Den Teig 3fach falten und mit 2 Fingerspitzenabdrücken markieren. Dies zeigt die "Touren" bis zum Ende der Roll- und Falttechnik an. In ein sauberes Tuch einschlagen und 30 Minuten kalt stellen.

■ Mit dieser Technik noch 4 weitere "Touren" machen. Den Teig immer mit dem schmalen, geöffneten Ende zum Körper gerichtet ausrollen. Den Teig nicht zu stark bearbeiten, anhaftendes Mehl nach den einzelnen "Touren" immer gut abklopfen. Stets mit der richtigen Anzahl von Fingerabdrücken markieren, um die "Touren" zu zählen.

■ Den Teig in Frischhaltefolie eingepackt im Kühlschrank aufbewahren. Bei Bedarf immer der Breite nach ein Stück abschneiden und vor dem Ausrollen auf Zimmertemperatur erwärmen.

PRO PORTION: 5892 KALORIEN 476 g KOHLENHYDRATE 70 g EIWEISS 412 g FETT 4,0 g BALLASTSTOFFE

1

Den Teig nach dem Kneten zu einer Kugel formen.

2

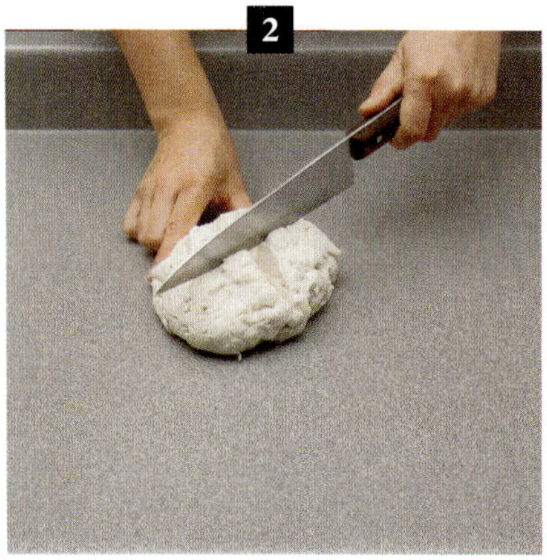

Ein tiefes Kreuz in die Oberseite des Teiges schneiden und in Form eines 4blättrigen Kleeblattes flachdrücken.

3

Den Teig der Kleeblattform nach – nicht zu dünn – ausrollen. Die Butter in die Mitte des Teiges legen.

Die Enden des Teiges über die Butter schlagen.

Nachdem der Teig in ein dickes Rechteck gerollt ist, gleichmäßig 3-fach falten. Das ist das Ende der ersten "Tour".

Um die richtige Anzahl der "Touren" zu erkennen, mit der entsprechenden Anzahl von Abdrücken mit den Fingerspitzen markieren.

HIMBEERKUCHEN

(FÜR 6 BIS 8 PERSONEN)

Teig

$1^1/_2$ TS	**gesiebtes Mehl**
$^1/_3$ TS	**ungesalzene Butter**
3 EL	**Backfett**
1	**Ei, verschlagen**
2 EL	**Zucker**
3 bis 4 EL	**kaltes Wasser**
	Prise Salz
	verschlagenes Ei

Füllung

$^1/_2$ TS	**Zucker**
125 ml	**kaltes Wasser**
$2^1/_2$ TS	**frische Himbeeren, gewaschen**
2 EL	**Fruchtgelee**

■ Für den Teig Mehl und Salz in eine Schüssel sieben. In der Mitte ein Vertiefung machen; Butter, Backfett, 1 geschlagenes Ei und Zucker hineingeben und mit einem Teigschaber gut verkneten.

■ Wasser dazugeben und mit den Fingerspitzen einarbeiten. Den Teig zu einer Kugel formen, leicht bemehlen und in ein sauberes Tuch einschlagen; 1 Stunde kalt stellen. Herausnehmen und auf Zimmertemperatur erwärmen.

■ Den Ofen auf 220°C vorheizen.

■ Den Teig 0,3 cm dick ausrollen. Eine Springform mit 25 cm Durchmesser mit dem Teig auslegen um am Rand gut andrücken, damit der Teig nicht schrumpft.

■ Mit einem Teigrad den überschüssigen Teig an den Seiten abschneiden. Den Boden mit einer Gabel mehrmals anstechen und mit Pergamentpapier abdecken. Mit Backgewichten zum Blindbacken belegen, die Ränder mit Ei bestreichen.

■ Den Boden 15 Minuten backen. Herausnehmen, Papier und Gewichte entfernen und abkühlen lassen.

■ Für die Füllung Zucker und Wasser in einem Topf zum Kochen bringen und kochen, bis 110°C erreicht sind.

■ Die Himbeeren in eine Schüssel geben und mit dem Sirup übergießen; gut mischen und marinieren, bis der Boden zum Gebrauch fertig ist.

■ Die Beeren mit einem Schaumlöffel aus dem Sirup nehmen und auf dem Tortenboden verteilen.

■ Den Sirup mit dem Fruchtgelee mischen und 2 Minuten bei mittlerer Hitze kochen; abkühlen lassen.

■ Die Beeren mit dem Sirup-Gelee glasieren, den Kuchen aufschneiden und servieren.

PRO PORTION: 352 KALORIEN 50 g KOHLENHYDRATE 5 g EIWEISS
15 g FETT 4,4 g BALLASTSTOFFE

Himbeerkuchen

BISKUIT-HIMBEER-TORTE

(FÜR 6 BIS 8 PERSONEN)

1	**Biskuitboden, (siehe Seite 456)**
3 EL	**Orangenlikör**
750 ml	**geschlagene Sahne**
3 TS	**frische Himbeeren oder Beeren der Saison, gesäubert**

■ Den Biskuit mit einem langen, gezackten Messer in 2 gleiche Lagen schneiden.

■ Den Boden, mit der knusprigen Seite nach unten auf eine Kuchenplatte legen. Mit der Hälfte des Likörs beträufeln. Die Sahne in einen Spritzbeutel mit gezackter Tülle füllen und eine Schicht auf den Kuchen spritzen. Mit einer Schicht Himbeeren belegen.

■ Die 2. Kuchenhälfte auflegen und mit dem restlichen Likör beträufeln. Mit einer dünnen Schicht Sahne bestreichen. Mit Sahne aus dem Spritzbeutel und Himbeeren hübsch verzieren.

PRO PORTION: 352 KALORIEN 25 g KOHLENHYDRATE 5 g EIWEISS 24 g FETT 4,4 g BALLASTSTOFFE

KIRSCHKUCHEN

(FÜR 6 BIS 8 PERSONEN)

	Süßer Teig, (siehe Seite 459)
	verschlagenes Ei
1/4 TS	**feiner Zucker**
500 g	**große, frische Kirschen, entsteint**

■ Den Ofen auf 200°C vorheizen.

■ Den Teig auf einer leicht bemehlten Arbeitsfläche 0,3 cm dick ausrollen. Eine Springform mit 20 cm Durchmesser mit herausnehmbarem Boden mit Backpapier auslegen. Den Teig gegen die Rundungen in den Seiten pressen, um ein Schrumpfen zu verhindern.

■ Mit einem Teigrad den überstehenden Teig abschneiden. Den Boden mehrmals einstechen und mit Pergamentpapier belegen. Mit Backgewichten oder getrockneten Bohnen belegen. 18 Minuten blindbacken.

■ Den Kuchen herausnehmen, die Hitze auf 190°C reduzieren. Die Gewichte und das Papier entfernen. Den Teig mit Ei bestreichen und mit Zucker bestreuen.

■ Die Kirschen mit dem restlichen Zucker bestreuen, dann auf den Tortenboden legen, 25 Minuten im Ofen backen.

■ Die Kirschen nach Belieben mit Fruchtsirup begießen.

■ Abkühlen lassen und nach Geschmack mit Sahne servieren.

PRO PORTION: 643 KALORIEN 75 g KOHLENHYDRATE 12 g EIWEISS 33 g FETT 3,6 g BALLASTSTOFFE

ERDBEERKUCHEN

(FÜR 6 BIS 8 PERSONEN)

Erdbeerglasur

$1^1/_2$ TS	**frische Erdbeeren, gesäubert, entstielt**
$^1/_4$ TS	**Zucker**
2 EL	**Orangenlikör**

Kuchen

500 g	**frische Erdbeeren, gesäubert, entstielt**
2 EL	**Likör nach Wahl**
2 EL	**Zucker**
500 g	**Blätterteig (siehe Seite 482)**
$1^1/_4$ TS	**Kuchencreme # 2 (siehe Seite 498)**
	verschlagenes Ei

■ Die Glasurzutaten in einen kleinen Topf geben. Bei mittlerer Hitze 8 Minuten kochen. Durch ein Sieb in eine Schüssel passieren und beiseite stellen.

■ Den Ofen auf 200°C vorheizen.

■ Die ganzen Erdbeeren mit Zucker und Likör in einer Schüssel 45 Minuten marinieren.

■ Währenddessen den Teig auf einer leicht bemehlten Fläche 0,6 cm dick ausrollen. Ein Rechteck von 13 x 38 cm ausmessen. Mit einem Teigrad ausschneiden und auf ein Backblech legen. Mit einer Gabel einstechen und mit Ei bestreichen.

■ 4 Streifen à 2 cm Breite schneiden; 2 lange für die Seiten, 2 kurze für die Enden. Die Teigstreifen auflegen, die überlappenden Enden mit etwas Ei zusammenkleben. Die Oberseite mit Ei bestreichen.

■ 18 Minuten im Ofen backen. Herausnehmen und bei Raumtemperatur abkühlen lassen.

■ Eine Schicht Kuchencreme auf den Boden auftragen. Die Erdbeeren abtropfen und auf die Creme setzen. Mit der Erdbeerglasur bestreichen.

PRO PORTION: 648 KALORIEN 68 g KOHLENHYDRATE 10 g EIWEISS 35 g FETT 2,6 g BALLASTSTOFFE

1

Den Blätterteig auf einer bemehlten Fläche 0,6 cm dick ausrollen.

2

Mit einem Zollstock ein Rechteck von 13 x 38 cm ausmessen, mit einem Teigrad ausschneiden.

3

Das Rechteck auf ein Backblech legen. Den Boden mit einer Gabel einstechen und mit geschlagenem Ei bestreichen.

4 Teigstreifen von 2 cm Breite für die Seiten und die Enden ausschneiden.

Die Teigstreifen auf das Rechteck legen, die überlappenden Enden mit etwas Ei oder Wasser zusammenkleben. Diese Technik befestigt die Ränder während des Backens.

Die Oberseite der Streifen mit Ei bestreichen.

PFLAUMENKUCHEN

(FÜR 6 BIS 8 PERSONEN)

	Süßer Teig, (siehe Seite 459)
1/4 TS	**Aprikosengelee**
25	**frische, reife Pflaumen, halbiert und entsteint**
2 EL	**feiner Zucker**
	verschlagenes Ei

■ Den Ofen auf 200°C vorheizen.

■ Den Teig auf einer leicht bemehlten Fläche 0,3 cm dick ausrollen. Eine Springform mit 23 cm Durchmesser und herausnehmbaren Boden mit Backpapier auslegen. Den Teig gegen die Rundungen drücken, um ein Schrumpfen zu vermeiden.

■ Mit einem Teigrad überstehenden Teig abschneiden. Den Boden mit einer Gabel mehrmals einstechen.

■ Das Aprikosengelee in einem Topf erwärmen und wieder abkühlen lassen. Wenn es kalt ist etwas davon auf den Boden streichen. Mit den Pflaumen kreisförmig von außen nach innen belegen. Das restliche Gelee auf die Pflaumen streichen und mit Zucker bestreuen.

■ Die Teigränder mit geschlagenem Ei bestreichen und 35 bis 40 Minuten backen. Abkühlen und servieren.

PRO PORTION:	745 KALORIEN	100 g KOHLENHYDRATE	12 g EIWEISS
	33 g FETT	7,4 g BALLASTSTOFFE	

KÄSEKUCHEN

(FÜR 8 BIS 10 PERSONEN)

Kuchenboden

1 TS	**Graham Cracker, zerstoßen**
1/4 TS	**Zucker**
1/4 TS	**zerlassene Butter**

Belag

750 g	**Sahnequark, (Raumtemperatur)**
1 1/2 TS	**Zucker**
250 ml	**Sahne**
1 EL	**Vanille**
5 EL	**Mehl**
2	**große Eier**

■ Den Ofen auf 180°C vorheizen. Die Zutaten für den Boden verrühren. Auf den Boden einer gebutterten 24 cm großen und 6,5 cm tiefen Springform geben.

■ 10 Minuten backen. Herausnehmen und beiseite stellen.

■ Den Sahnequark in einer Schüssel cremig aufschlagen. Zucker dazugeben und gut einrühren.

■ Sahne, Vanille und Mehl hinzufügen und gut verrühren.

■ Die Eier hinzufügen und nochmals verrühren. Die Mischung auf den Kuchenboden streichen und 55 Minuten backen.

■ Herausnehmen und abkühlen. Vor dem Schneiden 8 Stunden kalt stellen. Nach Belieben mit Früchten servieren.

PRO PORTION: 600 KALORIEN 55 g KOHLENHYDRATE 9 g EIWEISS
38 g FETT 0 g BALLASTSTOFFE

BORDELAISE TÖRTCHEN

(FÜR 6 BIS 8 PERSONEN)

500 g	**Blätterteig (siehe Seite 482)**
$^3/_4$ TS	**Zucker**
5	**große Eidotter**
1	**ganzes Ei**
$^1/_2$ TS	**Mehl**
500 ml	**heiße Milch**
2 EL	**Rum**
	verschlagenes Ei
	Puderzucker

■ 10 cm große und 2 cm tiefe Torteletttförmchen verwenden.

■ Den Teig auf einer bemehlten Fläche 0,3 cm dick ausrollen. Die Förmchen mit Teig auslegen, den Boden einstechen; beiseite stellen. Den restlichen Teig in schmale Streifen schneiden, um sie auf die Füllung zu legen; beiseite stellen.

■ Zucker und Eidotter in eine Stahlschüssel geben. Mit einem elektrischen Handrührgerät schaumig schlagen. Das ganze Ei dazugeben, das Mehl darübersieben und gut verrühren.

■ Heiße Milch und Rum eingießen und gut verrühren. Die Schüssel bei schwacher Hitze auf einen halbvollen Topf mit heißem Wasser stellen. Die Mischung aufschlagen, bis sie sehr dick ist.

■ Vom Topf nehmen und mit Pergamentpapier abdecken. Bei Raumtemperatur abkühlen lassen.

■ Den Ofen auf 200°C vorheizen. Wenn die Füllung kalt ist, nochmals rühren und in die Förmchen verteilen. Die Teigstreifen gitterförmig darauflegen. Überschüssigen Teig abschneiden und mit geschlagenem Ei bestreichen.

■ 15 bis 18 Minuten backen.

■ Die Törtchen herausnehmen und mit Puderzucker bestreuen. Vor dem Servieren abkühlen lassen.

PRO PORTION: 645 KALORIEN 68 g KOHLENHYDRATE 12 g EIWEISS
36 g FETT 0 g BALLASTSTOFFE

HIMBEERTÖRTCHEN

(FÜR 6 BIS 8 PERSONEN)

250 g	**Blätterteig, (siehe Seite 482)**
1/2 TS	**gemahlene Mandeln**
1/3 TS	**feiner Zucker**
1	**großes Eiweiß**
	Prise Mehl
	einige Tropfen Zitronensaft
	geschlagenes Ei
	frische Himbeeren, gesäubert
	etwas Zucker

■ 10 cm große und 2 cm tiefe Tortelettformen verwenden.

■ Den Ofen auf 200°C vorheizen.

■ Den Teig auf einer leicht bemehlten Fläche 0,3 cm dick ausrollen. In die Förmchen legen, den Teig mit einer Gabel mehrmals einstechen und beiseite stellen.

■ Mandeln, Zucker, Eiweiß, Mehl und Zitronensaft in einer Schüssel verrühren. Den Teig in die Förmchen füllen, die Teigränder mit Ei bestreichen und 15 Minuten backen.

■ Aus dem Ofen nehmen und mit Himbeeren belegen. Mit Zucker bestreuen und 3 Minuten backen.

■ Herausnehmen und vor dem Servieren abkühlen lassen.

PRO PORTION: 309 KALORIEN 19 g FETT 31 g KOHLENHYDRATE 2.1 g BALLASTSTOFFE 4 g EIWEISS

SCHOKOLADEN ÉCLAIRS

(FÜR 6 BIS 10 PERSONEN)

500 ml	**Sahne, kalt**
1 TL	**Vanille**
2 EL	**Puderzucker**
125 g	**zartbittere Schokolade**
1 EL	**Wasser**
12	**Éclairs (siehe Seite 472)**

■ Sahne und Vanille zusammen steif schlagen. Den Puderzucker einrieseln lassen und nicht länger als 30 Sekunden schlagen. In den Kühlschrank stellen.

■ Die Schokolade in eine Stahlschüssel geben. Über einen Topf halbvoll mit heißem Wasser stellen, ohne daß der Schüsselboden das Wasser berührt. Bei sehr schwacher Hitze schmelzen. Dann 1 EL kaltes Wasser einrühren. Die Oberseite der Éclairs in die Schokolade tauchen. Die Schokolade nach Belieben mit einer Palette auftragen.

■ Wenn die Schokolade fest ist, die Éclairs mit einem gezackten Messer aufschneiden. Mit Schlagsahne füllen und servieren.

PRO PORTION: 470 KALORIEN 24 g KOHLENHYDRATE 8 g EIWEISS 38 g FETT 0 g BALLASTSTOFFE

1

Gute Schokoladenqualität wählen. Über einem Wasserbad bei sehr schwacher Hitze schmelzen.

2

Wenn die Schokolade geschmolzen ist, etwas Wasser dazugeben und mit dem Schneebesen verrühren.

3

Die Oberseite der Éclairs in die Schokolade tauchen und zum Abkühlen beiseite stellen.

4

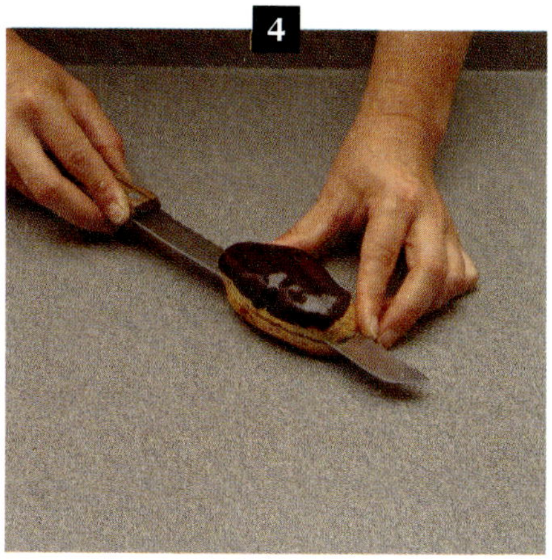

Wenn die Schokolade fest ist, die Éclairs mit einem gezackten Messer in der Mitte aufschneiden – ganz durchschneiden.

5

Mit Schlagsahne oder anderen Cremes füllen. Die Sahne muß zum Füllen sehr steif sein.

6

Mit einem Spritzbeutel mit gezackter Tülle die Füllung auf den Boden spritzen und das Oberteil aufsetzen.

KUCHENCREME #1

500 ml	**Milch**
1 TL	**Vanille**
5	**extra große Eidotter**
1/4 TS	**Zucker**
1/2 TS	**Mehl**
2 EL	**Orangenlikör**
1 EL	**Butter**
	Prise Salz

■ Milch mit der Vanille aufkochen und beiseite stellen.

■ Die Eier trennen, Dotter und Zucker in einer Schüssel 3 Minuten mit einem elektrischen Handrührgerät schaumig rühren.

■ Mehl und Salz darüber sieben und gut verrühren. Die Milch nach und nach mit einem Holzlöffel einrühren.

■ Die Mischung wieder in den Topf füllen und bei mittlerer Hitze eindicken. Hitze reduzieren und 5 bis 6 Minuten köcheln, dabei ständig rühren.

■ Wenn die Creme dick ist, Butter und Likör einrühren. In eine saubere Schüssel füllen und mit Pergamentpapier abdecken. An einer Seite anheben, damit Luft entweichen kann; vollständig auskühlen lassen. Das Papier wieder andrücken und die Creme kalt stellen. Die Kuchencreme für verschiedene Rezepte verwenden.

PRO PORTION: 1250 KALORIEN 135 g KOHLENHYDRATE 42 g EIWEISS
52 g FETT 2,3 g BALLASTSTOFFE

ITALIENISCHE MERINGEN

1 TS	**Fruchtpuderzucker**
4	**große Eiweiß**
1/2 TL	**Vanille**

■ Den Zucker in eine Stahlschüssel sieben. Auf einen halbvollen Topf mit heißem Wasser bei schwacher Hitze stellen.

■ Das Eiweiß und die Vanille dazugeben und mit einem Handrührgerät bei niedriger Geschwindigkeit aufschlagen. Das Wasser sollte sieden. Wenn das Eiweiß fest wird, mit mittlerer Geschwindigkeit weiterschlagen.

■ Wenn sich "Wölkchen" bilden 30 Sekunden mit hoher Geschwindigkeit schlagen. Die Masse testen, indem Sie die Schüssel auf den Kopf stellt; bleibt die Masse fest an ihrem Platz, ist sie genau richtig.

■ Die Schüssel vom Wasserbad nehmen und den Inhalt weiter mit hoher Geschwindigkeit schlagen, bis die Masse kalt ist. Die Masse als Baiser für Obstkuchen oder für Meringen verwenden.

PRO PORTION: 900 KALORIEN 212 g KOHLENHYDRATE 13 g EIWEISS
0 g FETT 0 g BALLASTSTOFFE

ELEGANTER REISPUDDING

(FÜR 6 BIS 8 PERSONEN)

1/2 TS	**Sultaninen**
3 EL	**Rum**
1/2 TS	**Langkornreis, abgespült**
875 ml	**Magermilch, abgekocht**
1 TL	**geriebene Zitronenschale**
1 TL	**geriebene Orangenschale**
1/4 TS	**Zucker**
1/4 TS	**brauner Zucker**
1 TL	**Vanille**
3	**Eidotter**
250 ml	**Sahne**
	Zimt zum Abschmecken

■ Die Sultaninen 15 Minuten im Rum marinieren.

■ Den Ofen auf 190°C vorheizen. Eine 1,5 l Auflaufform bereitstellen.

■ Währenddessen den Reis 10 Minuten in kochendem Wasser kochen, abtropfen, aber nicht abspülen.

■ Den heißen Reis in eine Schüssel geben. Milch, geriebene Zitrusschale, beide Zuckersorten, Vanille und die Sultaninen dazugeben und gut vermengen.

■ In die Auflaufform füllen. Diese in einen Bräter stellen und so viel Wasser in den Bräter gießen, daß es 5 cm hoch steht. 15 Minuten backen.

■ Eidotter und Sahne verrühren. Unter die Reismischung ziehen. Die Hitze auf 160°C reduzieren und 45 Minuten backen.

■ Wenn der Pudding fertig ist, herausnehmen und mit Zimt abschmecken. Abkühlen lassen, dann im Kühlschrank kalt stellen. In hohen Gläsern servieren.

PRO PORTION: 313 KALORIEN, 11 g FETT, 42 g KOHLENHYDRATE, 0 g BALLASTSTOFFE, 8 g EIWEISS

KUCHENCREME #2

Diese Creme für Paris-Brest, Gâteau St. Honoré und verschiedene andere Kuchen verwenden.

500 ml	**Milch**
1 EL	**Vanille**
7	**extra große Eidotter**
3/4 TS	**Zucker**
1/2 TS	**Mehl**
2 EL	**Rum**
1 EL	**Butter**
	Prise Salz

■ Milch mit der Vanille in einem Topf aufkochen.

■ Eidotter und Zucker in einer Stahlschüssel mit einem Schneebesen schaumig rühren.

■ Mit einem Handrührgerät ca. 2 bis 3 Minuten schlagen, bis die Farbe hellgelb wird.

■ Mehl und Salz unterrühren, 250 ml heiße Milch dazugeben und gut rühren.

■ Einen Topf mit der restlichen Milch bei mittlerer Hitze auf den Herd stellen. Die Zutaten aus der Schüssel in den Topf geben, ständig rühren.

■ Die Creme bei schwacher Hitze sehr dick kochen, ungefähr 5 bis 6 Minuten. Ständig rühren und mit einem Holzlöffel die Topfränder säubern. Den Topf dabei hochheben.

■ Vom Herd nehmen, Rum und Butter einrühren. Die Creme in eine Schüssel füllen und mit Pergamentpapier abdecken. Eine Ecke anheben, damit Luft entweichen kann.

■ Die Creme bei Zimmertemperatur vollständig auskühlen lassen, dann kalt stellen.

PRO PORTION: 1798 KALORIEN 240 g KOHLENHYDRATE 48 g EIWEISS 64 g FETT 2,3 g BALLASTSTOFFE

1 Eidotter und Zucker in eine Stahlschüssel geben.

2 Mit einem Schneebesen die Eidotter schaumig rühren.

3 Mit einem elektrischen Handrührgerät schlagen, bis die Farbe hellgelb wird, ungefähr 2 bis 3 Minuten. Mehl und Salz einrühren.

250 ml Milch dazugeben und gut verrühren.

Die Zutaten mit der restlichen Milch in einen Topf geben. Die Creme bei schwacher Hitze sehr dick kochen, ständig rühren.

Die Topfränder mit einem Holzlöffel säubern. Mit dieser Technik wird das Festkochen der Eidotter verhindert, andernfalls wird die Creme klumpig.

APFELKUCHEN MIT MELASSE

(FÜR 6 BIS 8 PERSONEN)

2	große Eier
2	große Eidotter
1 TS	brauner Zucker
125 ml	Melasse
3	Äpfel, entkernt, geschält und dünn geschnitten
1 EL	geriebene Orangenschale
$1^1/_2$ TS	Mehl
2 TL	Backpulver
2 TL	Natron
2 EL	Zimt
	Prise Salz

■ Den Ofen auf 150°C vorheizen. Eine Springform mit 23 cm Durchmesser mit Pergamentpapier auslegen. Das Papier und die Seiten buttern.

■ Alle Eier, Zucker und Melasse in einer Schüssel 3 Minuten mit einem Handrührgerät schaumig rühren.

■ Äpfel und Orangenschale dazugeben.

■ Mehl, Backpulver, Natron, Zimt und Salz zusammen über die Eimasse sieben und mit einem Holzlöffel einrühren.

■ Den Teig in die Form füllen und 60 bis 65 Minuten backen, oder bis der Kuchen fertig ist.

■ In der Form leicht abkühlen lassen, auf einem Kuchengitter auskühlen lassen. Mit Schlagsahne servieren.

PRO PORTION: 465 KALORIEN, 102 g KOHLENHYDRATE, 6 g EIWEISS, 4 g FETT, 1,8 g BALLASTSTOFFE

FRUCHT-ZABAGLIONE

(FÜR 4 PERSONEN)

4	**Eidotter**
1/4 TS	**Zucker**
75 ml	**halbtrockener Weißwein**
125 ml	**geschlagene Sahne**
	frische Früchte der Saison

■ Zucker und Eidotter in einer Stahlschüssel mit einem Handrührgerät schaumig schlagen.

■ Auf einen Topf halbvoll mit heißem Wasser bei niedriger Hitze stellen. Den Wein eingießen und 8 Minuten schlagen.

■ Vom Wasserbad nehmen und mit einem elektrischen Handrührgerät kalt schlagen.

■ Die Schlagsahne behutsam unter die Weinmasse ziehen. In große Dessertschalen füllen und mit Schokostreuseln oder frischen Früchten der Saison garnieren. Himbeeren oder Erdbeeren sind ideal.

PRO PORTION: 195 KALORIEN 17 g KOHLENHYDRATE 4 g EIWEISS 11 g FETT 1,7 g BALLASTSTOFFE

ERDBEER-GALETTE

(FÜR 4 BIS 6 PERSONEN)

3	**große Eier**
$1/3$ TS	**Zucker**
1 EL	**Kaffeelikör**
$1/3$ TS	**Mehl, gesiebt**
$1/3$ TS	**Zucker**
75 ml	**Wasser**
2 TS	**frische Erdbeeren, gewaschen und entstielt**
2 EL	**Orangenlikör**
250 ml	**geschlagene Sahne**

■ Den Ofen auf 180°C vorheizen. Eine Springform mit 20 cm Durchmesser einfetten und vollständig mit eingefettetem Pergamentpapier auslegen, beiseite stellen.

■ Eier, $1/3$ TS Zucker und Kaffeelikör mit einem Handmixer 4 bis 5 Minuten dick schlagen.

■ Das Mehl über die Eimasse sieben und mit einer Palette einrühren. Es darf keine weiße Mehlspur mehr sichtbar sein.

■ Den Teig in die vorbereitete Form füllen. Auf der Mittelschiene des Ofens 30 Minuten backen.

■ Herausnehmen und mit der Unterseite nach oben auf ein Kuchengitter stürzen. Das Papier entfernen, wenn der Kuchen etwas abgekühlt ist, dann umgedreht auf eine Kuchenplatte legen.

■ $1/3$ TS Zucker und das Wasser bei großer Hitze kochen, bis 110°C erreicht sind. Vom Herd nehmen und über die Erdbeeren gießen. Orangenlikör dazugeben und 30 Minuten marinieren.

■ Kurz vor dem Servieren die Sahne auf den Tortenboden streichen und mit den glasierten Erdbeeren belegen.

PRO PORTION:	308 KALORIEN	40 g KOHLENHYDRATE	5 g EIWEISS
	12 g FETT	1,6 g BALLASTSTOFFE	

APFELKOMPOTT

(FÜR 4 BIS 6 PERSONEN)

1/3 TS	**Zucker**
1/3 TS	**Apfelgelee**
1 EL	**geriebene Zitronenschale**
1/3 TS	**geriebene Orangenschale**
3 EL	**Rum**
5	**rote Äpfel, entkernt, geschält und geschnitten**
1 EL	**Zimt**
1/2 TS	**gelbe Rosinen**

■ Zucker, Apfelgelee, Zitrusschale und Rum 4 Minuten bei mittlerer Hitze kochen.

■ Die Äpfel in einen großen Topf geben. Den Fruchtsirup darübergießen und vermengen. Zimt und Rosinen dazugeben und halb zugedeckt bei mittlerer Hitze 18 Minuten kochen.

■ Dann im Mixer pürieren.

■ Abkühlen lassen und nach Belieben mit Joghurt oder Eiscreme servieren.

PRO PORTION: 262 KALORIEN 60 g KOHLENHYDRATE 1 g EIWEISS
0 g FETT 1,9 g BALLASTSTOFFE

A

B

C

D

E

H

J

K

L

R

S

V

W

Z